18세기 조선의

백수
지성

탐사

18세기 조선의 백수 지성 탐사 : 김창협·이익·이용휴·홍대용의 삶과 글쓰기

발행일 초판3쇄 2021년 4월 25일(辛丑年 壬辰月 癸卯日) **지은이** 길진숙
펴낸곳 북드라망 **펴낸이** 김현경 **주소** 서울시 종로구 사직로8길 24 1221호(내수동, 경희궁의아침 2단지)
전화 02-739-9918 **이메일** bookdramang@gmail.com

ISBN 979-11-86851-16-6 03910 이 도서의 국립중앙도서관 출판시도서목록(CIP)은 서지정보유통지원
시스템 홈페이지(http://seoji.nl.go.kr)와 국가자료공동목록시스템(http://www.nl.go.kr/kolisnet)에서 이
용하실 수 있습니다.(CIP제어번호: CIP2016000449)l **Copyright ©** 길진숙 저작권자와의 협의에 따라 인
지는 생략했습니다. 이 책은 지은이와 북드라망의 독점계약에 의해 출간되었으므로 무단전재와 무단복제
를 금합니다. 잘못 만들어진 책은 서점에서 바꿔 드립니다.

책으로 여는 지혜의 인드라망, 북드라망 **www.bookdramang.com**

18세기 조선의
백수
지성
탐사

김창협·이익·이용휴·홍대용의 삶과 글쓰기

길진숙 지음

BookDramang
티 북드라망

책머리에

18세기 지성사의 두 개의 별, 연암^{燕巖} 박지원^{朴趾源}(1737~1805)과 다산^{茶山} 정약용^{丁若鏞}(1762~1836). 이들의 빛은 아주 밝고 영롱하다. 연암과 다산이 자신들만의 고유하고도 찬연한 궤적을 그릴 수 있었던 것은 당연한 말이겠지만 동시대를 비추던 선배, 동료라는 여러 별들이 있었기 때문이다. 저마다 하나의 빛으로 각축하며 연암과 다산을 이끌었던 별들이 있었으니, 바로 이들이다. 연암의 선배 농암^{農巖} 김창협^{金昌協}(1651~1708)과 연암의 지기 담헌^{湛軒} 홍대용^{洪大容}(1731~1783), 다산의 스승이며 선배였던 성호^{星湖} 이익^{李瀷}(1681~1763)과 혜환^{惠寰} 이용휴^{李用休}(1708~1782)!

시작은 그랬다. 연암과 다산의 인생 궤적, 문체와 세계관, 사상과 윤리 등을 계보학적으로 탐색하기 위해서 그들의 원류를 따라 거슬러 올라갔다. 고백하자면, 연암과 다산의 스타일은 각각 어디에서 온 것일까, 라는 매우 단순한 의문에서 출발한 대장정이었다.

그리하여 한 축으로는 연암의 근거지인 노론학맥을 탐사하고, 다른 한 축으로는 다산의 근거지인 남인학맥을 탐사했다. 김창협의 『농암집』農巖集, 홍대용의 『담헌서』湛軒書, 이익의 『성호전집』星湖全集과 『성호사설』星湖僿說, 이용휴의 『혜환잡저』惠寰雜著, 『혜환시초』惠寰詩抄를 읽어 나갔다.

큰 산을 넘듯 농암, 성호, 담헌, 혜환의 텍스트 읽기를 완수했다. 기획 단계에서 이미 예상했던바, 노론학맥과 남인학맥은 참으로 이질적이었다. 노론의 농암 계열은 자유롭고, 남인의 성호 계열은 엄숙했다. 그리고 그 이질성이 연암과 다산의 글쓰기 스타일과 사유에 오롯이 이어졌음을 확인할 수 있었다.

노론과 남인은 기질도 다르고, 학문 스타일도 다르구나, 여기서 멈추려니 참으로 싱거웠다. 그리고 개운치 않았다. 해명되지 않은 질문이 계속 맴돌았다. 이 네 사람은 기질과 학맥이 달랐음에도 어떤 공통성이 있었다. 시대의 조류를 따르지 않고 자기만의 길을 가는 독보성! 이것이 어디서 온 것일까? 새로운 학문의 세례를 받아서인가? 아니면 이들만의 어떤 토대가 있었던 것인가?

어느 순간, 나의 탐지기는 뜻하지 않은 방향을 향해 달리고 있었다. 이름하여 '18세기 조선 지식인들의 생태학'! 지식인들의 삶의 터전과 그 생리·생태학적 추이 쪽으로 시선을 돌린 것은 순전히 우연이었다. 그 계기는, 18세기 지성사 세미나에서 이야기를 나누다 일어난 아주 중대한 발견(?)이었다.

어랏, 이럴 수가! 노론학맥과 남인학맥이라는 이질성보다 더 중요한 공통 지반. 연암과 다산의 선배 네 명이 길잡이 별로 반짝일 때, 그들은 모두 다 백수였다. 고상하게 말해서 관직에 나아가지 않은 '포의'布衣: 베옷 또는 흰옷을 가리키며 벼슬이 없는 선비를 뜻함의 선비였다는 사실이다. 노론의 농암 김창협은 중년 백수, 담헌 홍대용은 청년 백수, 남인의 성호 이익과 혜환 이용휴는 평생 백수였다. 이 백수라는 조건이 그들 사이의 어떤 차이와 이질성에도 불구하고 18세기 지성사의 르네상스를 열어 제치는 데 필수불가결한 요인이었구나! 온 몸의 세포들이 반응했다.

이렇게 말해도 될는지 모르겠다. 물적 토대가 이념을 바꾼다! 유물론자가 아니더라도 환경이 사람을 만드는 것은, 우리가 흔히 목도하는 현실이다. 18세기 남인과 노론 계열 지식인들의 경우가 꼭 그랬다.

이들 네 사람이 새로운 시도를 했을 때, 모두 '노는' 남자들이었다는 것. 이들의 실존이 이들을 다르게 만든 것이다. 그야말로 '백수 지성'! 아무 일 없이 놀 때, 존재에 대한 고민은 더 깊어지는 법. 자신을 근거 짓는 울타리가 없으면, 스스로의 존재 이유를 찾아 몸부림치게 된다. 이들의 사유와 문장은 존재성을 찾아 헤매던 그 심연에서 나온 것이었다.

그리하여 어쩌다 보니, 애초의 목적은 연암과 다산의 학맥을 찾는 작업이었으나, 최종적으로는 18세기 백수 지성의 생리·생태학으로 방향을 선회하게 된 것이다. 그러자 비로소 이해가 되었다. 왜 연암이 청년 시절 과거시험을 그토록 부정하고 '노는 선비'로 살

왔는지. 개인의 기질일까 아니면 집안의 분위기일까 궁금했는데, 18세기 백수 지성의 흐름 속에서 연암은 기꺼이 백수 선비로 살 수 있었던 것이다. 자유롭게 살았던 선배들의 외침과 실행이 있었기에 가능한 일이었다.

분명한 것은, 이들이 백수의 시간을 불행하게 보내지 않았고 킬링 타임으로 생각하지도 않았다는 사실이다. 이들은 오히려 백수의 시간을 알차게 향유했다. 충만한 시간을 보냈기 때문에 당대인들과는 다르게 세상에 대응하고 다르게 글을 쓸 수 있었던 것이다. 이들이 관직에 몸담았다면 업무에 바빠서 다른 것을 보고, 생각하고, 쓸 여유가 있었겠는가? 이들에게 백수의 시절이 없었다면 18세기가 얼마나 밋밋하고 매가리 없는 시대로 남았겠는가? 그러니 백수라는 실존은 이런 점에서 축복이다.

*　　*　　*

바야흐로 백수의 시대이다. 청년 백수가 100만에 육박한다고 한다. 청년들만이 아니다. 평생직장이란 개념이 사라진 지 이미 오래라, 중년들도 직장을 바꿔 타지 못하면 백수가 된다. 재취업하지 못한 중년 백수들의 숫자도 만만치 않다고 한다. 또한 고령화 시대를 맞이하여 은퇴한 노인들까지 합치면 가히 노는 사람들이 넘쳐나는 시대라 할 수 있다.

자발적으로 백수로 산다면야 말할 필요가 없을 것이다. 일과

돈의 노예로 살기 싫어서 기꺼이 백수로 사는 사람들이야 뜻대로 사는 것이니, 그 용기가 부러울 뿐이다. 그러나 어쩔 수 없어서 비정규직으로 살거나 백수로 산다면 박탈감에 시달릴 것임에 틀림없다. 정규직으로 일할 때는 휴식도 없이 혹사당한다고 투덜대고 틀에 박힌 생활에 진저리를 치면서도, 정작 백수가 되거나 비정규직이 되면 제대로 놀지도 못하고 창조적으로 살지도 못한다. 아니, 좌절감과 패배감에 찌들어 비관적인 나날을 보내기 십상이다.

백수나 비정규직이 두려운 것은, 물론 불안정한 생활 때문이다. 항상적인 생업과 수입만이 우리의 생활을 보장한다. 사실 그렇다. 기본적으로 의식주는 해결되어야 한다. 그런데 지금 우리 시대의 백수들은 정말 일할 곳이 없는가? 일자리가 없다고 그렇게 투덜대지만, 정작 현실은 어떠한가? 대기업이 아니면 취업하지 않고, 노동집약적 일자리는 멀리하지 않는가?

그러니 우리에게 근본적으로 문제가 되는 것은 일자리의 부족이 아니다. 남보다 초라하게 먹고, 입고, 거주하고, 일한다는 사실을 견딜 수 없는 것이다. 직장은 화폐로 환산된다. 중산층 이상의 삶을 지탱하려면 그럴듯한 정규직이 필요하다. 따라서 일을 할 수 없기 때문이 아니라 주류에 편승할 수 없기 때문에, 백수가 될까 불안하고 백수가 되면 불행할 수밖에 없는 것이다. 하여, 사회가 소외를 조장하기도 하지만 우리들 스스로 자신을 소외시키는 것이다. 쓸모 있음과 쓸모없음은 나로부터 나온다. 그러니 스스로 쓸모 있는 사람이 되는 것이 중요하지 사회적 기준 때문에 비극의 정념에 휩

싸여야 하는가?

문제는 더 이상 백수의 현실이 남의 일이 아니라는 점이다. 21세기의 미래를 전망하는 학자들은, 평생 한 직장에 종사할 확률은 매우 희박할 것이며 대부분의 직업은 비정규직 형태로 존재할 것이라고 입을 모은다. 비정규직으로 떠돌면서 청년 백수이거나 중년 백수이거나 노년 백수로 사는 것이 우리가 사는 이 시대, 그 누구도 피할 수 없는 조건이 되고 있는 것이다. 이런 추세는 먼 미래의 일이 아니라 당장 우리 앞에 놓인 현실이다.

이제 누구나, 언젠가 백수가 되는 것이 기정 사실이다. 사는 동안 한두 차례 혹은 그 이상을 백수로 지내거나, 짧든 길든 백수의 시간을 필연적으로 거칠 수밖에 없다. 더구나 백세 시대에 접어든 요즈음, 노년의 시간이 길어진 만큼 백수로 살아야 하는 시간도 길어지고 있다. 그렇다면 평생 직장을 보장받을 수 없다고 좌절하고 불행해야 하는가? 백수의 시대라고 한탄만 하며 무료하게 시간을 죽일 것인가? 비정규직이 필연이라면 그 무엇도 될 수 있는 자유로운 존재가 되어야 하고, 백수가 필연이라면 그 무엇에도 구애받지 않고 즐겁게 놀 수 있는 창의적인 존재가 되어야 하지 않을까?

백수로서 충만하고 활기차게 살고자 한다면 반드시 그렇게 살 수 있는 법을 단련해야 한다. 그러기 위해서는 즐겁게 '살고/놀았던' 선배 백수들에 대한 벤치마킹이 절대적으로 필요하다. 18세기 조선의 농암 김창협, 성호 이익, 혜환 이용휴, 담헌 홍대용은 행복한 백수 지식인들이었다. 이들은 돈과 명예와 직위와 사회적 가치에

연연하지 않고 백수 생활을 충만하게 보냈다. 또한 이들은 백수의
시간을 인생역전의 기회로 삼아, 자신들이 하고 싶은 것을 다하며
무지 바쁘게 살았다. 그리하여 농암은 18세기 노론 지식인의 정신
적 지주로서 새로운 학문과 글쓰기의 물꼬를 텄고, 성호는 재야의
경세가로서 사회 개혁의 기수가 되었으며, 혜환은 파격적인 글쓰
기의 선구자로 소품문의 진수를 선보였고, 담헌은 천체 과학자이
자 자유로운 여행객으로 세계와 청나라에 대한 인식을 바꾸어 놓
았다. 이들에게 백수는 자유이자 창조와 같은 말이었다. 18세기 지
성의 힘은 이 백수생태학에서 출현했다. 백수로 사는 법을 연마해
야 한다면, 우리는 이들로부터 시작해야 할 것이다. 21세기의 새로
운 길을 열어 줄 지성의 힘도 이 백수생태학에서 나오지 말란 법은
없으리니.

* * *

2013년 가을, 18세기 지성사 세미나를 열었다. 세미나에 모인 학인
들은 조선시대의 문집에 관한 한 왕초보였다. 조선시대의 당파와
학맥이나 18세기 조선의 한문학사에 대해서도 아는 것이 거의 없
었다. 모르는 게 약이던가? 학인들은 어디에도 기대지 않고 자신이
'본 그대로'를 거침없이 전했다. 아이러니하게도 아는 것이 없어서
오히려 그 어떤 선입견도 없이 이야기하는 것 같았다. 담헌 홍대용
이 말한 바, "무슨 일이든 결론을 서둘러서는 안 된다", "책을 읽으

면서 먼저 자기 견해부터 세우려는 마음을 갖는다면 생각이 이미 바깥으로 질주하는 것이다"라는 경지를 저절로 터득한 듯 텍스트에 집중했다.

나는 18세기에 대해 이들보다는 분명 더 많이 알았다. 그런데 학인들과 다르게 문집을 해석하는 나의 방식은 도식적이었고, 진부하기 짝이 없었다. 생기가 없다고 할까. 인쇄된 글을 읽고 지식과 정보를 발췌하는 데 멈춰 있었다. 온몸으로 문집을 읽어 내는 학인들의 목소리 앞에서 나는 무기력하기만 했다.

세미나의 학인들에게 동화되어 가던 순간, 역사와 고전에 부여한 내 나름의 자의식과 권위가 깨져 나갔다. 이때부터 죽어 있던 문집의 글들이 비로소 살아나 나의 귓전을 울리기 시작했다. 무언가 분석하고야 말겠다는 학문적 의무감으로부터 자유로워지자 18세기 지식인들의 고민과 몸부림이 절절하게 들어왔다. 이리하여 텍스트에 그치지 않고, 어쩌다 보니 책까지 쓰게 되었다. 그 두껍고 어려운 문집을 지금 이 시대의 이야기처럼 읽어 준 학인들이 없었다면 가능하지 않은 일이다.

결정적으로 고미숙 선생님이 아니었다면 책을 쓴다는 상상조차 하지 못했을 것이다. 그간 나는 책을 쓰지 못하는 이유를 철학은 부재하고 언어는 빈곤한 탓으로 돌리고 있었다. 게으름을 이런저런 핑계로 은폐하고 있었던 셈이다. 들여다보면 공을 들이기 귀찮고 책임지기 싫어하는 마음 때문이었다. 이런 나를 일으켜 책을 쓰지 않을 수 없게끔 밀어 주신 고미숙 선생님께 감사드린다. 강의는 하면서 책을 안 쓴다면 그것이야말로 무책임한 먹튀^^ 행위라고 따끔하게 말씀해 주신 덕분에 용기를 낼 수 있었다. 그래서 아는 만큼만 성실하게 쓰기로 마음먹었다.

그리고 북드라망 식구들에게는 늘 면목이 없다. 바쁘다는 이유로 차일피일 미루는 나를 초인적인 인내심으로 기다려 주느라 진이 다 빠졌을 것이다. 북드라망 블로그에 연재했던 원고를 수정하지 못한 채, 2015년 여름을 넘기고 가을을 다 지내 버렸다. 내가 쓴 원고임에도 한동안 잊고 있었기 때문에 다시 적응하는 데 시간이 많이 걸렸다. 원고를 볼 때마다 꽉 막혀 어디서부터 손을 대야 할지 난감했다. 한참을 헤매다 겨우 손을 봤다. 이런 나를 기다려 준 북드라망 편집자들이 고마울 따름이다.

2016년 1월
남산에서 쓰다
길진숙

차례

3부.
평생 백수의 같은 길 다르게 걷기②
달관의 문장가 혜환 이용휴

4부.
세상은 그의 백수 시절만을 기억한다
청년 백수 홍대용

일러두기

1 이 책에서 인용한 김창협, 이익, 홍대용의 글은 한국고전번역원(http://www.itkc.or.kr)의 '한국 고전종합DB'(http://db.itkc.or.kr)에 번역되어 있는 『농암집』, 『성호전집』, 『성호사설』, 『담헌서』 를 저본으로 삼았습니다.

2 이 책에서 인용한 이용휴의 글은 길진숙·오창희 옮김, 『낭송 18세기 소품문』(북드라망, 2015)과 조남권 옮김, 『혜환 이용휴 시 전집』(소명출판, 2006), 조남권·박동욱 옮김, 『혜환 이용휴 산문 전집』(소명출판, 2007)을 저본으로 삼았습니다. 『낭송 18세기 소품문』에서 인용한 경우, 번역된 글 제목과 원제의 풀이를 함께 밝혀 주었습니다. 예시: 「선인과 범인이 갈리는 길목 : 금강산으로 유람을 떠나는 신문초를 전송하며」

3 각 부에서 작자를 밝히지 않고 인용한 글은 각각 김창협(1부), 이익(2부), 이용휴(3부), 홍대용(4부)의 글입니다.

4 김창협, 이익, 이용휴, 홍대용의 글을 제외한 다른 서지에서 인용하는 경우, 해당 서지가 처음 나오는 곳에 지은이, 서명, 출판사, 출판연도, 인용 쪽수를 밝혔으며, 이후 다시 인용할 때는 지은이, 서명, 인용 쪽수만으로 간략히 표시했습니다. 예시: 이경구, 『17세기 조선 지식인 지도』, 푸른역사, 2009, 133쪽 // 이경구, 『17세기 조선 지식인 지도』, 135~136쪽)

프롤로그.
조선의 18세기,
백수들이 펼치는
지성의 향연

프롤로그 _
조선의 18세기,
백수들이 펼치는 지성의 향연

희미한 옛 기억, 백수를 백수라 부르지 못했던 사연

10년 전쯤 전공의 울타리를 벗어났을 때, 18세기 지식인들의 문집을 보다 자유롭고 여유롭게 읽을 기회가 생겼다. 문집 전체를 다 읽자는 취지에서 홍대용洪大容의 『담헌서』湛軒書, 박지원朴趾源의 『연암집』燕巖集, 이덕무李德懋의 『청장관전서』青莊館全書를 찬찬히 살펴보기로 한 것이다. 홍대용은 우주과학을 사유하는 철학자로, 박지원은 문장의 달인으로, 이덕무는 소품문의 대가로 알려진바, 이것을 확인해 보려는 마음도 작용했다. 그렇지만 딱히 무엇을 찾아야겠다는 큰 욕심 없이 그저 무심의 상태에서 방대한 분량의 문집 읽기에 도전했다. 인내심이 요구될 때도 있었지만 기대 이상으로 흥미진진했다. 문집 전체를 읽어 보니 문장의 맛도 맛이려니와 저자들의 상황과 기질까지 눈에 들어왔다.

그때 나는 과거시험을 포기하고 관직에 나아가지 않은 홍대용과 박지원의 행동이 인상 깊었다. 이 시대 선비들의 길은 뻔했다. 오로지 과거시험용 공부에 매진하여, 열에 아홉은 다치거나 죽어 나가는 과거장에서 간신히 버텨, 요행히 합격하면 관직에 올라 명령과 임무를 수행하다 일생을 다 보낸다. 이런 인생이야말로 꼭두각시 인형과 무엇이 다르랴. 홍대용과 박지원은 그렇게 사느니 차라리 자유롭게 살겠다며 독자적인 길을 걸었다. 노론 명문가의 자제로 마음만 먹으면 출세할 수 있었음에도 그렇게 살기를 거부했다. 주류의 삶을 향해 날리는 거침없는 하이킥. 그 결과 홍대용은 천체 연구에 일가를 이뤘고, 박지원은 독창적인 글쓰기로 세상을 울렸다.

사실 홍대용과 박지원은 자발적 백수, 노는 선비다. 그러나 나는 이들을 한 번도 백수로 생각해 본 적이 없다. 생계를 위해 일하지는 않았지만 그보다 훨씬 가치 있는 일에 매달렸기 때문에 백수라 상상하기 어려웠던 것이다.

백수라는 말에서 풍기는 뉘앙스는 결코 긍정적이지 않다. 오죽하면 건달이란 말이 자동으로 뒤따르겠는가. 하는 일 없이 빈둥빈둥 노는 사나이, 백수건달! 이 말에는 노는 사람에 대한 혐오가 묻어난다. 그러니 이들을 백수로 부른다는 것은 언감생심 가당치 않은 것이었다. 직업 없이 놀았고 생계를 위한 노동을 하지 않았으니 백수인 셈인데도 '논다'고 말하면 신성모독처럼 느꼈던 것이다.

이덕무도 마찬가지였다. 『청장관전서』를 읽고 나서 강렬하게 뇌리에 박힌 것은 사실 소품문이 아니었다. 하는 일이라곤 오직 책 보는 일밖에 없는, 가난하고 병약하고 소심하고 성실하고 반듯한 이덕무의 캐릭터였다. 이덕무의 그 섬세하고 아름다운 아포리즘은 화제성에 있어서 그의 캐릭터에 미치지 못했다.

이덕무는 재능을 발휘할 데가 없었다. 서얼 출신으로 관직에 진출하기 어려웠기 때문이다. 홍대용과 박지원처럼 자발적으로 관직에 대한 욕망을 내려놓은 것이 아니라 이덕무는 어쩔 수 없이 관직을 체념할 수밖에 없었다. 정조正祖가 서얼들의 재능을 높이 사 그들을 규장각 검서관으로 발탁하기 전까지 이덕무는 '일 없는 선비'였다. 그래서 시간은 넘치고 넘쳤다. 넘치는 시간 동안 책을 닥치는 대로 읽었고 백과사전과 같은 지식들을 기록했다.

이덕무는 연암 박지원의 친구들 중에 유달리 가난했다. 허기를 견딜 수 없어 『맹자』孟子를 팔아 쌀을 사고, 한겨울 깊은 밤 한파에 떨다 『한서』漢書를 이불 삼고 『논어』論語를 병풍으로 삼은 적도 있었다. 더구나 병을 달고 살았다. 약골 체질 탓에 방에서 시간을 보내는 경우가 많았다. 신분도, 체질도 일을 하기에는 미약하기 짝이 없었다. 이덕무에게는 책을 읽고 베껴 쓰며 사물의 움직임과 사계절의 변화를 관찰하고 기록하는 것만이 유일한 일이었다. 어쩌면 삶을 지탱하는 힘이었는지도 모른다.

그런데도 나는 이덕무 역시 백수라는 사실은 상상도 하지 못했다. 관직에 오르고자 하나 오를 수 없는 불행한 선비라고만 판단했다. 홍대용과 박지원은 자발적 백수, 이덕무는 어쩔 수 없는 백수였지만, 홍대용과 박지원에 대해 그랬던 것처럼 이덕무를 노는 선비라고 생각할 수 없었다. 서얼에 대한 차별에도 좌절하지 않고 독서에 매진하는 모습은 백수의 부정적 이미지와는 거리가 멀었기 때문이다. 단지 이런 능력 있는 자를 가로막는 신분의 장벽이 안타까웠고, 사회구조적 부당함이 개탄스러울 뿐이었다. 이 당시 나의 촉수는 백수의 생태 쪽으로는 깨어 있지 않았다.

중대 발견! 18세기 백수들의 생태학

그때로부터 한참을 지나, 18세기 조선 노론학맥의 거두 농암 김창협金昌協, 남인학맥의 거두 성호 이익李瀷 그리고 그 뒤를 잇는 노론의 후예 담헌 홍대용, 남인의 후예 혜환 이용휴李用休의 문집을 읽었다. 이들의 정치적·학문적 아우라도 아우라지만 연암 박지원과 다산 정약용의 학문적·사상적 벡터를 탐사하기 위한 작업이었다.

처음 목표는 백수의 계보를 탐사하기 위한 것이 절대 아니었다. 백수를 떠올린 적조차 없음을 미리 고백한다. 연암 박지원은 현실정치에는 관심을 보이지 않았고 독창적이며 살아 있는 글을 쓰는 데 생의 전부를 바쳤다. 연암의 삶과 글은 경쾌하고 발랄하며 유머가 넘쳤다. 다산 정약용은 연암과 정반대였다. 현실정치를 비판하고 제도 개혁을 제안하고 행정에 관한 매뉴얼을 정리하는 데 일생을 바쳤다. 다산의 삶과 글은 경건하고 엄숙하며 모범적이었고 분노의 파토스가 넘쳤다. 연암이 자유로운 문장가라면, 다산은 원칙을 준수하는 행정가였다.

연암과 다산의 차이는 어디에서 온 것일까? 기질의 차이인지, 학문적 계보의 차이인지 상당히 궁금했다. 그 연원을 찾아보기 위해 그들의 선배 학자들을 소환한 것이다. 세상을 보는 시선이나 삶에 대한 태도에 있어서 노론과 남인 간에 차이가 있을 것이라는, 어느 정도 그 결론이 예상되는 지도 찾기였다.

문집을 읽어 보니 과연 예상은 크게 빗나가지 않았다. 모든 사람들이 똑같은 것을 지향하지는 않았지만 분위기는 비슷했다. 그리고 재미있게도 노론은 자유로웠고, 남인은 경건했다. 노론은 문장이나 우정을 중시했고, 남인은 정치와 제도에 관심이 많았다.

연암과 다산을 계보학적으로 탐사하는 작업은 성공적이었다. 아니 기대 이상이었다. 농암 김창협과 담헌 홍대용, 성호 이익과 혜환 이용휴는 노론과 남인으로서의 대표성을 충실히 보여 주었다. 그리고 네 학자 모두가 각자의 자리에서 독보적인 경지를 개척한 선구자였다. 이들은 모두 18세기 지성사의 우뚝한 별로 새로운 흐름의 물꼬를 튼 선두 주자였다.

농암은 학문과 글쓰기에서 독창성을 강조했고, 성호는 경세치용과 이용후생의 실학을 연구하고 그 방법을 모색했으며, 담헌은 우주를 사유함으로써 중화와 오랑캐, 문명과 야만, 인간과 만물 사이의 견고한 이분법을 깨뜨렸고, 혜환은 소품문의 선구자로서 고문古文의 모방과 표절을 배격하며 파격적인 글쓰기를 실험했다.

여기에 이르자 새로운 의문이 생겨났다. 이들이 각자의 자리에서 새로운 흐름을 열 수 있었던 지반이 무엇일까? 기질의 차이, 학맥의 차이로 인해 추구하는 방향과 영역은 달랐지만, 이들 모두 인식과 사상과 글쓰기의 벡터를 바꾸는 데 결정적 역할을 했다는 점에서는 공통성을 지니고 있었다. 그 힘이 어디에서 온 것인가? 어떤 혁신의 바람이 18세기 이즈음 외부로부터 세차게 불어 왔나? 이런 질문이 원인을 해명하는 단서는 될 수 있지만, 충분하지는 않았다. 혁신의 바람은 언제나 있었기 때문이다. 또한 혁신에 감응할 수 있는 어떤 분위기나 조건이 더 중요한 것이므로 혁신 그 자체가 답이 될 수는 없었다.

그 답은 예상치 않은 곳에서 풀렸다. 18세기 지성사 세미나에서 학인들과 더불어 즐겁게 대화를 나누는 중이었다. 진지한 토론이 아니라 자유로운 수다였다. 농암은 무슨 책을 이리도 많이 읽었으며 무엇 때문에 주석도 달지 않고 막 인용을 해서 우리를 괴롭히는 것이냐 불친절하기 짝이 없구나, 성호는 책만 보는 자신을 농민과 비교하며 미안해하는 경우가 많았네, 담헌은 청나라의 연경북경의 옛이름을 자유롭게 누볐네, 혜환의 친구는 유명 인사보다 지방 수령이나 가난한 친구가 주를 이루네 등등 여러 단상들을 주고받으며 그 이유를 따지다, 문득 이들이 모두 관직에 오르지 않고 '놀았다'는 사실에 도달했다. 놀지 않고서야 어찌 이럴 수 있겠냐며 또 한바탕 수다의 폭풍이 몰아쳤다. 그러다 이런 말이 튀어나왔다. "그러니까 이들은 모두 우리처럼 백수였던 거잖아." 박장대소!

순간 모든 것이 뚫리는 기분이었다. 그렇다. 농암, 담헌, 성호, 혜환 이 네 사람이 남들과 다른 길을 치열하게 추구할 때 공통적으로 백수였다는 깨달음이 섬광처럼 스쳤다. 이것은 깨달음이라고밖에 달리 표현할 말이 없을 만큼 갑작스럽게 찾아온 것이었다. 백수가 아니었다면 그렇게 자유롭게 하고 싶은 것을 마음껏 펼치기 힘들었을 것이다. 비록 노론과 남인으로 다른 계보 속에서 다른 학문을 추구했지만, 양쪽 다 남들이 가지 않는 길을 탐사할 수 있었던 건, 백수라는 공통 지반 때문이었다.

그러고는 희미한 옛 기억을 떠올렸다. 뭔가 미진했으나 잊고 있었던 이미지가 재구성되었다. 홍대용, 박지원, 이덕무도 백수였구나. 이들이 자의식에 시달리지 않으면서 과감하게 백수가 되거나 백수로 살 수 있었던 것은 이미 백수로 살았던 선배들 덕분이구나. 우연한 깨달음은 필연이 되었다. 다시 따져 보았다. 농암, 담헌, 성호, 혜환 네 사람이 18세기 지성사의 새로운 별이 되었을 때, 이들은 선비들의 유일한 일자리인 관직에 있지 않았다. 아니 나아갈 수 없었다고 말하는 쪽이 더 맞다. 자발적인 선택이었지만, 자발적이었다고 단정하기 어려운 이유는 당쟁의 여파로 인해 관직을 단념한 것이기 때문이다.

장희빈과 민비의 암투로 유명한 그 숙종의 시대, 정적이었던 노론과 남인들이 출척을 번갈아 당하면서 이들은 선택해야만 했다. 비방과 죽음을 무릅쓰고 포화의 한가운데 설 것인지, 낮은 포복으로 집안과 목숨을 보존할 것인지. 당쟁으로 부형父兄과 가까운 친지를 잃는 가운데, 이들이 선택한 길은 포의의 선비(백수!)였다.

중요한 점은 이런 물적 조건이 18세기 지성사의 르네상스를 열었다는 것. 이들은 백수로 사는 법을 개척했고 이 속에서 새로운 이념(사유)의 싹을 틔웠다. 한편에서는 남과 다른 문장으로 세상과 만났고, 다른 한편에선 일상의 정치를 사유하고 실천했다.

기실 연암과 다산에게 결정적 영향을 준 8할의 '바람'도 백수 생태학의 산물이 아니었을지. 연암의 경계 없는 사유와 글쓰기, 그리고 다산의 방대한 학문 기획과 지식 경영은 이 훌륭한 선배들의 백수 생태학과 떼려야 뗄 수 없는 관계를 맺고 있다. 이들은 백수였기 때문에 18세기를 다채롭고 풍성하게 만들 수 있었다. 백수라는 그들의 생리·생태학적 포지션 덕분에 어느 시기보다 재미있고 역동적인 사유와 글쓰기의 장이 펼쳐질 수 있었던 것이다.

백수에 대한 계보학적 탐사

사대부士大夫는 기본적으로 정규직으로 살기 어렵다. '사농공상'士農工商의 사민四民 중 하나인 '사'士는 나아가면 대부요, 물러나면 선비로 불리며 출처出處를 반복한다. 이념적으로 사대부들은 도道가 실현된 나라에서는 관리가 되어 백성을 다스리지만, 나라를 다스리는 도가 땅에 떨어졌거나 바르지 못한 왕과 신하들로 인해 정치가 혼탁해진 때에는 물러나와 홀로 선善을 지키며 현실정치와 대결한다. 타의에 의해 관직에 오르거나 관직에서 물러날 때도 마찬가지로 생각했다. 그 어떤 경우든 관직에 오르는 것도 사대부의 의무요, 관직에서 물러나는 것도 사대부의 의무였다. 적어도 유자라면 이렇게 행동하도록 교육받았다.

조선은 성리학의 나라요 사대부의 나라이니, 선비들은 유가의 출처관出處觀에 따라 행동하는바, 관직에 나아가거나 물러나기를 반복하며 살았다. 이렇듯 사대부들은 태생적으로 비정규직이다. 이는 당연한 삶의 조건이었다. 그리고 이것을 하나의 문화 내지는 정치적 퍼포먼스로 만들었다.

조선시대의 사대부들은 혼탁하고 어지러운 현실정치와 거리를 두기 위해 산수자연에 몸을 의탁하는 행위로 자신들의 고결함을 증명했다. 홍진에 묻힌 세상을 비판하며 얼마나 많은 선비들이 강호자연 속에서 노닐며 산수시를 읊었는가? 은둔 또한 일종의 정치적 대결 행위였던 것이다. 이 때문에 조정은 어지럽고 혼탁한 속세요, 산림은 바르고 고결한 세상이라는 표상이 세워졌다. 이렇게 되자 고상한 이름을 얻기 위해 일부러 산림에 은거하는 경우도 있었다. 이 경우 이름을 훔쳤다[盜名]고 세상에 손가락질 받기도 했다. 진위야 어떻든 조선시대에는 관직에서 벗어난 생활을 오히려 동경하고 고상하게 여겼다. 백수가 더 떳떳한 세상이었다.

경제적인 배경도 이런 생활을 가능하게 했다. 사대부들은 녹봉에 의존하지 않아도, 손수 노동하지 않아도 먹고살 수 있었다. 대부분의 사대부들이 노비와 토지라는 물적 토대를 소유하고 있었기 때문이다. 그 규모야 천차만별이겠지만 보통 생계를 꾸릴 정도는 소유했다. 물론 그런 기반을 갖추지 못한 사대부도 있었다. 이 경우는 두 가지로 해석 가능하다. 청렴하거나 한미하거나.

이런 조건상 관직에서 물러난 '선비'를 백수라거나 노는 선비라고 표현하지 않는다. 보통 은사隱士, 처사處士, 포의布衣, 산림지사山林之士 등 여러 이름으로 부른다. 고향에 은둔하거나 산림 속에 은거하는 이는 은사 혹은 산림지사라 하고, 관직을 가지지 않은 경우엔 베옷을 입으므로 포의라 하고, 관직에서 물러나 고향에 사는 경우는 처사라 했던 것이다.

그렇다면 18세기 지식인들의 삶을 은사, 산림지사, 포의, 처사로서 조명할 수도 있는데 유별나게 백수 지성, 백수 생태학이란 이름을 내세워 조명하는 까닭은 무엇인가? 은사, 산림지사, 포의, 처사로 표현하면 18세기 지식인들의 삶의 조건들이 제대로 표현되지 않기 때문이다.

은사, 산림지사, 처사는 현실정치에 대한 대결의식이 강하게 내포되어 있는 언사이다. 이런 말에는 현실정치의 부조리에 대항하는 동시에 바른 정치의 구도를 선언하는 행위가 담겨 있다. 잘못된 정치와 옳은 정치의 대결구도를 조정 대 산림, 관직 대 은거로써 표현하는 것이라, 정치에 대한 대결의식이 없었던 18세기 지식인의 상황에 꼭 맞아떨어지지 않는다.

농암, 성호, 혜환, 담헌이 관직을 단념한 것은 더러운 세상에 대항하려는 의지의 산물이 아니다. 은사가 관직에서 물러나는 행위는 세상을 구하기 위해서이고 혼탁한 정치를 비판하기 위해서이다. 그러나 이들은 현실정치에 대결하기 위한 포석으로서 관직에서 멀어진 것이 아니다. 목숨이 왔다 갔다 하는 이권 다툼의 현장에서 완전히 벗어나기 위해 관직을 포기한 것이다. 이들에게는 돈과 명예와 직위보다 안전하고 자유로운 생활이 더 중요했다. 진짜 보신保身을 위해, 어쩔 수 없지만 어찌 보면 아주 능동적으로 선택한 길이었다. 제물로 희생되기보다 살아남으려는 '양생'養生의 의지이자 '호신'護身의 몸부림이었다.

이들은 고결한 명분이나 정치·도덕적 순수성을 표방하지 않았다. 현실정치가 혼탁해서 '은둔'에 뜻을 둔 것이 아니라 다만 벼슬아치로 사는 데 뜻을 두지 않았던 것이다. 그래서 '노는' 선비가 되었을 뿐이다. 이들은 정치와 관직 자체의 모순을 간파하고 주류의 길에서 과감히 이탈했던 것이다. 정치가 옳다 그르다, 관리가 옳다 그르다를 따진 것이 아니다. 더 좋은 정치를 희망하며 현실정치와 거리를 두고, 제대로 된 관리가 임용되기 바라며 현실의 관리들과 대결하는 은사의 행위, 이들은 애초에 이런 데 뜻을 두지 않았다.

정치와 관직은 누구에게나 롤러코스터와 같은 것이라 어떤 사람에게도 불합리하고 부자유하며 위험할 수밖에 없다. 목숨을 보존하려면, 살고 싶은 대로 살려면 그 길에서 벗어나야 한다. 그래서 이들은 놀기로 작정했던 것이다. 그런 점에서 이들을 은사, 산림지사, 포의, 처사로 표방하는 것은 진부하고 올드하다. 그리고 지금 시대에는 이 용어들이 오히려 낯설다. 그렇기 때문에 이해하기 쉽다는 점에서 '백수'라는 용어를 전략적으로 활용하기로 했다.

'백수'白手는 글자 그대로 맨손 혹은 빈손의 한자말이다. 조선시대에도 사용된 말로 주로 재물이 없고 소득이 없는 사람을 일컬었다. 물론 과거에 합격하지 못해 벼슬에 오르지 못한 선비를 백수로 부르는 경우도 있었다. 그러나 오늘날처럼 일 없는 사람을 백수라 부르는 것과 달리 조선시대에는 관직을 갖지 않은 선비들을 백수로 부르는 경우는 흔치 않았다. 대부분 빈손이란 원의에 충실하게 재물이 없는 경우를 백수라 일컬었다. 그래서인지 노는 사람들에 대해서는 백수 대신 건달, 한량, 파락호라는 말을 더 많이 사용했다. 건달은 재물도 없으면서 일하지 않고 빈둥빈둥 노는 이들이고, 한량은 재물은 있는데 허랑방탕하게 노는 이들이며, 파락호는 행세하는 집안의 자손으로 허랑방탕하여 결딴난 사람을 가리킨다. 관직에도 뜻을 두지 않고, 은둔에도 뜻을 두지 않으면서 허송세월하는 이들을 이렇게 각기 다른 명칭으로 불렀던 것이다.

한때 연암의 친구였던 유한준의 아들, 유만주가 남긴 일기 『흠영』에 따르면 연암 박지원도 당시에는 사람들에게 자포자기한 파락호라 손가락질 당했다고 한다.(유만주, 『일기를 쓰다: 흠영선집 1』, 김하라 편역, 돌베개, 2015, 231쪽) 그런데 연암은 오히려 자포자기한 파락호임을 달가이 자처했다는 것이다. 당시 사람들에게도 연암의 삶은 이해하기 어려운 것이었음에 틀림없다. 명문거족 노론의 자손으로 현실 정치에 반기를 드는 행위로써 은둔한 것도 아니요 특별한 뜻을 품고 처사로 자처한 것도 아니면서, 친구들과 더불어 한가로이 시문이나 논하고 술 마시며 노니는 연암을 고상한 선비로 볼 수 없었던 것이다. 유만주는 이런 연암을 파락호라기보다는 기사奇士로 평가했지만, 18세기 당대 사람들에겐 허랑방탕한 파락호로 각인되어 있었던 것이다. 이 때문에 유만주는 파락호를 의미심장한 언어로 해석해 냈다.

> 대체로 중미仲美: 박지원의 자공은 '유희'라는 것 하나를 평생의 공부로 삼았다. 맑은지 혼탁한지, 고상한지 비속한지, 순수한지 잡된지를 논하지 않고 유희와 관련된 것이라면 하나같이 몸소 간여했다. 이에 어린이들의 술래잡기 놀이도 괜찮고, 창녀가 음란함을 가르치는 자리라도 괜찮고, 글을 짓는 고상한 유희의 자리도 괜찮고, 길에서 잡극을 펼치는 자리라도 괜찮다 했으니 유희라면 안 될 것이 없었다. 그리하여 비로소 파락호가 된 것이다. 파락호라는 세 글자를 세상 사람들은 몹시 혐오함에도, 이분은 파락호가 되는 것을 달가이 여겨 사양하지 않았다. 그렇다면 그 또한 이 덧없는 삶이 몽환에 불과하다는 이치를 깨달아 애오라지 또 그렇게 살아가는 이일 터이다.(유만주, 『일기를 쓰다 : 흠영선집1』, 233쪽)

연암은 누구나 따라가는 안전하고 풍요로운 길을 포기했다. 과거도 버리고 관직도 버렸다. 돈과 직위와 명예를 위해 자신을 속박하는 생활을 거부하고 노는 선비로서 '유희'를 공부했다. 가난한 일개 선비로 살지언정 자신을 즐겁게 만드는 삶을 포기할 수는 없었던 것이다. 그래서 기꺼이 파락호가 되었다. 유만주는 박지원의 진실을 알았기 때문에 파락호는 자포자기 허랑방탕으로 자신을 망치는 사람이 아니요, 덧없는 인생살이의 이치를 깨달아 진짜 자신이 하고 싶은 대로 하며 살고 싶은 대로 사는 자라고 해석할 수 있었던 것이다. 남들이 의미 없는 삶이라 해도 자신은 의미 있고 즐거운 삶의 양태, 그것이 파락호였던 것이다.

세월이 흘러 백수에 건달이란 말이 붙어 백수건달이란 합성어가 탄생하게 되었다. 언제 시작되었는지는 모르지만, 돈도 없고 일도 없다는 의미가 건달이란 말만으로는 충분히 전달되지 않기 때문에 백수란 말을 덧붙인 듯하다. 그래서 백수나 건달을 단독으로 말하기보다 어느 순간 백수건달을 더 많이 쓰게 되었다. 돈도 벌지 않고 일도 없이 빈둥거리며 시간을 죽이는 사람들, 이들은 주로 부지런히 일하는 사람들을 등쳐 먹는 존재로 혐오의 대상이 된다. 근대화에 박차를 가했던 시기, 산업역군들의 금자탑이 화려하게 조명 받던 시절의 산물일까? 노는 것 자체가 민폐요, 돈벌이를 하는 것만이 인간을 평가하는 척도였던 1970년, 1980년대 가장 많이 들었던 말이 백수건달이다. 정확치는 않지만 20세기 후반 어느 즈음 일하지 않는 자들을 죄악시하면서 백수건달이란 말이 우리 입에 익숙하게 되었던 것이다.

그러다 IMF 사태가 터진 후, 일에서 밀려난 사람들이 많아지면서 백수라는 말이 사람들의 입에 자주 오르내리게 되었다. 게을러서 방탕해서 노는 것이 아니라 어쩔 수 없어서 놀게 되었기에 건달이란 말보다는 백수로 불러야 제격이었다. 일이 없어 빈손이 된 사람들을 백수로 부르게 된 것이다. 이제는 그 어떤 말보다 백수라는 말이 가장 자연스럽다.

그리하여 지금까지도 사람들은 일이 없어 돈을 벌지 못하는 이들을 통칭하여 백수라 부른다. 노는 사람에 대한 과장이나 부정의 의미보다는 논다는 실태 그대로를 비교적 충실하게 드러내는 말로 사용되고 있다. 물론 백수라는 말에 노는 사람을 하찮게 보는 시선이 아주 없는 것은 아니다. 노동이 돈으로 환산되는 자본주의 세계에서 노동하지 않는다는 것이 얼마나 큰 결격사유인가? 그런데 이런 점 때문에 역설적으로 백수라는 말에서는 노동에 대한 신성의 가치를 무시하는 반항기가 느껴진다. 백수에는 일할 수 없어서 혹은 일하기 싫어서, 돈을 벌 수 없어서 혹은 돈을 벌기 싫어서 빈손일 수밖에 없는 수동태과 능동태의 그 이중적 의미가 오묘하게 담겨 있다. 그래서 백수는 허세나 권위의 기름기가 쏙 빠진 단어처럼 들린다.

또한 백수는 말 그대로 맨손, 빈손이다. 아무것도 없을 뿐만 아니라 아무것도 아닌 상태. 어쩌면 그 어떤 것도 아니기를 원하는 상태. 세상이 가라는 길을 갈 수도 없지만 한편으로는 일부러 그 길을 가지 않은 채 머뭇거리는 순간이 백수의 상황이다. 그래서 백수라는 존재성은 수동이든 능동에 의한 것이든 세상을 따라가지 않고 자기대로 살아 내게 한다. 백수의 시간을 어떻게 보내느냐에 따라 그 무엇도 될 수 있지만, 그 무엇도 되지 못할 수 있다. 그래서 위기라면 위기이고 기회라면 기회의 순간이다.

　그래서였을까? 18세기의 노는 선비들을 '백수'라고 불렀을 때 짜릿한 해방감이 느껴졌다. 놀 수밖에 없는 상황에 어떤 권위와 명분도 부여하지 않았던 이들의 행보와 딱 어울렸던 것이다. 이들에게는 은사도, 처사도, 건달도, 한량도, 파락호도 적합하지 않았다. 현재 가장 많이 사용하는 백수라는 말로 통칭하는 것이 가장 어울렸다. 유만주가 파락호의 의미를 재해석했듯, 옳은 정치를 표방하여 관직을 멀리한 것이 아니라 더 잘 살기 위해 관직을 포기한 이들에게 그냥 선비라는 말보다는 백수 선비라는 말을 붙여야 그 실존의 무게가 제대로 부각된다. 그리하여, 이들은 어떤 의미와 가치도 부여할 수 없는 백수라는 이 실존 때문에 더 치열하게 '무엇을 할 것인가'를 모색했으며, 세상과 어떻게 만나고 세상에 어떻게 응전해야 할지 더 절실하게 고민했던 것이다.

　게다가 21세기의 현재는 백수의 시대가 아닌가? 청년 백수, 중년 백수, 노년 백수가 넘쳐난다. 인생의 어떤 시기를 백수로 지내는 것이 거의 필연적 조건이 되었다. 고정된 그 무엇도 없는 시대, 모든 상황은 유동적이다. 20세기보다 더 급속도로 인간이 일할 자리를 기계가 대신하고 있다. 손으로 하는 노동은 사라질지도 모른다. 그러니 일자리는 점점 줄고 경쟁력은 더 극심해질 것이다. 전문 기술의 회전 속도는 갈수록 빨라진다. 이런 추세라면 평생을 한 직장에 뼈를 묻을 일은 거의 없게 된다. 업종 전환에 적응하지 못하면 도태될 것이다. 한편으론 자유롭고 한편으론 불안하다.

우리 시대의 담론 '백수'! 나 또한 백수다. 조금 에둘러 표현하자면 프리랜서이다. 그래서 18세기의 노는 선비들이 남다르게 다가왔음에 틀림없다. 백수가 백수를 알아본 것이다. 뭐가 되려고 백수가 된 것이 아니라 어쩔 수 없어서 백수가 된 존재들. 백수가 되었기 때문에 오히려 다른 무엇이 된 존재들. 백수임에도 아니 백수여서 더 충만한 삶을 구성했던 이들로부터 21세기 백수의 길을 열수 있지 않을까? 백수의 시대, 백수의 계보학적 탐사가 더 절실해진다.

18세기 백수 무림의 고수들을 소개합니다

자, 여기쯤에 이르면 내가 무엇을 하려는지 대충 짐작들 하셨으리라. 18세기 백수계의 무림 고수들에 대해 말하고 싶어 한다는 사실. 본론을 이야기하겠다. 이 책에서는 자의든 타의든 백수라는 삶의 조건에서 새로운 삶의 지도를 그려 간 18세기 지식인들을 한 명 한 명 탐방할 것이다. 무슨 주의나 무슨 학파로 추상화하지 않고, 18세기 지식인들이 호흡하고 고민했던 구체적 현장과 그들의 삶과 사유의 스타일을 탐사하는 것, 이것이 나의 목표다.

본격적인 이야기에 들어가기에 앞서, 이 책의 주인공 네 명의 프로필을 올리는 것으로 이 책 『18세기 조선의 백수 지성 탐사』의 막을 올리려 한다.

첫 주자, 중년의 백수 농암農巖 김창협金昌協

18세기 노론 백수 1세대인 김창협(1651[효종 2]~1708[숙종 34])은 일반적으로는 다소 생소한 인물이지만 동생 삼연三淵 김창흡金昌翕 과 더불어 농연農淵으로 병칭되는 노론학맥의 거두이자, 연암학의 멘토다. 아는 사람은 아는, 학계에서는 일단 중요하게 언급되는 존재. 아직까지는 뭐 그런가 하실 테지만 아마도 호락湖洛논쟁에서 낙론파인물성동론를 이끌던 수장이며, 조선 후기 문화계에 새바람을 일으킨 '천기론'天機論. 천기론에 대해서는 이 책 1부의 「문장에 '생기'를 불어넣기!」 장을 참고의 대표 주자라고 하면 고개가 끄덕여질 것이다.

　농암은 17세기 이래 노론의 이념적 지도 세력으로, 19세기에는 세도정치의 대명사로 군림한 안동 김문의 후손이다. 아버지는 서인의 영수 김수항金壽恒, 당맥과 학맥으로는 서인 송시열宋時烈을 스승으로 삼았다. 한마디로 명문가의 자제! 서른여덟 살 때 일어난 1689년의 기사환국己巳換局으로 아버지 김수항, 작은아버지 김수흥金壽興, 스승 송시열이 모두 사사되는 불행을 당한 후 관직에 나아가지 않고 포의로 일생을 마쳤다. 제자를 기르고, 산수를 유람하며, 『농암잡지』農巖雜識와 같은 글을 쓰며 평생을 유유자적했다.

두번째 주자, 평생 백수 성호星湖 이익李瀷

18세기 남인 백수 1세대인 성호 이익(1681[숙종 7]~1763[영조 39])
은 농암보다는 훨씬 잘 알려진 인물이다. 근대가 시작된 이래, 조선
의 학자들 중 실학의 대가로서 반계磻溪 유형원柳馨遠, 성호 이익, 다
산 정약용만큼 많이 거론되고 각광받는 인물은 없었기 때문이다.
성호는 경세치용의 실학자, 중농학파라는 분류 아래, 현실 개혁에
힘쓴 학자로 유명해졌다. 주목해야 할 점은 성호가 18세기 남인학
맥의 구심점으로 남인 지식인들의 삶과 사유의 전형을 마련했다는
사실. 그리고 다산의 학문과 사유와 글쓰기와 삶의 방식은 성호의
자장 안에서 탄생했다는 사실이다. 그래서 다산학파가 아니라 성
호학파라 부르지 않던가!

　성호도 남인과 노론의 대결 국면에서 형 이잠李潛을 잃었다.
1694년의 갑술환국甲戌換局, 숙종은 민비 복위운동을 벌인 서인 김
춘택金春澤과 소론 한중혁韓重爀의 손을 들어 주고, 장희빈의 사사賜死
를 명한다. 장희빈을 옹위한 남인들이 대대적으로 출척되어, 정계
진출의 길이 완전히 끊긴 사건이다. 성호의 형 이잠은 1706년 국정
쇄신을 요구하는 상소를 올렸다가 노론의 반발과 숙종의 분노를
사 국문을 당하던 중 죽음을 맞는다. 남인 집안의 젊은 성호도 결단
을 내릴 수밖에 없었다. 그 결과 과거 공부를 중단하고 포의로 살면
서 학문에만 전념하게 된다. 그러나 백수라는 조건 속에서도 경세
의 의지를 포기할 수는 없었다. 자나 깨나, 농민으로서나 학자로서
나 오직 경세! 그는 진정한 정치가였다. 그 결과 학문과 글쓰기에

경세의 의지를 오롯이 담았다.

세번째 주자, 평생 백수 혜환惠寰 이용휴李用休

18세기 남인 백수 2세대! 18세기 백수 지식인 가운데 가장 낯선 인물이다. 혜환(1708[숙종 44]~1782[정조 6])은 성호 이익의 조카다. 성호의 넷째 형인 이침李沉의 아들로 성호에게 수학했다. 다음 사실을 말해야 혜환에 대한 서먹함이 훨씬 줄어들지도 모르겠다. 18세기가 낳은 천재, 그 어떤 분야의 책이든 한 번만 보면 줄줄 외는 기억력의 달인 이가환李家煥이 혜환의 아들이다. 혜환이 세상에 덜 알려진 이유는 아들 이가환이 천주교 신자로 몰려 1801년 신유사옥 때 옥사한 까닭에 문집이 뒤늦게 수습되었기 때문이다. 아들 가환은 중앙 정계에서 승승장구하다 옥사했지만, 혜환은 숙부 성호와 마찬가지로 벼슬길을 일찌감치 단념하고 오로지 글쓰기로 백수 무림계의 초식을 연마했다.

우리만 잘 모르다 뿐이지 혜환은 그 누구와도 다른 창발하고 기궤한 글쓰기로 18세기 당대를 주름잡았던 인물이다. 누구도 모방하지 않은 독창적 글쓰기! 성호학파 가운데 혜환의 포지션은 참으로 특이하다. 성호의 제자들이 경학가로, 경세가로, 예제禮制 연구자로 그들만의 색깔을 형성할 때, 혜환은 색다른 문장의 세계에 빠져들었다. 그러면서도 글을 써 주는 일로 일상의 정치를 실천했다. 그리하여 18세기 고문을 벗어나 소품을 쓰는 작가들, 즉 창신創新에 뜻을 둔 작가들의 조타수가 되었다.

마지막 주자, 청년 백수 담헌湛軒 홍대용洪大容

18세기 노론 백수 2세대! 담헌(1731[영조 7]~ 1783[정조 7]) 또한 노론 명문가의 후예다. 조부 홍용조洪龍祚는 승지, 대사간, 충청도 관찰사를 역임했고, 아버지 홍역洪櫟도 나주목사를 지내는 등 벼슬살이의 부침 없이 순탄한 일생을 보냈다. 그런데도 담헌은 일찌감치 과거 공부에 대한 뜻을 접는다. 진짜 공부가 하고 싶어 자발적으로 백수의 길을 걸었다. 백수로 살았기에 천체에 대한 공부를 마음껏 하고, 청나라에 가서 자유롭게 친구를 사귈 수 있었다. 백수 시절 원하는 것을 실컷 하여 세상에 이름을 날린 후, 중년에 이르러 음서직으로 벼슬길에 오른다. 관직에 오른 이후는 놀랄 만한 결과를 내지 못했다.

담헌은 백수 무림계에서 활약할 초식을 연마하기 위해 노론 산림이자 낙론의 종장이며 상수학을 중시했던 미호渼湖 김원행金元行 (1702~1772)의 문하로 들어간다. 김원행은 몽와夢窩 김창집金昌集의 손자요, 농암의 질손이자 양손이다(농암의 아들에게 입양되었다). 담헌은 경제經濟와 의리義理의 학문을 중시한 까닭에 사장詞章에 대한 관심은 보이지 않았다. 예술적으로 시를 짓고, 문장을 연마하는 일을 체질적으로 맞지 않아 했다. 백수 무림계에서 천문학, 수학, 음악 연주의 신공으로 이름을 날렸다. 그리하여 18세기 문인 선비들 중에 '자연철학자'라 불릴 수 있는 거의 유일한 존재가 된다.

1부.
실업은 짧고
학업은 길다
중년의 백수,
김창협

노론 백수 1세대 농암 김창협
─ 18세기 노론 지성의 멘토

1. 사직소 올리는 사나이!

농암 김창협의 문집인 『농암집』農巖集을 열어 보면 유독 눈이 가는
글이 있다. 이름하여 사직소辭職疏! 즉 관직을 사양하기 위해 임금께
올리는 글이다. 무려 총 48편의 사직소가 '소차'疏箚: 상소문 항목에 실
려 있다.

　이 사직소들은 농암의 나이 35세인 1685년(숙종 11)부터 56세
인 1706년(숙종 32) 사이에 올린 상소문으로, 자신의 관직 임명을
거둬 달라는 상소문이 40편, 형 김창집을 대신하여 올린 상소문이
8편이다. 1685년에 올린 「부교리를 사직하는 소」와 1687년에 올린
「대사간을 사직하는 소」는 관직에서 물러나려는 뜻보다는 농암의
정치적 입장을 관철하는 데 역점을 두고 있다. 여기서 주목하는 사

직소는 농암의 나이 44세인 1694년(숙종 20)부터 56세인 1706년까지 장장 13년 동안 올린 38편이다. 1689년 기사환국으로 아버지 김수항金壽恒(1629~1689)이 사사된 후 처사로 자처하던 시기에 쓴 사직소로서 이전의 사직소 두 편과는 성격을 달리한다. 13년 동안 거의 해마다 두 차례 이상 숙종은 관직을 제수했고, 농암은 이때마다 거절하는 상소문을 바쳤다. 농암이 1708년, 그의 나이 쉰여덟에 죽었으니 죽기 전까지 계속 관직을 임명받은 셈이다.

관직도 다채롭다. 호조참의, 좌부승지, 우부승지, 부제학, 개성부유수, 형조참판, 이조참판, 동지경연사, 대사헌, 호조참판, 동지돈녕부사, 좌윤, 대제학, 형조판서 등등. 어떤 경우는 네 차례에 걸쳐 사직소를 올리기까지 했다. 관직을 내리고, 사직소를 쓰는 일이 왕과 신하의 취미도 아니고, 이쯤 하면 숙종도 농암도 참으로 집요하다고 할 만하다. 한편으로는 농암의 그 꺾이지 않는 결기가 놀랍기까지 하다.

농암이 사직소를 올린 행위는 산림처사들이 관직을 제수받으면 으레 한 번쯤 사양하는 관례적인 절차, 혹은 형식적인 과정과는 달랐다. 보통 산림처사들은 관직을 덜컥 받지 않았다. 나라와 백성을 위해 어쩔 수 없이 관직에 나아간다는 뜻을 천명하기 위해서 여러 차례 사직소를 올리고 나서야 마지못해 수락하는 수순을 밟았다.『조선왕조실록』에 왕 이상으로 출현 횟수가 많은 인물이 송시열宋時烈(1607~1689)이라는데, 그중에 많은 부분이 사직소와 관련된 이야기다. 왕의 부름을 받았던 송시열은 진정 관직을 물리치기 위해서도 사직소를 올렸고, 산림처사라는 위상에 걸맞기 위해서도 사직소를 올렸다. 송시열의 사직소는 그 자체가 정치 행위로 정국을 쥐락펴락했다. 『효종실록』과 『숙종실록』에는 거의 열흘에 한 번 꼴로 송시열의 사직소가 오르내렸다. 그러나 농암은 달랐다. 언제나 한결 같았다. 벼슬에 뜻을 두지 않고 시골에서 처사로서 살아가겠노라고 왕에게 전했다. 자리의 유혹에 넘어감직도 하건만, 꿋꿋하게 청요직清要職에 오르는 길을 거부했다.

2. 기사환국과 아버지의 죽음

물론 농암 김창협도 젊어서는 관직에 나아갈 뜻을 포기한 적이 없었고 산림처사를 꿈꿔 본 적도 없었다. 중앙 정계로 진출해서 왕을 보좌하는 직책을 맡는 것이 농암에게는 지극히 당연한 수순이었다. 40여 년간을 중앙 정계에 몸담았던 서인의 영수요, 영의정까지 오른 김수항이 아버지였으니, 진로에 대한 고민을 할 필요가 없었다. 서울 지역에서 권세를 떨치던 경화사족京華士族으로 그에 걸맞은 삶이 펼쳐져 있을 뿐이었다.

농암의 집안으로 말하자면 문벌 중의 문벌인 안동 김문이다. 증조부는 병조호란 직후의 살벌한 시기에 반청 인사로 활약했던 청음清陰 김상헌金尚憲(1570[선조 3]~1652[효종 3])이다. 김상헌은 주전파로 척화를 주장하다 1640년 71세의 노구로 심양에 끌려가 6년간 억류되었다가 1645년 76세에 귀환했다. 김상헌의 형, 김상용金尚 容 또한 열혈 지사로 청나라에 대한 대항으로 1637년 강도(강화도) 의 남문루에 화약으로 불을 지르고 뛰어들어 죽었다. 농암의 아버 지 김수항은 어떠한가? 산림의 맹주이자 북벌을 외치던 송시열과 정치적 동맹을 맺으며 서인의 이념을 결집시켜 정국을 주도하던 인물이 아니던가. 송시열은 이이李珥의 수제자로 명성이 자자했던 김장생金長生의 문하에서 공부했고, 스승의 사후에는 그의 아들 김 집金集에게 학문을 전수받으며 서인의 적통으로서 김상헌과 산당 山黨을 결성했다. 이런 연유로 농암과 그 형제들은 송시열의 문인이 되어 평생 동안 학문적·정치적 동지 관계를 맺었다.

문벌과 학맥 어느 하나 빠질 것이 없는 데다가 농암 스스로도 일찍부터 학문과 재능으로 명망이 드높았으므로, 승승장구하지 않 으려야 않을 수 없었다. 농암은 32세(1682)에 과거에 장원 급제하 여 중앙 정계로 진출하면서 두각을 드러내기 시작했다. 부교리, 대 사성, 대사간이라는 직위에 올라 숙종에게 직언을 서슴지 않는, 그 야말로 교목세신喬木世臣: 여러 대에 걸쳐 중요한 벼슬을 지낸 집안 출신이어서 나라와 운명을 같이하는 신하으로 맡은 바 직분에 충실했다. 말하자면 농암은 여 러 대에 걸쳐 중요한 지위에 있으면서 나라와 운명을 함께할 수 있 는 신하 그 자체였다.

그랬던 농암의 삶은 중년에 이르러 완전히 달라진다. 그 원인 은 1689년의 기사환국! 그 유명한 숙종과 장희빈의 관계로 인해 빚 어진 사건이다.

기사환국이 있기 몇 년 전부터 이미 농암 집안엔 파란의 조짐이 보이기 시작했다. 1686년 숙종은 나인 장씨를 총애하여 숙원으로 책봉하고 장씨가 머물 별궁을 지으면서 남몰래 공사를 진행했다. 김창협은 미색에 빠져 백성도 모르게 토목공사를 일으킨 왕을 나무라며 나를 속이고 세상을 속이는 일을 해서는 안된다고 직언을 했고, 이 일로 숙종은 농암 집안에 대해 유감을 가지게 된다. 그런 와중에 숙종은 장씨 집안과 가까웠던 조사석趙師錫을 내심 정승으로 밀었는데 당시 영의정이었던 농암의 아버지 김수항은 왕과 의견이 달라 조사석을 밀지 않았다. 이 일로 위기를 직감한 김수항은 사직을 청하는 상소를 올리게 되고 결국 영의정에서 영돈녕부사로 체직된다. 물론 김수항의 체직은 표면상 정승 임용으로 빚어진 가벼운 갈등이었지만, 주변 사람들은 아들 김창협의 상소로 심기가 불편했던 숙종의 화풀이라고 해석했다.

그리고, 마침내 그날이 오고야 말았다. 농암 집안에 핵폭풍을 몰고 온 결정적인 사건이 터진 것이다. 1688년, 숙종의 나이 서른 살 나인 장씨가 아들 윤昀: 경종을 낳았다. 숙종은 너무 기쁜 나머지 후궁 소생이지만 원자로서의 명호를 정해 주려 했다. 이에 송시열이 반대 상소를 올렸고, 서인에 대한 숙종의 증오는 극에 달했다. 송시열의 상소문을 기화로 거의 1년여에 걸쳐 전·현직 관료와 재야 유림을 막론하고 100여 명 이상의 서인이 처벌되었다. 이 사건이 1689년의 기사환국이다.

83세의 송시열은 위리안치圍籬安置: 유배된 죄인이 거처하는 집 둘레에 가라는 처벌을 받고 제주도를 향해 길을 떠났다. 그 뒤 숙종은 투기죄를 씌워 민비를 폐출하라 명했고, 남인과 서인은 모두 반대했으나 숙종을 막을 수는 없었다. 박태보朴泰輔가 간하다가 죽었다는 소식을 듣자 송시열은 식음을 전폐했고, 정읍에 이르러 사사의 명을 받들어 사약을 마시고 죽었다. 농암 서른아홉에 아버지 김수항은 진도에 유배된 뒤 사사되고 작은아버지 김수흥은 유배지에서 죽었다. 큰아버지 김수증金壽增은 화천 곡운에 은거하여 일생을 마쳤다.

농암은 아버지가 사사된 이유가 형과 자신 때문이라고 자책했다. 임금의 은총과 세상의 명망에 취해 자제할 줄 몰라 화를 불렀다고 생각한 것이다. 그리하여 다시는 인끈을 매고 사대부의 반열에 끼지 않기로 다짐했다. 왕에게 올린 간언이 집안에 재앙을 불러왔다고 여긴 농암은 비명에 간 아버지를 마음 아파하며, 경기도 영평永平: 현 포천의 시골에 물러나 살았다.

선신先臣께서 조정에서 40년 동안 벼슬하며 임금을 섬기고, 몸가짐을 갖는 방도와 우국 봉공憂國奉公하는 충절은 모두 처음과 끝이 있어서 길게 설명할 필요가 없습니다. 그리고 소심小心하고 근신謹愼하여 권위權位로써 자처하지 않았고 겸공謙恭하고 외약畏約하여 시종이 한결같게 하였으니, 그 귀신의 시기함과 인도의 재화에 있어서 결코 스스로 그것을 초래할 일이 없었습니다. 다만 신의 형제가 한 가지 품행과 재능도 없으면서 서로 이

어서 조정에 벼슬하여 갑자기 하대부下大夫의 반열에 올라서 임
금의 은총이 대단하여 세상의 지목하는 바 되었는데, 신 등이
부승負乘: 아랫자리에 있어야 할 소인이 윗자리에 있으면 화를 당하는 것을 비유의 경
계와 지족止足의 훈계를 생각하지 않은 채 앞뒤를 살피지 않고
함부로 전진하여 지극히 왕성한 기세를 타고 자제할 줄을 몰랐
습니다. 그러다가 결국은 가득 찬 재앙으로 하여금 유독 선신에
게만 미치게 하고 신은 요행으로 면하였으니, 신은 매양 생각
이 여기에 미칠 때마다 부끄럽고 원통하여 피땀과 눈물이 함께
흘러내립니다. 영원히 농사꾼이 되어 이 세상을 마치고, 다시는
사대부의 반열에 끼지 않겠다고 스스로 맹세한 지가 오래되었
습니다. 지금 만일 갓끈을 치렁거리고 인끈을 매고서 당세에 분
주하게 돌아다닌다면 이는 장차 어질고 효성스러운 군자君子에
게 거듭 죄를 얻게 될 것이며, 지하에서 신의 아비를 뵈올 수가
없을 것입니다.(김창협·김창집, 「호조참의에 김창협과 병조참의
김창집이 아버지 김수항의 무죄를 주장하는 상소를 하다」, 『숙종실
록』, 1694년 5월 5일)

3. 아버지의 유언, 현요직에 오르지 마라

기사환국이 일어난 지 5년 뒤 폐비 민씨의 복위운동이 노론 측의
김춘택金春澤과 소론 측의 한중혁韓重爀을 중심으로 이루어진다. 남

인의 득세를 못마땅해하던 숙종은 이들의 힘을 빌려 남인을 축출했고, 그 결과 소론*이 정국을 장악하게 된다. 이것이 1694년의 갑술환국이다. 갑술환국으로 기사환국 때 처벌당한 서인들이 신원되면서 김수항의 복작復爵도 이루어진다. 숙종은 서인들의 신원에 그치지 않고 명망이 높았던 김창협과 이여李畬를 불러들여 정국의 안정을 꾀하려 했다. 그러나 농암은 여기에 응하지 않았다. 그 이유는 단 하나, 아버지의 유언 때문이다.

신의 망부亡父가 임종 시에 유훈遺訓 한 장을 손수 써서 신의 형
제에게 주었는데, 그 내용 중에 "나는 평소 재주와 덕이 없이 한

---

* 서인은 기사환국이 일어나기 직전에 이미 노론(老論)과 소론(少論)으로 분리되었다. 숙종 6년 (1680) 경신환국, 즉 남인계의 영의정인 허적(許積)의 손자 허새(許璽)가 역모를 꾸몄다는 고변으로 남인들이 축출된 사건이 일어난다. 이때 송시열의 논적이었던 남인의 윤휴(尹鑴)가 사사된다. 김수항은 이 환국으로 영의정에 오를 수 있었다. 실상 허새의 역모는 김장생(金長生)의 손자 김익훈(金益勳)이 무고한 혐의가 짙었다. 남인들이 들고 일어났고, 젊은 서인들도 분개했다. 젊은 서인들은 송시열에게 사사로운 정에 얽매이지 말고 단호하게 조치하기를 건의했으나 송시열은 김익훈의 무고는 그 공로에 비하면 작은 흠집이라고 옹호하며 이 사건을 무마시켰다. 이때 김수항 집안은 송시열의 편에 섰다. 송시열에 대한 젊은 서인들의 불만은 윤증(尹拯)과의 갈등에 의해 폭발하고 만다. 윤증의 아버지 윤선거(尹宣擧)는 송시열과도 친하고 윤휴와도 돈독했다. 송시열은 윤휴와 대결하는 입장에서 윤선거가 계속해서 윤휴와 교류하는 것을 못마땅하게 여겼다. 윤선거가 죽고 윤휴가 문상을 오면서 송시열은 단단히 틀어지고 만다. 그 아들 윤증이 송시열에게 부친의 묘갈명을 부탁했는데, 송시열은 칭찬도 없이 행적만 간단하게 정리한 데다 윤선거가 강화도에서 아내의 자살을 방치한 채 도망 나온 사실까지 포함시켰다. 윤증은 묘갈명의 수정을 부탁했으나, 송시열은 거절했다. 윤증은 농암의 외삼촌인 나양좌(羅良佐)에게 보낸 편지에서 부친이 강화도에서 도망나온 것은 서울에 계신 할아버지 때문이었고, 김상용과 권순창(權順昌), 김익겸(金益兼)이 굳이 죽어야 할 의리는 없었다고 주장했다. 게다가 이이와 같은 현인도 한때 입산하여 중이 되는 실수를 한 적이 있다고 거론하며 아버지 윤선거의 잘못을 한때 실수로 무마하려 했다. 외삼촌 나양좌가 윤증을 옹호하는 바람에 농암은 외삼촌에게 잘못을 지적하는 편지까지 보낸다. 이 논쟁으로 윤증의 문인과 송시열의 문인은 돌이킬 수 없게 된다. 회덕에 살았던 늙은 송시열과 니성에 살았던 젊은 윤증의 논쟁이라 하여 '회니시비'(懷尼是非)라 하는데, 이 시비로 서인은 결국 노론과 소론으로 분리된다.

갓 선대의 음덕에만 의지하여 나라의 은혜를 후하게 받아서 분수에 넘게 높은 자리를 차지함으로써 재앙을 자초하였다. 오늘의 일은 모두 높은 지위에 올라도 그칠 줄 모르다가 물러나려 해도 물러날 수 없어 이 지경에 이른 것이니, 이제 후회한들 무슨 소용이 있겠느냐. 내 자손들은 나를 본보기로 삼아 항상 겸손한 뜻을 품어 집에서는 공손하고 검소하게 생활하고 벼슬할 때에는 현요직顯要職을 피함으로써 몸을 편안히 하고 집안을 보존하는 터전으로 삼는 것이 좋을 것이다"라는 말이 있었습니다. 신의 형제들은 눈물을 흘리며 이 유훈을 받아 고이 간직하여 감히 잊어버리지 않았습니다.

신의 아비의 속마음은 '가득 찬 복은 천도天道가 덜어 내기 마련이고, 큰 세력과 높은 지위는 사람들이 시기하기 마련이다. 더구나 책임이 중하면 거기에 맞추기 어려워 허물이 생기고, 명망이 높으면 거기에 부응하기 어려워 비방이 돌아온다'는 생각일 것입니다. 이는 예로부터 누구나 우려해 온 것으로서 자신은 불행히 이미 이러한 허물에 걸려들었지만 후손들은 더 이상 위험한 처지에 들게 하고 싶지 않아서 이에 대해 간곡히 경계했던 것이니, 그 말이 지극히 간절하고 그 뜻이 매우 슬픕니다. 이는 후손들이 심장과 뼛속에 아로새겨 영원히 준수해야 할 것인데 더구나 신의 경우에 있어서이겠습니까.(「부제학을 사직하는 세 번째 소」辭副提學疏[三疏], 『농암집』 제8권, 1694)

농암의 아버지 김수항이 죽으면서 아들 형제들에게 남긴 유언은 "현요직을 피하여 몸을 편안히 하고 집안을 보존하라"는 말이 전부였다. 김수항의 유언은 예상 밖이다. 우리가 기대한 바와 다르게 대부의 반열에 올라 가문의 영화를 회복하라고 말하지도 않았고, 원한을 갚아 달라고 하지도 않았다. 오직 몸이 편한 길을 가라고 당부했을 뿐, 그것 말고는 바라는 것이 없었다. 농암 또한 아버지의 속마음을 알아서 새길 따름이었다. "가득 찬 복은 천도가 덜어내고, 큰 세력과 높은 지위는 사람들이 시기하며, 중한 책임은 허물을 만들고, 높은 명망은 비방을 불러온다." 필시 아버지의 마음 또한 노자老子의 잠언과 다르지 않았을 터, 농암은 자신을 비우고 낮추었다.

농암은 아버지의 유언을 지켰다. 기사환국이 일어난 후부터 죽을 때까지 시골에 은거했다. 처음엔 경기도 영평에서 거주했고, 이후 경기도 양주의 석실서원에서 아우 삼연 김창흡과 함께 학문을 연마하고 제자를 기르다 그 근처 삼주三洲에서 생을 마감했다.

그의 동생들도 마찬가지로 관직 길에 오르지 않고 시골에 은거함으로써 아버지의 유계를 지켰다. 김수항은 아들 여섯에 딸 하나를 두었는데, 그 아들들이 모두 학식과 문재로 당대를 주름잡았다. 몽와夢窩 김창집金昌集(1648~1722), 농암 김창협(1651~1708), 삼연三淵 김창흡金昌翕(1653~1722), 노가재老稼齋 김창업金昌業(1658~1721), 포음圃陰 김창즙金昌緝(1662~1713), 택재澤齋 김창립金昌立(1666~1683), 이중에서도 농암과 의기투합했던 아우 삼연은 이미 스물한 살(1673)에 과거를 단념하고 평생을 처사로 살았다. 삼연은 특이하게도 아버지의 유계가 있기 이전부터『장자』莊子에 빠져들어 세상에 영합하는 것을 싫어하여 산수간에 노닐었다. 철원, 용화촌 삼부연, 영평, 양구, 벽계, 설악, 춘천 등지로 옮겨 다니며 40여 년을 자유분방하게 살았다. 학문의 경향이 자유로웠던 삼연은 삶도 자유자재하여 머무르지 않았다. 성리학을 공부하면서도 노장과 불교에 심취했고, 죽는 순간에도 삼교를 회통했다고 자부했다.

그러나 모든 형제들이 아버지의 유언을 완벽하게 지키지는 못했다. 형제가 모두 관직에 오르지 않는 것은 자신들의 재능을 아끼는 사람들의 의리에 미안한 일이라 여겨 큰형 김창집만은 예외로 했다. 김창집은 청현직에 오르는 일은 되도록 삼갔지만 왕이 부르면 벼슬길에 올랐다. 역시 김수항은 앞을 내다보았던가? 왕위 계승 문제를 둘러싸고 노론과 소론이 대립하면서 신임사화辛壬士禍: 신축과 임인년(1721~1722)에 일어난 사화가 야기된다. 노론은 경종의 이복동생인 연잉군英祖을 왕세제로 책봉하자고 주장했는데, 이에 반대한 소론은 목호룡睦虎龍을 내세워 고변을 하게 된다. 고변인즉 노론이 세자 시절의 경종을 독살하려 했다는 것이다. 이 고변의 결과 노론 사대신 즉 영의정 김창집, 좌의정 이건명李健命, 영중추부사 이이명李頤命, 판중추부사 조태채趙泰采는 참살되는 변을 면할 수 없었다.

김창협과 김창흡은 갑신환국으로 서인이 복권되었을 때도 당시의 영의정이었던 소론 남구만南九萬에 대해 신원을 분명치 않게 하고, 암암리에 장희빈 세력을 등에 업고 노론을 재앙 속으로 몰아넣는다고 거침없이 비판한 바 있다. 1708년 농암은 죽었고, 삼연은 형 김창집이 사사되기 전인 1722년 2월에 죽음을 맞이했다. '영의정'이라는 현요직에 올랐던 김창집은 아버지와 마찬가지로 몸을 지키지 못하고 생을 마감했다.

4. 백수 선비의 자유와 평안

농암이 과거에 합격하여 관직에 진출한 시기는 32세 때였다. 1689년 기사환국 이후 아버지의 유계를 받들어 벼슬길을 완전히 단념했지만, 농암은 이미 스물아홉 살 때 은거를 결심하고 영평의 응암경기도 포천 이동에 집을 지었다. 농암이 젊은 나이에 시골에 거처하기로 작정했던 이유는 아버지 김수항의 유배 때문이었다. 1674년 2차 예송인 갑인예송(갑인예송에 대해서는 「주희의 학문으로 주자학 가로지르기」 장을 참고) 때 서인이 실각하고 남인이 정권을 잡는 통에 당시 좌의정이었던 김수항은 영암으로 귀양을 가게 된다(1675). 이 때문에 농암은 출사에 대한 뜻을 버리고 영평으로 들어갔던 것이다. 이때 농암의 은거는 현실정치에 대한 실망이자 항의 같은 것이었다. 농암은 그곳에 집을 엮고 나서 「동음대」洞陰對(『농암집』 제25권, 1679)라는 글을 지어 은거에 대한 의지를 세상에 드러냈다.

영가자永嘉子가 동음洞陰의 산에 거처를 정한 뒤에 그의 집에 들러 위로하는 사람이 있어 말하기를,

"그대는 참 괴롭겠네. 그대는 어려서 대대로 벼슬해 온 도성 안의 집안에서 자랐으니, 비록 그대 자신이 벼슬길에 올라 관복을 입는 영광을 누려 보진 못했어도 실로 고량진미를 배불리 먹고 비단옷을 껴입으며, 거처는 안락한 즐거움이 있고 출입할 때에는 유유자적 한가로운 즐거움이 있어 점차 부귀에 무젖은 것이 하루 이틀이 아니었네. 그런데 지금은 하루아침에 초가집에서 명아주잎이나 콩잎처럼 변변치 않은 음식을 먹으며 가난하게 지내면서 처자는 초췌하고 종은 굶주린 기색이 있으니, 매우 고달프겠네. 게다가 이곳은 깊은 산속이라 인적은 없고 호랑이와 표범이 울부짖고 곰들이 오가는 곳인데 그대가 이곳에 거처하다니, 나는 내심 그대가 걱정스럽네. 아무리 그대라 해도 이러한 생활 속에서 어찌 원망하고 후회하는 마음이 없겠는가. 내 장차 그대가 이곳에 오래도록 안주하지 못할 것이라고 보네."

「동음대」는 주인 영가자와 객의 대화로 이루어진 글이다. 지나가는 객은 인적 없는 산속에서 가난하게 살고 있는 영가자를 비웃는다. 객은 영가자가 굶주려 고달프고, 맹수의 출몰이 걱정되어 오래도록 그곳에서 안주하지는 못할 것이라 장담한다. 그리고 묻는다. 원망하고 후회하지 않느냐고. 그러나 농암의 대변자 영가자는 담담하게 반박한다.

제가 비록 고깃국 먹는 집안에서 나고 자라긴 하였으나 본성이 담박하여 일찍이 한 번도 부귀한 모양을 익히거나 권세를 기반으로 한 영화를 자랑해 본 적이 없습니다. 지금 이미 세상과 뜻이 맞지 않아 벼슬길에 나아갈 생각이 사라지고 세상일을 사절한 채 스스로 깊은 산속 험한 바위 속에 숨어 살고 있으니, 가난하여 굶주리는 일과 세속적인 즐거움이 없이 지내는 것은 바로 스스로 구한 것입니다. 스스로 구하고 나서 또 따라서 원망하고 후회한다면, 이 어찌 목욕하는 자가 물기를 싫어하고 불 쬐는 자가 열기를 싫어하는 것과 다르겠습니까. 제가 아무리 우둔하다고는 하나 그런 짓은 하지 않습니다.

그리고 저는 어려서부터 한가로이 지내며 도를 구하려는 뜻이 있어, 소요부邵堯夫가 백원百源에서 정좌靜坐했던 일을 사모하여 배우고 싶어 한 지가 오래되었습니다. 지금 이곳에 와서는 실로 학문의 뜻을 언제나 가슴에 품고 부지런히 연마할 수 있을 만큼 지대가 깊고 맑은 것을 좋아하여, 이미 조그만 집을 짓고 육예六藝의 서적을 가득 쌓아 두고서 밤낮으로 읊으며 성인의 유지遺旨를 구하고, 여가에는 거문고를 뜯고 시를 읊으며 성정을 노래하고, 그마저 싫증이 나면 또 높은 곳에 올라 깊은 계곡을 굽어보며 끊임없이 흐르는 시냇물과 변화무쌍한 구름과 오고가는 물고기나 새와 짐승을 구경하면서 마음에 맞게 지내고 있습니다. 이 또한 즐거워서 죽음조차도 잊기에 충분한데, 어찌 편안히 받아들이지 않을 수가 있겠습니까. 호랑이와 표범 같은 맹수로 인한 두려움이 혹 있기는 하나 세상에는 이보다 더 두려운 것들이 많으니, 이것들 때문에 근심한다는 것은 말도 안 됩니다.(「동음대」,『농암집』 제25권)

「동음대」에서 영가자는 벼슬살이에 대해 일말의 미련도 보이지 않는다. 비록 부귀영화를 누리고 있을지라도 은둔한다면 가난에 시달리고, 세속의 즐거움을 누릴 수 없는 건 당연지사. 그러나 영가자는 자발적으로 은거를 선택했기 때문에 원망하지도 후회하지도 않는다. 오히려 담백하고 즐거운 생활이 펼쳐진다고 말한다. 쉬지 않고 흐르는 하천, 구름과 노을의 변화, 새·물고기·짐승들의 왕래를 볼 수 있는 여유가 그것이다. 영가자는 강조한다. 벼슬길이 아니라 천지자연의 조화와 함께 한다면 죽음조차 잊을 정도로 즐겁고 평안할 수 있다고.

스물아홉의 농암은 백수 선비의 삶을 완벽하게 갖추고 있었다. 이때 백부 김수증은 화천의 곡운 정사에서 살고 있었고, 농암과 마음이 가장 잘 맞았던 두 살 터울의 동생 삼연 김창흡은 철원의 태화산 아래에서 유유자적 담담하게 살고 있었으니, 이보다 더 든든할 수는 없었던 것이다. 화천과 철원은 포천에서 그리 멀지 않았다. 잠깐 동안 백수 선비로 지내던 농암은 서인이 조정에 복귀함으로 해서 영평 생활을 접고 관직에 올랐다.

그러나 이때의 백수 생활은 일종의 예고편과 같은 것이었다. 14년의 관직 생활을 접고 어쩔 수 없이 다시 백수가 되어야만 했던 것이다. 농암은 벼슬길에서 벗어난 뒤 "농부가 되어 한 평생 숨어 살면서 다시는 사대부들 속에 참여하지 않기로" 스스로 맹세했다. 그러고는 영평과 삼주로 물러나 농사를 지으며 산수를 벗 삼아 살았다. 농암은 그 빈번한 숙종의 러브콜을 무시하고 매우 자발적으로, 아주 능동적으로 정치에의 궤도를 이탈해 버렸다. 농암은 이때를 궁하고 의지할 곳이 없었으나 가장 즐거웠던 시절이라고 회고했다.

「동음대」에서 예고했던 바대로, 관직을 버리자 새로운 세계가 찾아오고, 새로운 즐거움으로 매일매일이 충만했다. 좌절감이나 소외감은 일어나지도 않았다. 서적과 씨름하고 변화무쌍한 자연과 함께하며 제자들을 기르며 원망도, 후회도 없이 자유롭게 살았다. 쓸데없는 한탄이 농암의 이 충만한 생활 속엔 끼어들 틈이 없었다. 농암은 그렇게 완벽하게 다른 세계를 향해 걸어갔다.

노론의 후예들이 농암과 삼연을 뒤따랐다. 연암 박지원의 장인 이보천李普天과 처숙부 이양천李亮天, 김창집의 손자 김원행과 김용행金龍行, 김윤겸金允謙, 그리고 홍대용, 박지원 등이 농암과 삼연의 뒤를 이어 처사로서 살아갔다. 어떤 결핍감도 느끼지 않은 채 이들은 벼슬하지 않는 지식인으로 자신들의 삶을 개척했다. 이것만으로도 18세기 노론 지성의 멘토는 농암 김창협임에 틀림없다.

과거 공부는
공부가 아니다!

1. 군자의 길, 학문의 길!

조선시대 선비들은 누구나 벼슬에 나아가고 물러나는 '출처'出處의 때를 고민했다. 그러나 농암 김창협에겐 '출처'를 어느 때 해야 하는지는 문제되지 않았다. 아무리 때에 맞게 처신한다 하더라도 벼슬길에 나아가는 일이 자칫 부귀에 미혹된 것일 수도 있고, 물러나 숨어 사는 일이 단지 인륜을 저버리고 자연에 묻혀 사는 데 불과할 수도 있기 때문이다. 군자는 사소한 청렴을 지키거나 시시콜콜 삼가는 것으로 지조를 지켜서도, 사사로운 지혜나 천박한 술수로 일을 삼아서도 안 된다. 농암에게는 나아가든 물러가든 먼저 할 일이 있었으니, 바로 '군자의 길'이다. 군자의 길은 다름 아닌 '자기를 닦는 학문', 곧 위기지학爲己之學이다.

사물의 이치를 연구하여 지식을 극대화한 뒤 뜻을 참되게 하여 마음을 바르게 가지는 것과 그리하여 마침내 나라를 다스리고 천하를 태평하게 하는 것이다. 이치는 음양陰陽과 성명性命, 덕은 인仁·의義·예禮·지智·신信, 인륜은 부자父子·군신君臣·장유長幼·부부夫婦·붕우朋友, 교양은 예禮·악樂·사射·어御·서書·수數, 사람은 요堯·순舜·우禹·탕湯·문왕文王·무왕武王·주공周公·공자孔子를 추구하는 이것이 군자가 일삼는 것들이다.(「은구암기」隱求菴記, 『농암집』 제23권, 1680)

「은구암기」는 농암 나이 서른에 쓴 글이다. 이때는 은거를 자처했지만 벼슬을 포기하지는 않았을 때이다. 이때에도 농암은 군자가 되는 길이 우선이라고 생각했다. 선비는 출처 자체를 일삼아 고민할 것이 아니다. 선비는 농부가 수확을 하듯이 뜻을 추구하여 묵묵히 도를 탐구하고, 배양하고, 체득할 뿐이다. 농암이 제시한 군자의 길은 유가를 자처하는 선비들에게 특별하지도 새롭지도 않은 지당한 말씀이다. 그러나 실행하기는 너무나 어렵다. 보통 선비들은 군자의 길을 원론으로는 알고 있지만, 현실에서는 입신양명을 우선으로 한다. 농암은 이것이야말로 본말이 전도된 것이라 본다.

그래서 농암은 묻는다. "만일 홀로 은거할 때에 탐구하지 않고, 한가로이 일이 없을 때에 배양하여 체득하지 않다가 갑자기 종묘와 조정에 서서 천하를 구제하려 한다면, 장차 무슨 도를 행하겠는가?" 더구나 "세상에 쓰여 천하와 국가에 펴는 것은 어려운 일이다." 세상에 쓰이지 않으면 선비로서 무엇을 할 것인가? 공자가 "도를 향해 가다가 중도에 죽게 될지라도, 몸이 늙는 것도 잊고 햇수가 부족한 것도 아랑곳없이 부지런히 날마다 노력하여, 죽은 뒤에야 그만두는 것"이라 했던 것처럼, 농암은 그렇게 살리라 다짐했다.

농암은 서른 살 때의 결심을 지켰다. 1689년 기사환국 이후 관직을 버리고 시골에서 한가로운 생활을 할 때 공부에 더욱 전심했으며, 제자들과 더불어 강학하며 나날을 보냈다. 관직에 있을 때보다 훨씬 더 왕성하게 경전을 해석·체득하고, 친구와 후학들과 더불어 철학적 논쟁을 불태웠으며, 쉬지 않고 글을 썼다. 또한 "지난날 그저 입으로 외고 귀로 듣는 겉치레에 불과한 학문에서 참으로 중요한 마음에 대해서 진실하게 공부하고자" 했다.(「권치도에게 보냄」 與權致道, 『농암집』 제12권, 1702) 그리고 강에서 낚시질하며 소요하고, 오이, 목화, 벼농사를 지으며 생활을 경영했다. 농암은 물러났을 때 오히려 더욱 치열하고 즐겁게 살았다.

2. 과거 공부는 공부가 아니다!

농암은 백수 선비가 되자, '과거 공부'에 대해 더 많은 생각을 하게 된다. 어디에도 매이지 않는 자기만을 위한 공부를 하면서 '과거 공부'가 얼마나 소모적이고 쓸모없는 공부인지를 깨달았던 것이다. 농암이 석실서원石室書院: 농암의 증조부 김상헌을 기리기 위해 세워졌던 서원과 영평에서 가르칠 때 강학했던 제자들은 대부분 과거시험에 대비하는 공부를 하려고 했다. 농암은 송시열의 직계 제자로 충북 제천에서 강학을 하던 권상하權尙夏(1641~1721)에게 편지를 보내 이런 사실을 불평했다. 자신을 배양하고 도를 닦는 공부에 뜻을 둔 제자들은 열에 한 명을 보기가 어려운 지경이라는 것이다. 제자들이 과거시험을 위한 공부를 떨치지 못했으니 농암이 얼마나 가르치는 맛이 안 났겠는가? 그러나 농암은 실망하지 않고 자기 위주로 가르쳤다. 시험용 문장이 아니라 의리에 관한 글을 밤낮으로 강론함으로써 기운을 얻었다.(「권치도에게 답함」答權致道, 『농암집』 제12권, 1697)

제자 어유봉魚有鳳이 과거시험을 준비할 때 농암은 과거시험에 전력하지 말라고 충고한다. 농암은 학문을 하고 난 여력으로 과거 공부를 겸하는 것은 괜찮지만 과거 공부가 학문에 방해가 되고 뜻을 빼앗으면 자신에게 누가 되므로 차라리 과거 공부를 하지 않는 것이 낫다고 보았다. 학문하는 사람은 성현의 원대한 사업을 가슴속에 간직하여 앉으나 서나 늘 잊지 말아야 한다. 그러므로 제자들이 과거에 응시하는 것을 범상한 일에 불과한 것으로 보아서 급제하고 낙방하는 것 때문에 마음이 동요하지 않기를 바랐다.(「어유봉에게 보냄」與魚有鳳, 『농암집』 제20권, 1695)

농암은 과거 공부는 학문의 본령이 아니라고 생각했다. 시험용 문장을 외워 모범 답안을 작성하거나 지식을 답습하는 공부는 진정한 공부가 아니다. 농암에게 공부란 열악하고 시끄러운 환경에서 단련되는, 아주 절실한 체득이자 수행이었다. 그러니 과거시험을 준비하는 어유봉이 안타깝고 못마땅할밖에. 알성문과를 준비하는 제자 어유봉에게 편지를 보내 이런 안부 아닌 안부를 물었다. 과거시험용 문체인 4자/6자 한 구가 대구對句를 이루는 변려체를 익히느라 얼마나 즐겁지 않을지 안 봐도 뻔하다는 식으로 써 보낸 것이다.(「어유봉에게 답함」答魚有鳳, 『농암집』 제20권) 안타까움인지 꾸중인지……, 은근히 놀리는 것도 같다.

그래도 제자들은 과거 공부를 포기할 수는 없었다. 대부분의 선비들은 입신양명을 중시했고, 과거 공부가 학문의 본령이요 선비라면 당연히 해야 할 일이라 생각했기 때문이다. 공부는 시험과 출세를 위해서 하는 것! 농암의 문하에서 『대학』을 공부했던 서문약徐文若이라는 제자는 독서만 하고 싶은데, 형제와 벗들이 비웃고 만류한다며 스승께 호소했다. 그러자 농암은 과거 공부를 그만둘 수 없다면, 성현의 책으로 과거 공부를 하라고 그 방편을 제시했다.

과거 공부가 비록 나름대로의 체재와 법식이 있기는 하지만, 반드시 필세筆勢가 활기차고 문장의 조리가 분명한 뒤에야 좋은 문장이 되어 반드시 급제하게 되는 것이니, 성현의 글을 읽지 않고 이런 수준에 이르는 경우는 있지 않다. 그런데 지금은 이러한 것을 오활하여 절실하지 않은 일이라고 생각하고, 날마다 남의 글을 훔쳐 표절하는 능력과 아름답게 수식하여 글을 엮는 솜씨를 익히는 데에 급급하여 정신을 피폐하게 하고 몸을 수고롭게 하고 있다. 그러면서 과거 공부의 첩경은 여기에 있다고 여기는데, 안목이 있는 사람이 보면 경박하고 좀스러우며 조악하고 졸렬하여 거의 문장이 되지 않는다는 것을 알지 못한다.

이렇게 하여 우연히 과거에 급제한다 하더라도 이는 바로 눈을 감고 활을 쏘아 우연히 정곡正鵠을 맞춘 것과 같을 뿐이니, 어찌 솜씨가 좋아서이겠는가. 더구나 이렇게 하여 조정에 나가서 임금께 간하고 학문을 논하는 자리에 있게 된다면, 어리둥절하여 한마디 말도 하지 못하고 한 가지 일도 결단하지 못한 채 목각 인형처럼 우두커니 앉아 있을 뿐일 것이다. 이렇게 하면 종신토록 부끄러움만 안고 살게 될 것이니, 무슨 영화가 있겠는가.

이제 그대가 진실로 이것을 거울 삼아 우선 이전에 익히던 것을 제쳐 두고 성현의 글을 공부하여 마음과 눈을 밝게 틔우고 근본을 배양한 뒤에 그 여력을 가지고 문장을 익힌다면, 앞으로 반드시 성대하여 크게 볼 만하게 될 것이니, 그 어떤 과거 공부가 이보다 더 훌륭할 수 있겠는가. 저들이 만류하고 비난하며 비웃는 것은 이런 사정을 몰라서일 뿐이니, 만일 이를 깨닫게 되면 그들도 지금 하는 것을 버리고 당장 그대를 따를 것이다. 그러니 저들을 걱정할 것이 또 무어 있겠는가.(「서생 문약에게 준 서」贈徐生文若序, 『농암집』 제22권, 1969년경)

농암의 충고대로 경전을 공부한다면 정말 과거에 급제할 수 있을지는 알 수 없다. 아마도 합격하기가 쉽지는 않을 것이며, 합격한다 해도 시간이 오래 걸렸을지 모른다. 시험에 연연하지 않고 공부하는 사람이라면 결국 과거에 대한 뜻을 접을지도 모른다. 우리의 농암 스승이 이런 효과를 노린 것일까? 실제로 사서삼경의 구두를 떼지도 못하고 글자도 잘못 읽는 선비들이 과거에 급제한 경우가 드물지 않았다고 하니, 농암의 말은 지극히 타당하지만 시류대로 사는 선비들이 좇기는 어려운 지침이었다.

농암이 비판한바, 과거 시험용 문장은 표절이자 알맹이 없는 수식에 지나지 않는다. 하여, 시험용 공부는 문장력을 익히는 데도 심신을 연마하는 데도, 즉 아무짝에도 쓸모없는 가짜 공부다. 이렇게 공부해서 요행히 합격한다 치더라도, 조정에서 할 수 있는 일이란 목각인형처럼 우두커니 앉아 자리만 지키는 일일 터. 농암에게 과거시험은 자기 판단력이나 의견이라고는 가질 수 없는 모방품들을 양산하는 제도일 뿐이다. 농암은 과거시험이라는 제도를 근본적으로 꼬집는다. 피폐한 영혼들의 경쟁에서 인재를 뽑을 수 있다는 것부터가 애초에 망상이 아닐지.

과거 공부가 학문하는 여가의 일이 되면, 벼슬도 여가처럼 수행하게 된다. 농암은 공부를 갈고닦지 않고 벼슬에 나아가는 것은 있을 수 없는 일이고, 벼슬했다고 공부를 그만두는 일도 말이 안 된다고 생각했다.(「홍산 현감으로 부임해 가는 사경土敬을 전송한 서」送土敬宰鴻山序, 『농암집』 제22권, 1701) 성인의 학문에 전념하여 성현의 삶을 실천하다 발탁되면 천하와 국가를 위해 열심히 일하고, 발탁되지 않으면 그뿐 굳이 발탁되고자 과거에 잠심해서는 안 된다.

그리고 농암은 곤궁한 선비들을 위해 덧붙인다. 과거에 뜻을 두지 않았고, 관직에 나아갈 뜻을 두지 않았다면 조정의 관직을 받아서는 안 되고, 다만 부모와 처자식을 봉양하기 위해 선비에게 내리는 '몇 되, 몇 말 정도의 녹봉'만 받아야 한다고. 잡직으로 받는 급료 같은 것이라면 혹 구해도 되는 이치가 있지만 이것도 애써 계획하여 꼭 얻겠다는 계획을 세워서는 안 된다.

담헌 홍대용이나 연암 박지원의 장인 이보천, 처숙 이양천, 그리고 연암이 어찌하여 과거 시험에 뜻을 두지 않았는지, 연암이 중년에 조정의 관직을 받지 않고 여유로운 한직으로 떠돌고자 했는지 여기에 이르러 설명이 된다. 노론의 멘토, 농암 선생의 말씀을 따랐던 것이다. 농암은 노론의 지식인들에게 과거를 보지 않고 학문하는 선비로 살아갈 수 있는 길을 제시했던 것이다.

3. 주자만큼 공부하라!

농암에게 학문은 심지를 단단히 지키고 본성을 함양하는 공부다. 농암에게 이것은 그저 원론이 아니라 매우 절실한 실천의 문제였다. 농암이 판단하기에 이 공부법을 보여 준 학자는 공자 이래 오직 주자朱子뿐이었다. 학문의 극치와 의리의 정밀함과 가르침의 분명함으로 말하면 주자보다 앞서는 분이 없다는 것이다. 그러므로 농암은 유가 경전을 통해 성정을 함양하는 공부를 할 때도 오로지 주자의 해석에 의거해야지, 주자의 해석을 벗어나 원시 고경으로 돌아가는 경향에 반대했다. 육상산陸象山이나 왕양명王陽明처럼 마음을 행위와 지성과 윤리의 주체로 보아 마음 찾기에만 몰두하는 방식에도 반대한다. 농암이 보기에 마음은 너무 주관적이어서 그 기준이 정해지지 않으면 어디로 튈지 알 수가 없는 것이다. 자칫 본성을 깨달아 실천하는 것이 아니라 허무적멸의 상태에서 헤매기 십상이기 때문이다. 농암은 주자가 제안한 독서와 궁리窮理의 단계적이고 객관적 공부법이 아니고는 보통 사람들이 본성을 깨달아 실천하기 어렵다고 생각했다.

세상의 유자들은 늘 "주자 이후로 의리가 크게 밝아져서 배우는 자들이 절반의 공력만 들여도 두 배의 효과를 볼 수 있다"라고 말하곤 하는데, 이 말이 그럴싸하기는 하나 실은 그렇지가 않다. 주자가 경經을 면밀히 검토하여 저술한 설은 명백하고 적확하여 백대 뒤에도 흔들리지 않을 것이며, 『주자대전』朱子大全의 문답에는 학문 공부의 순서를 밝혀 놓았고 도리의 정조精粗, 본말本末이 또 모두 상세하고 널리 두루 다 실려 있어 더 이상 남은 뜻이 없으니, 배우는 자들은 주자의 글에 의지하여 익숙히 외고 근본을 살펴 힘써 행함으로써 유자의 길을 잃지 않기만 하면 될 것이다. 그러나 그 이면裏面의 정밀한 뜻과 수많은 곡절은 주자가 당시에 했던 만큼의 공부를 하지 않으면 어떻게 그 깊은 경지에 나아가 자득할 수가 있겠는가. 주자가 일찍이 『대학장구』大學章句에 대해 논하면서 "내가 했던 만큼의 공부를 하지 않으면

내 뜻을 알 수 없다"고 하였는데, 그 뜻이 바로 이와 같은 것이다. 지금 이러한 뜻을 모르고 그저 완성된 말을 근거로 보며 10분의 2, 3의 공부만 하면서 주자의 경지에 올랐다고 한다면 어찌 실제와 거리가 먼 말이 아니겠는가.(「농암잡지 내편」 1, 『농암집』 제31권)

이렇게 보면 농암은 주자주의자임에 틀림없다. 그러나 농암은 주자를 교조화하지 않는다. 농암은 주자의 말을 이해하기 위해서는 주자처럼 공부하지 않으면 그 경지를 이해할 수 없다고 한다. 완성된 말을 근거로 하는 것이 아니라, 주자가 공부한 만큼 공부해서 자득하라고 말한다. 이 때문에 농암은 주자의 말에 의거하되, 주자 말의 실질을 탐구하는 데로 방향을 전환했다. 주자 말을 액면 그대로 믿는 주자주의와 다르게, 여러 주석가들의 주소註疏와 주자 주석의 차이를 따지면서 주자의 원의를 좇아 갔다. 너무나 치열하게 그 원의의 실질을 해석하고 그 원의가 오해되고 있는 지점을 짚어 내었다. 농암은 견강부회하거나 천착하지 않고 주자의 말의 실질에 근접하는 방법을 모색했던 것이다.

그래서 농암의 글들은 실상 어렵게 느껴진다. 읽기에 많은 지식이 필요하기 때문이다. 여러 주석가들의 책과 경전 공부가 뒤따르지 않고는 이해할 수가 없다. 그 덕분에 농암의 글을 읽고 나면 어떤 책도 쉽게 읽힌다.^^ 훈고에 가까운 방식이지만 자구에만 매달리지 않고, 현재의 시점에서 그 의미들이 어떻게 다르게 쓰이게 되었는지에 역점을 둔다. 주자 언어의 생기를 찾는 것! 주자를 추숭하되 주자의 시대, 주자의 말 그대로를 탐구하여 그 개념을 제대로 실천하는 것, 이것이 농암의 주자학 이해였다.

주자 언어의 생기를 천착하는 방식은 오히려 주자학 해석의 지평을 새롭게 여는 결과를 가져오는데, '인성과 물성은 똑같다'는 인물성동론人物性同論의 이론이 그것이다. 기원에 접근함으로써 현재의 주자 해석을 해체하게 되는 이런 방식도, 대항의 방식이 될 수 있음을 농암은 보여 준다.

어떤 사상이 대외에 응전하는 방식은 여러 가지일 텐데 조선의 17~18세기 성리학도 이런 응전에 부딪혀 자기 나름의 모색을 거쳤던 것 같다. 16세기 성리학의 생기와 실천이 17세기에 지속될 수 없었기 때문에 학자들은 그 길을 암중모색하면서 주자학에 더 천착하기도 했고, 주자학을 뛰어넘어 다른 학문의 세계로 향하기도 했다. 그리하여 주자학에 대한 접근과 반응이 다양해졌다. '주자학'을 고수하느라 주자보다 더 경직된 주자주의가 되는 경향, 주자의 시대와 그 의도의 실제에 접근하려는 경향, 주자학이 아니라 원시유학으로 돌아가려는 경향, 주자학에서 다른 사상으로 탈주하는 경향, 관념이나 형이상학보다는 현실을 개혁하는 경세학으로 경도되는 경향 등등. 농암은 주자학의 생기를 천착함으로써 주자주의라는 독트린에 빠지지 않으려 했다. 주자학을 고수하기 때문에 고루한 것이 아니다. 농암은 역설적이게도 주자학을 철두철미하게 연구하고 지킴으로써 주자학의 한계를 넘어서는 길을 열었다.

주희의 학문으로
주자학 가로지르기!

1. 송시열과 윤휴의 대결, 주자학 대 원시유학

농암 김창협은 송시열의 학맥을 계승하여 주자학을 지켜 낸 노론계의 정신적 지주다. 농암의 동지이자 스승이었던 송시열은 "나를 알아줄 분도 주자이고, 나를 죄줄 분도 오로지 주자다"를 외쳤던, 철두철미 주자학자였다. 송시열은 어지러운 시대, 오랑캐가 중국을 장악한 시점에서, 이 난국을 타개할 방책은 북벌이자 중화 이념의 고수라고 생각했다. 송시열에게 중화의 이념은 오직 주자학이었다. 주자의 이념을 더 견고하게 고수하는 것, 더 철저한 주자주의자가 되는 것 말고는 오랑캐를 타개할 방책이 없었다. 이 때문에 송시열은 주자의 해석 말고는 어떤 해석도 용납하지 않았다.

더구나 남인계의 윤휴로 인해 송시열은 더 고집스럽게 주자 해석의 독보성에 매달렸다. 윤휴는 송시열의 평생 라이벌이자 논적으로 두 사람은 정치적으로나 학문적으로나 사사건건 대립했다. 윤휴는 주자 해석만 인정하는 학계의 일방향적 경향에 제동을 가하며 경전에 대한 다양한 해석을 주장했다. 주자주의자 송시열에게 윤휴는 이렇게 대결했다.

> "천하의 허다한 의리를 어찌 주자만 알고 나는 모른단 말인가. 주자에 개의하지 말고 오직 의리만을 논할 따름이다. 주자가 다시 온다면 나의 학설이 인정받지 못하겠지만, 공자나 맹자가 태어난 연후라면 나의 학설이 승리할 것이다."(남기제南紀濟, 『아아록』我我錄; 이경구, 『17세기 조선 지식인 지도』, 푸른역사, 2009, 133쪽에서 재인용)

『아아록』은 18세기 노론학자 남기제가 사색분당의 시말과 사화의 전말을 기록한 책이다. 이 책에서 윤휴는 주자를 깎아내리고 공자·맹자에 버금가는 존재로 자신을 높이고 있다. 이는 노론 지식인들이 윤휴에게 씌운 이미지였다. 윤휴는 서인들에게 사문난적斯文亂賊으로 거론되어 사사(1680)된 후, 환국과 정국에 따라 추탈과 복작을 반복하다 1908년에 가서야 간신히 신원되었다.

실상 윤휴는 반주자주의라기보다 경전 해석의 주자 일원주의에 반대하는 입장에 있었다. 주자의 주석만을 유가 경전의 해석으로 인정하는 당대의 주류적 경향에 반대하여 주자의 해석 이전에 존재했던 공맹의 원시유학을 있는 그대로 보고자 했다. 그러나 송시열은 이런 윤휴를 용납하지 못했다.

송시열과 윤휴가 원래부터 적수로 대결했던 것은 아니었다. 놀랍게도 한때 학문적 교류를 하는 등 사이가 매우 좋았다. 윤휴는 북인 집안의 후손이지만 젊어서 어떤 당파에도 매이지 않아 남인, 서인을 가리지 않고 폭넓게 사귀었다. 하여 송시열, 송준길宋浚吉, 이유태李惟泰, 유계兪棨, 윤선거, 민정중閔鼎重 등의 서인과 자연스럽게 교류했다고 한다. 게다가 30세의 송시열은 20세의 윤휴를 직접 찾아와 3일 동안 토론하며, 자신의 독서가 참으로 가소롭다고 탄식했던 적도 있다. 1651년 윤휴와 송시열이 속리산에서 다시 만났는데, 윤휴는 주자 시의 운을 따서 자신의 포부를 펼치자고 송시열에게 제안했고, 송시열은 어찌 성인의 이름을 내세울 수 있냐고 펄쩍 뛰었다는 일화도 전한다.(이경구,『17세기 조선 지식인 지도』, 135~136쪽) 기질의 차이랄까 두 사람 사이에 주자를 대하는 태도는 미묘하게 달랐다.

송시열과 윤휴의 결정적 갈등은 두 사람이 산림으로 명망을 얻어 정계에 진출한 뒤에 일어난 1차 예송 때부터다. 1차 예송은 효종 사후, 자의대비인조의 계비의 복제 문제로 일어난 기해예송己亥禮訟(1659년)을 말한다. 윤휴는 '왕의 예는 사대부와 서인이 다르며, 효종과 자의대비는 군신관계이므로 자의대비는 참최斬衰(3년복)를 입어야 한다'는 입장이었다. 송시열은 '자식이 어머니를 신하로 삼는 의리는 없다'는 주자의 예법을 들어 윤휴의 신모설臣母說을 반박하

고, 기년(1년복)을 주장했다. 이때 예조에서는 국제國制로 기년설을
채택했다.

　사실 자의대비의 복제 문제는 예법에 대한 해석의 차이에 불과
했다. 시작은 그랬다. 남인 중에도 기년을 주장하는 이가 있었고, 서
인 중에도 3년을 주장하는 이가 있었다. 윤선도尹善道가 상소를 올
리기 전까지 이 복제 논의는 처음엔 전혀 당쟁이나 이념의 색깔을
지니지 않았다. 윤선도가 송시열을 비판하는 바람에 예법 문제가
정치 논쟁으로 비화되기에 이른 것이다. 윤선도는 송시열의 복제
론을, 효종이 적자가 아닌 차자로 왕위를 계승했다는 사실을 강조
하는 적통 부정론에 입각해 있다고 비약시켰다. 윤선도의 판단에
의하면 송시열은 왕의 예법이 아니라 일반 서인의 예법을 주장한
바, 효종의 왕권계승을 문제 삼고 그 권위를 무시한 것이 된다. 서
인은 윤선도를 간흉이라 비판했고 윤선도를 함경도 삼수로 귀양시
키는 선에서 이 논쟁을 마무리했다.

　그러나 이 갈등의 저변에는 왕권의 절대적 우위를 인정하느냐,
신권의 자율성을 강조하느냐라는 매우 중요한 정치적 입장이 잠복
되어 있었다. 남인들이 왕권 중심의 사고를 했다면, 서인들은 신권
분립의 사고를 했던 것이다. 노론과 남인의 차이! 윤휴와 송시열은
이 사건을 계기로 결정적으로 갈라선다.

　송시열과 윤휴의 갈등은 여기서 끝나지 않았다. 1674년, 효종
비의 죽음으로 또 다시 자의대비의 복제가 문제시되었다. 서인과
남인이 다시 격돌한다. 이름하여 2차 예송인 갑인예송甲寅禮訟! 송시

열은 대공설大功說(9개월)을 주장했으나 현종은 남인의 기년설을 채택한다. 1675년(숙종 1) 숙종이 현종의 입장을 고수하면서 서인들은 남인 윤휴·허적許積·허목許穆 등의 공격으로 관직을 빼앗긴다. 송시열은 효종의 적통을 인정하지 않고 붕당을 일삼았다는 이유로 장기로 귀양 가고, 농암의 아버지 김수항은 영암으로 쫓겨난다.

결국 1680년의 경신환국으로 윤휴가 사사되기까지 서인과 남인들 간의 정국 주도권 쟁탈전은 예송논쟁으로부터 유학의 정통성 논쟁으로 비화된다. 송시열은 경전 해석에 있어 주자만을 절대 진리라 믿었고, 윤휴는 주자를 여러 주석자들 중의 한 사람으로 인정했을 뿐이다. 송시열이 윤휴 일파를 이단으로 몰아간 이유는 너무나 분명했다. 주자학은 왕권에 대해 신권, 즉 사대부의 역할을 중시하는 자들에게 이념의 준거가 되었고, 원시유학은 강력한 왕권 중심의 전제국가를 상정하는 자들에게 이념적 기반이 되었기 때문이다. 서인과 남인은 서로의 정치적 입장과 사상적 입장에 따라 주자학파와 원시유학파로 팽팽하게 맞섰다. 이렇게 보면 윤휴가 탈주자주의라해서 더 진보적이고 송시열이 주자주의라 해서 더 보수적이라고 논단하는 것이 과연 타당한지 의문이다.

이 대립으로 인해 송시열은 유배지에서 『주자대전』의 주석서인 『주자대전차의』朱子大全箚疑 편찬에 착수했고, 죽을 때까지 이 작업에 매달렸다. 이 책이 완성된 후에도 후학 김창협에게 미진한 부분을 보완하라고 유언을 내릴 정도로 완벽을 기했다. 김창협은 『주자대전차의』를 교정하면서, 송시열의 주석에서 미진한 문제를 노론 학인들과 토론했고, 이후 주자의 저술을 보완하는 작업이 노론 학자들의 주요한 전통이 되었다고 한다. 송시열이 『주자대전』에 매달린 이유는 윤휴와 같은 남인 '이단'들 때문이었다. 주자의 정맥 곧 유학의 정맥을 보존하기 위해서는 주자의 해석에 더 완벽을 기할 필요가 있었던 것이다.

2. 농암의 주자학, 주희의 본의를 찾아라!

송시열과 마찬가지로 농암은 주자학을 존중했다. 주자 해석을 탈주하여 양명학에 경도되거나, 원시유학으로 회귀하는 학문 경향은 이단으로 배척했다. 학문의 극치와 의리의 정밀함과 가르침의 분명함은 주자의 언어와 사유 이외의 방법으로는 불가능하다고 보았다. 농암은 결단코 주자학을 의심한 적이 없었다. 오히려 농암은 주자의 본의를 왜곡하는 당대의 주자학 연구를 염려했다. 주자가 편찬한 텍스트들을 더 면밀하게 비교, 분석하여 주자의 본의를 찾아내는 일에 심혈을 기울였다.

저는 그래서 배우는 자들이 종신토록 주자의 글을 읽되 터득하지 못하면 그만두지 않기를 바랐습니다. 그리하여 간혹 뜻이 합치되지 않거나 말이 통하지 않는 부분이 있으면 대번에 자신의 견해를 세우지 말고 마음을 비우고서 깊이 생각하고 오랫동안 음미하여 의심스러운 점이 없어진 뒤에 그만두게 하였습니다. 간혹 이곳과 저곳의 풀이가 다르고 앞뒤의 뜻이 다른 경우는 한쪽의 설만 고집하지 말고 각각 그 가리키는 바를 따라 끝까지 연구하여 어려운 뜻이 잘 통하도록 해석함으로써 서로 모순되지 않음을 안 뒤에 그만두기를 바랐습니다. 손수 쓰신 글이 초년과 만년의 차이가 있거나 기록하는 데에 잘잘못이 있는 경우에 대해서는 더욱 분명히 보고 자세히 고증하여 어떤 것이 정론正論이고 어떤 것이 본의本義인지를 안 뒤에 그만두도록 하였습니다. 그리고 고금의 여러 학자들의 주장과 자기 스스로 터득한 견해에 대해서도 모두 선생의 주장과 비교하되 합치하는지 합치하지 않는지를 관찰하여, 합치하면 취하여 남겨두고 합치하지 않으면 버리고 고치기를 바랐습니다. 그래야 선생을 돈독히 믿고 잘 배우는 사람이 될 것입니다.(「민언휘에게 답함」答閔彦暉, 『농암집』 제14권)

농암은 주자가 지은 텍스트일지라도 초년에 쓴 것과 만년에 쓴 것 사이에 착종이 있기 때문에 자세히 고증해서 주자의 정론과 본의를 찾아내라고 말한다. 여러 주석들 중에 주자 해석과 일치하는 주석을 취해야 할 뿐만 아니라, 주자의 텍스트들 중에서도 가장 주자에 가까운 정론과 본의를 고증해서 추려 내라는 것! 농암은 주자학의 본래로 돌아가기 위해 주자의 언어들을 고증했다. 경전의 언어에 대한 훈고가 아니라 주자의 언어에 대한 훈고! 왜곡되거나 혼

효된 주자학이 아니라, 주자가 원래 말하고자 한 바에 가장 가까운 주자학의 정수를 찾아 들어갔다.

농암이 주자의 언어를 고증하고 정론을 따질 수 있었던 배경은 무엇일까? 역으로 생각해 보면 농암의 시대에 와서야 주자학의 정론을 따지는 작업이 가능했던 것이 아닐까 싶다. 성리학의 이기론理氣論과 사단칠정론四端七情論의 논쟁이 활발했던 16~17세기 전반까지도 주자의 저서 전체를 보기는 힘들었던 듯하다. 주자와 그 제자들의 저서 전모를 읽을 수 있게 된 것은 17세기 중후반으로 짐작된다. 이 때문에 송시열에 이르러『주자대전』의 주석 작업이 이루어지고, 김창협이 그 주석에 대해 다시 정밀하게 고증하는 작업을 할 수 있었던 것으로 보인다. 김창협도 1690년에야 주자가 초기에 편찬한『논맹정의』論孟精義를 처음 보았다고 한다. 그런 까닭에『논맹정의』와 주자의 중후반기 저작인『논어혹문』論語或問,『논어집주』論語集註를 비교하는 작업은 농암이 은거할 때 지은『농암잡지』에서 이루어진다.

『논맹정의』도 반평생을 보고 싶었으나 보지 못하였습니다. 언제가 우옹尤翁 송시열의 말씀을 들으니, 지난 날 소설을 보니 중국 사람들도 보지 못했다고 했다 하였습니다. 그렇다면 연경燕京의 저자에는 아마도 없을 것입니다. 근년에야 비로소 사신 갔다 온 사람을 통하여 이른바『주자유서』朱子遺書라는 책을 얻게 되었는데, 주자가 편집한 책들이 다 그 속에 들어 있어서『근사록』近

思錄, 『연평답문』延平答問, 『상채어록』上蔡語錄 같은 글들이 모두 한 책으로 묶여 있었고 『논맹정의』도 그 속에 들어 있었습니다. 이 책은 근년에 간행된 것으로서, 이 책이 우리나라로 오게 된 것은 정말 크나큰 다행입니다.(「임덕함에게 답함」答林德涵, 『농암집』 제13권, 1690)

'행유여력 즉이학문'行有餘力則以學文은 부자夫子가 바로 사람들로 하여금 힘써 행하고 나서 또 글을 배우도록 한 것이다. 힘써 행하는 것이 실로 제자들의 급선무이기는 하나 글을 배우는 것도 뒤로 미룰 수만은 없다. 그래서 그 말이 이와 같은 것이다. '즉이'則以 두 글자를 자세히 살펴보면 '연후'然後라는 글자와 전혀 같지 않으니, 바로 이곳을 눈여겨보아야 한다. 『논맹정의』의 여러 설들은 모두 이곳을 제대로 살피지 못한 것 같으니, 정자程子로부터 그 이하의 학자들은 대체로 그저 근본을 먼저 하고 말단을 나중에 해야 한다는 뜻을 드러내어 밝히는 정도에 그쳤다. 주자가 "힘써 행하기만 하고 글을 배우지 않으면 성현의 법을 고찰하여 당연한 사리를 알 수가 없는 까닭에 행하는 바가 혹 사사로운 뜻에서 나오기도 한다"고 한 데에 이르러서야 비로소 성인이 사람들로 하여금 글을 배우도록 한 뜻을 설명할 수 있었다.(「농암잡지 내편」 3, 『농암집』 제33권, 1690~1691)

농암은 '행하고 남은 힘이 있으면 글을 배워야 한다'行有餘力則以

學文는 『논어』의 말씀은 행하고 난 뒤에 글을 배우라는 의미로 받아들여서는 안된다고 해석한다. 『논맹정의』의 여러 주석가들과 『논어집주』의 정자는 행하는 일을 우선시할 것으로 해석했는데, 주자는 행하는 데 진력하는 것이 당연하지만 더불어 반드시 학문도 부지런히 힘써야 함을 강조한 말로 해석했다는 것이다. 농암은 주자 텍스트들 상호간의 비교를 통해, 행할 뿐만 아니라 반드시 학문에도 힘써야 한다는 주자의 해석이 성인의 본지임을 알려준다. 주자가 편찬한 책들에 의거하여 주자의 해석을 고증하는 작업, 이것이 농암의 훈고학이었다.

농암은 스승 송시열의 학문을 이어받아 주자의 뜻을 밝히고 전수하는 데 평생을 바쳤다. 송시열과 마찬가지로 이단을 배격했지만, 농암에게 더 중요한 것은 주자의 뜻이었다. 송시열이 이단으로부터 주자학을 지키고자 주자적 해석만을 고수한 데 반하여, 농암은 주자의 뜻을 찾아 실현하는 데 더 의미를 두었다. 농암에게 주자의 본지는 학문에 힘써, 도덕적 심성을 체득하고 수련하는 것이었다. 공부란 다른 것이 아니었다. 공부는 마음의 순선함을 깨달아 심신을 수련하는 과정 그 자체였다. 농암은 이를 위해서 주자학의 본원을 찾아 나섰던 것이다. 가장 주자다운 말과 의미에 접속하기! 그리고 그 이치를 깨달아 본성을 회복하기! 농암에게 가장 중요한 것은 그 무엇보다도 마음 공부와 실천의 문제였다.

성명性命의 이理가 마음에 갖추어져 있으므로 성현이 사람들에게 반드시 마음을 주로 삼게 하였다. 이것을 가지고 만물보다 귀하다고 여긴 것이 아니라 특별히 잡아 보존하고 구하여 잃지 않게 했을 따름이다. 또한 성명의 이를 다하려고 한다면, 먼저 이것을 안 뒤에 천하의 만사를 처리함으로써 가히 그 마땅함을 얻을 수 있기 때문이다. 아무 이유없이 어찌 이 마음을 체득함으로써 일을 다 마쳤다고 하겠는가? 석씨釋氏: 석가모니는 이 이치에 전혀 어두워 문득 그 사물은 버리고 이 마음만을 구하려 하니, 이는 오로지 이 마음을 사사로이 함이다. 그가 구하려는 것은 또한 장차 무엇을 하기 위해서인가? 「원도」原道: 당나라 유학자 한유(韓愈)가 노불(老佛)을 배척하고 공맹(孔孟)을 존숭하기 위하여 지은 문장에 말하기를 "옛날에 이른바 마음을 바르게 하고 뜻을 정성되게 한 것은 장차 큰일을 하기 위해서였다"라고 하였다. 이제 마음을 다스리면서 천하와 국가를 도외시하고 그 하늘의 법도를 없애니, 자식은 아비를 아비로 여기지 아니하고, 신하는 임금을 임금으로 여기지 아니하며, 백성은 자기 일을 자기 일로 여기지 않으니, 바로 이 뜻이다.(「농암잡지 내편」 2, 『농암집』 제 32권)

농암은 만사만물에 '이'理, 만물의 법칙, 만물을 주재하는 근원가 갖추어져 있기 때문에 인간이 만물보다 귀한 것이 아니라고 한다. 실상 인간이 만물보다 나은 이유는 없다. 농암이 보기에 마음의 본성을 잡아 보존하고 구하여 잃지 않을 때에야 비로소 인간은 만물보다 나은 존재가 되는 것이다. 그런데 농암은 단지 여기서 그치지 않는다.

그저 마음의 이치를 체득하는 데서 끝나서는 안 된다. 그것이 일로써 드러나야 한다. 자기 자신의 일로, 가족의 일로, 국가의 일로, 천하의 일로 드러날 때 비로소 마음의 본성을 체득했음이 증명된다. 자기 자신에게 국한해서 이야기해 보면, 적어도 자신의 습성과 기질을 바꿀 수 있어야만 천하 만사를 처리한 것이라고 말할 수 있다. 그렇지 않다면 마음은 그저 추상 세계에 머물 뿐, 마음이 있는지조차 말하기 어려운 것이다. 관념이나 추상으로 떨어지지 않으려면 마음의 이치를 체득할 뿐만 아니라 그 체득된 마음이 현실화되어야 한다. 이것이 주자학의 실질이다. 이 때문에 농암의 주자학은 훈고나 예법, 형이상학으로 떨어지지 않고, 당대의 주자학적 관념을 뛰어넘을 수 있었다.

3. 주희의 학문으로 주자학을 가로지르다!

송시열의 학맥을 전승했음에도 농암은 송시열과 다른 길을 열었다. 산림학자로 살다가 정계에 진출하여 정국을 장악하며 여론을 선도했던 송시열과 정계에 나갔으나 더 이상 연연해하지 않으며 처사를 자처한 농암. 농암이 송시열의 학맥이면서도 스승과 다른 지식의 지형도를 그려 낸 것은 어찌 보면 당연했던 것 같다. 농암에게 주자학은 더 이상 정치적 이념, 이념의 제도화에 국한된 문제가 아니었다. 일상을 바꾸는 주자학으로써 위기지학爲己之學의 기회가 왔을 때 농암은 송시열보다 더 유연하게 주자를 바라볼 수 있었고, 주자를 통해 교조적인 '주자주의'를 넘어설 수 있었다.

　　농암이 송시열과 다른 주자학을 구성할 수 있었던 이유는 무엇일까? 농암은 서울 지역 서인의 학맥 속에서 자라고 배웠다. 장인인 이단상李端相, 그리고 조성기趙聖期의 문하에서 공부한 까닭에 송시열과는 다른 방향에서 주자의 언어와 사유에 밀착할 수 있었던 것이다. 이단상과 조성기는 소강절邵康節의 상수학에도 조예가 깊어, 형이상학의 세계를 넘어 우주만물의 현상과 물리로 시야를 확장시켰던 장본인들이다. 이런 경향은 서울 지역의 지식인들에게서 두드러졌다. 이 시기는 서울과 지방의 학문 경향이 점차 분기되는 중이었다. 남인도 영남 남인과 근기 남인으로 나뉘어 영남 남인은 오직 퇴계 이황과 남명 조식이었고 근기 남인은 퇴계에 율곡 이이의 학문을 함께 포섭했다. 노론도 사정은 비슷했다. 근기 지역의 노론과 호서 지역의 노론으로 나뉘어, 호서 지역은 이율곡의 학문만을 고수했고, 근기 지역은 이율곡의 학문에 퇴계 이황의 학문을 절충했다. 노론의 학문 경향은 농암에게서부터 나뉘게 된다. 송시열의 직계 제자인 권상하의 호서학맥과 농암의 낙론학맥으로 나뉜 것이다. 호서학맥과 낙론학맥의 분기는 권상하의 제자들과 농암·삼연의 제자들 사이에서 인물성이론人物性異論 : 인성과 물성은 다르다과 인물성동론人物性同論 : 인성과 물성은 같다이라는 철학적 차이 때문에 일어났다.

　　그렇다면 왜 농암이 낙론학맥의 종주가 된 것인가? 인물성동론, 성범일체론聖凡一體論의 싹이 농암에게서 발현되었기 때문이다. 농암은 미발未發일 때 공부가 필요한가 아닌가, 미발일 때 성인과 범부는 하나인가 아닌가라는 새로운 문제 위에서 주자학을 고민했다. 농암은 "미발의 때에는 본디 공부를 할 수 없으니, 미발의 때에는 요堯 임금, 순舜 임금으로부터 길 가는 사람에 이르기까지 매한가지이다"(「농암잡지 내편」2, 『농암집』 제32권, 1706)라는 주자의 말을 인용함으로써 미발의 때가 어떤 상태인지를 보여 주려 했다. '미발'은 사유와 행위가 이루어지기 이전의 상태이자 마음이 현실화되기 이전의 잠재태를 일컫는다. 이때는 사실상 사람이든 동물이든, 성인이든 범부든 품부 받은 이理, 본체가 온전히 보존되어 있어, 이들 사이에는 어떤 차이도 존재하지 않는다. 농암은 순선한 본체가 온전히 작동하는 미발의 때에는 선악이 섞여 있지 않다고 본다. 우주만물의 본체인 이는, 현실화되기 이전의 마음 상태에서는 온전하게 존재한다. 이 상태에서 마음을 구성하는 물질적 요소인 기氣는 이와 하나다. 기는 이의 완벽한 주재성 아래서 이의 실질로 드러날 뿐이다.

발發하기 전의 본체는 완전히 텅 비고 지극히 정하여 방종이란 말을 쓸 수 없을 뿐만 아니라 혼미하다는 말도 쓸 수 없으니, 만일 발하기 전인데도 혼미함이 있다고 말한다면 자사子思가 어떻게 '미발'을 '중'中이라고 할 수 있었겠는가. …… 주 선생朱先生이 '발하기 전에는 본체가 그대로 보존되어서 궁구하고 탐색할 필

요가 없다. 이때에는 다만 경敬하여 그것을 보존함으로써 그 기
상이 항상 보존되고 상실되지 않게만 하면 그로부터 발현되는
것이 반드시 절도에 맞을 것이다.' 하셨던 것이네.(「홍석보에게
보냄」與洪錫輔, 『농암집』 제16권, 1702)

농암이 미발심체未發心體를 이理라는 본체의 온전한 현재화 상
태로 해석한 것은 "미발의 때에도 병통이 있을 수 있으니 힘써 바로
잡아야 한다"(「농암잡지 내편」 2, 『농암집』 제32권, 1706)고 말하는
사람들을 반박하기 위해서였다. 주로 권상하를 비롯한 일군의 학
자들이 미발의 때에 병통이 있다고 보았는데, 그 이유는 마음은 기
氣로 구성된 물질이고, 기로 이루어진 마음은 미발의 때에도 이미
청하기도 하고 탁하기도 하여 선악이 편재되어 있기 때문이다. 그
러므로 본체는 기라는 물질요소로 인해 위축되고 한정된다. 이는
기라는 물질이 없이는 절대 현재화될 수 없다. 이럴 경우 이는 기를
주재하는 원리가 아니라 기의 부산물에 불과하다. 그래서 기질의
변화만이 이를 복권시킬 수 있다. 그러니 이미 미발의 때에서부터
마음을 바로잡지 않으면 안 된다. 본체를 회복하는 일은 쉽지 않다.
본체가 누구에게나 온전하게 있다고 상정하면 사람들은 노력하지
않는다. 성인과 범부는 미발 때부터 차이가 난다. 기의 청탁에 의해
본체가 협착되기 때문에 성인은 이가 온전히 현재화되지만 범부는
그렇지 않다. 권상하의 제자들은 율곡의 주기론에 입각하여 성인
과 범부, 인성과 물성은 다르다는 사실에서 출발했다.

농암은 이들과 완전히 달랐다. 퇴계의 주리론을 절충하여 이의 주재성에 힘을 실었다. 이가 그렇게 무위한 것이라면 어떻게 순선한 본체가 현실화될 수 있겠는가? 농암이 주기론에 의문을 품은 문제는 이것이었다. 농암이 주자의 언설로 확신건대, 미발의 때에는 공부를 할 수도 없고, 바로잡는 것도 있을 수 없다. 미발심체는 원래, 누구나 그렇게 완벽한 상태로 이가 현재화되기 때문이다. 미발의 때에는 사람이나 동물이나, 성인이나 범부나 다 마찬가지다. 그러니 미발의 상태 자체가 중요한 것은 아니다. 유념할 것은 누구나에게 주어진 본체를 보존하는 일이다. 본체인 이가 기를 주재하므로, 사람은 본체를 보존하여 잃지 않으려 노력해야 한다. 희망적인 것은 본체는 누구나에게 주어지므로 누구나 보존할 수 있다는 점이다. 이를 믿고 잃지 않으려는 노력이 인간과 금수, 성인과 범부가 나뉘는 갈림길이다.

물론 농암이 인간과 동물을 똑같이 본 것은 아니었다. '인간과 동물은 각각 하늘이 부여해 준 이치를 갖고 있다는 점에서 똑같다. 그러나 건순오상健順五常의 성이 이루어지고 나면 부분적이기도 하고 온전하기도 한 차이가 생겨난다. 이를테면 개미는 군신君臣 관계를 유지하고 호랑이와 승냥이는 부자父子 관계를 유지하여 혹은 인仁하고 혹은 의롭지만, 이들은 오성 중에 하나를 부여받은 데에 불과하다. 다른 동물에 미루어 보아도 모두 그러하다. 그러나 이 어찌 천명이 고르지 않아서이겠는가. 그 기氣가 통하기도 하고 막히기도 하기 때문에 부여받은 이치가 그에 따라 부분적이기도 하고 온전하기도 한 것이다.'(「우재 선생께 올리는 『중용』의 의문점에 대한 문목」, 『농암집』 제12권, 1678) 일단 미발의 상태에서 천명을 고르게 부여받지만, 동물은 사람보다 기가 막히는 경우가 더 많기 때문에 인의예지신이라는 오성 중에 하나만 발현한다.

　　농암은 이렇듯 인물성동론의 길을 열어 주었다. 농암의 후예들은 오상의 하나를 발현하는 금수초목의 상태를 더 적극적으로 해석했다. 개미는 의에 뛰어나고, 호랑이와 승냥이는 인에 뛰어나다. 동물이 인간보다 못한가? 인간과 동물 사이에 차이는 없다. 그러니 차별은 있을 수 없다. 농암의 후예들은 미발의 상태를 보다 적극적으로 밀고 나감으로써 현실에서 작동하는 주자학의 위계성을 넘어섰다. 농암은 주자학에 도전하지도 않았고 주자학을 탈주하지도 않았다. 오히려 주자학의 정통에 다가서려 함으로써 주자학을 비껴가는 결과를 만들어 냈다. 물론 농암과 권상하의 주장 중 어느 것이 더 현실 개혁적인가, 더 진보적인가를 말하기는 어렵다. 그러나 미발심체를 주자가 말한 바대로 탐구하고자 했던 농암의 해석은 송시열의 주자학과 다른 주자학의 가능성을 포섭할 수 있었다. 농암은 사유와 행위의 주체로서 이理의 주재성에 무게를 실어 성인과 범부, 인간과 동물의 같음을 말했고, 그 후예인 담헌 홍대용과 연암 박지원은 심성을 주체의 능동적 에너지로 전화시켜 사유와 학문과 윤리상의 견고한 경계와 한계선을 무너뜨리는 데 활용했다. 중요한 것은, 이전과는 다르게 주자학을 사유하고 주조하는 움직임이었다. 농암은 그것을 보여 주었다. 백수로 살면서 농암의 시선은 결코 정치적이거나 경세적이지 않았다. 그 무엇보다 심성 수양과 학문의 점진적 훈련이 중요하다는 입장에서 가장 주자적인 방식을 모색했다. 그리고 그것은 농암 자신도 내다볼 수 없는 파장과 균열을 일으켰다.

문장에
'생기'를 불어넣기!

1. 글쓰기, 어떻게 쓸 것인가?

농암 김창협에게는 '독서와 글쓰기'가 가장 중요한 생업이었다. 백수 선비로서 자신을 살리고, 자신을 증명할 수 있는 방법은 '독서와 글쓰기' 외에 다른 뾰족한 대책이 있을 리 없었다. 농사나 장사를 해서 생업에 종사한다면 모를까, 관직에 나아가지 않고 지식인으로 살려면 책을 읽고 글 쓰는 일 말고 그 무엇으로 존재를 증명할 수 있었겠는가? 그러니 농암이 부지런히 공부하고 글을 썼다는 사실 자체는 조선시대 지식인 선비로서 유난스럽게 대서특필할 사안은 아니다. 농암 말고도 뜻을 품은 선비라면 대부분 독서와 글쓰기를 전업으로 삼았을 테니 말이다.

그렇다면 농암의 독서와 글쓰기에 대해 특별히 거론하는 이유는 무엇 때문인가? 그것은 농암이 '어떻게 쓸 것인가'를 고민했기 때문이다. 농암이 문제 삼은 분야는 글쓰기 자체였다. 참으로 신기한 점은 농암 김창협은 정치 일선에서 물러난 이후, 정치적이거나 행정적인 문제를 전혀 거론하지 않았다는 사실이다. 농암은 남인이었던 반계 유형원이나 성호 이익처럼 제도를 개선하거나 현실을 개혁하기 위해 그 대책을 연구하거나 제안한 적이 없었다. 반계나 성호가 글을 쓰는 이유는 명백했다. 현실을 개혁하기 위함이고, 민생의 안정을 위함이었다. 물론 조선의 주자학자인 농암이 공부하는 이유도 이들과 크게 다르지는 않았다. 선비의 공부가 천하와 국가를 위해 쓰일 수 없다면 장차 무엇을 위해 공부를 하는지 물었던 농암이 아니던가? 그런데 농암은 정치 일선에서 물러난 선비로서 남인들과 다르게 처신했다. 가르치고 글을 쓰는 일상은 같았지만, 그 초점이 달랐다. 농암의 시선은 오직 '언어와 문장'을 향해 고정되었다는 점이다.

농암은 현실을 어떻게 개선할지에 대한 관심보다 선비들 스스로 마음을 닦고, 말하고, 쓰는 방식을 중시했다. 그는 경전 해석자로, 문장 비평가로서의 실천에 집중했다. 농암은 당대의 언어와 글쓰기를 비판하고 문제를 제기함으로써 지식인의 역할에 제동을 가했다. 무엇을 써야 할지가 아니라 어떻게 써야 할지로 시선이 전환되었다. 이제 글쓰기는 내용이 문제가 아니었다. 유가의 도를 담든 정서를 담든 핵심은 문장의 스타일, 즉 문체였다. 농암은 문체를 18세기 지성사의 중요한 담론으로 부각시킨 장본인이다.

이러한 농암의 경향성은 『농암잡지』農岩雜識에 집적되어 있다. 『농암잡지』의 글 중에는 농암 나이 20~30대에 쓰인 것도 몇 편 있지만, 영평으로 퇴거한 40~50대 시절의 기록물이 주를 이룬다. 형태에 구애받지 않고 기록한 글이라는 의미에서 '잡지'雜誌라 일컬었다. 특정한 문장 양식으로 규정하기는 어렵지만, 수록된 글들은 경전이나 시문에 관한 메모 수준의 '단상'이나 짧막한 '비평'의 형태를 띠고 있다. 이 짧막한 글들은 농암의 성향을 보여 주는 데 손색이 없다. 농암이 이 텍스트에서 주목한바, 어떻게 글을 써야 하는지 살펴보자.

2. 실상에 맞는 글쓰기!

농암은 주자학을 해석할 때도 원래의 의미를 따지는 데 관심을 보였듯이, 실상에 맞지 않게 언어를 사용함으로써 야기되는 언어의 오용, 의미의 오류를 배격한다. 사상의 확장이나 변전을 가져오는 사유를 하기보다는 어떻게 실질에 맞는 언어를 쓸 것인가에 주목했다. 농암은 그 말이 나온 정황 혹은 실상을 정확하게 이해하고, 그것이 지금의 실상에 적확하게 쓰이고 있는지를 묻고 따졌다. 실상, 실질은 늘 지금-여기를 사유하는 방식이다. 과거의 그 말은 과거의 특정한 맥락 안에서 사용된 것이므로, 현재 그 말을 사용하려면 맥락에 제대로 맞게 쓰고 있는 것인지 따져 봐야 한다. 농암은 문맥을 살피지도 않고 앵무새처럼 앞선 시대의 언어를 그대로 모방하는 방식에 제동을 가한다. 지금, 여기의 현실에 맞게 사용하는 것이 언어를 제대로 사용하는 것이다. 아무리 좋은 말, 멋있는 말이라도 맥락에 맞지 않으면 그 말은 잘못 사용된 것이다. 현실의 문맥에 맞게 언어를 운용할 수 있어야만 진짜 문장가다. 그럴 때 그 언어는 꼭 우아하고 전아할 필요는 없다. 언어는 현실적이어야 한다. 지나친 훈고는 언어의 지엽에 매달리게 하지만, 적절한 훈고는 언어의 길을 고민하게 한다.^^

비문碑文의 글이 잘못을 인습하여 우습게 되는 것은 '대자리를 바꾸었다'[易簀]는 말만 한 것이 없다. 대자리를 바꾸는 것은 사실 성현이 바르게 생을 마감하는 일이다. 그러나 증자曾子의 대자리는 바로 계손季孫이 준 것으로 예법에 어긋나는 물건이었기 때문에 바꾼 것이니, 그 때문에 생을 바르게 마감한다는 뜻이 되었다. 사람들이 어찌 모두 계손의 대자리를 가져서 죽음을 앞두고 반드시 바꿀 수 있단 말인가. 문장가들이 고사故事를 인용하는 것은 실로 이런 부류가 많다. 그러나 비문의 경우에는 그 성격이 본디 신중하고 엄격하여 이력과 생졸生卒을 서술할 적에 오직 사실에 근거하여 그대로 써야지 옛말을 인용할 필요가 없다. 비록 혹 고사를 인용한다 하더라도 상세히 살펴 합당하게 해야 하니, 예를 들어 이불을 걷어 손발을 보라는 것과 대자리를 바꾼 것이 모두 증자의 일이기는 하나 이불을 걷어 손발을 보라는 말은 사람들이 모두 사용할 수 있지만 대자리를 바꾸었다는 말은 사람마다 쓸 수 있는 말이 아니다. …… 목재牧齋: 명말청초의 문장가 전겸익(全謙益)의 호의 비문 중에 서울을 말한 곳은 대부분 장안長安이라고 하였는데, 이는 매우 온당치 못하다. 장안은 본디 관중關中의 한 작은 고을인데 한漢나라, 당唐나라 때에 그곳에 도읍하였기 때문에 마침내 서울이라 칭하게 되었다. 명나라의 서울은 연燕 지방인데 어찌 다시 관중의 한 작은 고을의 이름으로 그곳을 일컬을 수 있겠는가. 시문에 옛말을 인용할 경우 가차하여 써도 되는 것이 있기도 하지만 지명은 그렇게 해서는 안 된다. 시는 그나마 괜찮지만 문은 더욱 안 되고 다른 문장은 그나마 괜찮지만 비문처럼 일을 서술하는 문장은 더욱 안 된다.(「농암잡지 외편」, 『농암집』 제34권, 1691~1962)

농암은 역책易簀이란 말과 장안長安이란 말을 아무 때나 사용해서는 안 된다고 말한다. '역책'은 대부만이 사용할 수 있는 대자리를 계손씨가 증자에게 하사했기 때문에 대부가 아닌 증자가 그 대자리를 자기 직분에 맞는 대자리로 바꾸고 죽었다는 고사에서 나온 말이다. 원래는 증자가 자신의 직분에 맞는 예를 갖추고 죽었다는 의미였는데, 후대에 바른 죽음을 뜻하는 말로 확장되어 사용되었기 때문에 농암이 문제 삼은 것이다. 대부에게 대자리를 하사받은 일도 없는데 역책을 쓰는 것은 온당치 않다는 것이다. 장안도 마찬가지다. 장안은 한나라와 당나라 때의 서울인데, 어찌 명나라 때의 서울도 장안이라 표현할 수 있겠느냐고 비판한 것이다. 명나라는 실질에 맞게 그 서울을 연경이라 일컬으면 되는데, 굳이 장안이라 쓰는 이유가 무엇인지를 물은 것이다. 과거는 과거의 상황에 맞는 언어로, 현재는 현재의 상황에 적확한 언어를 사용할 것, 그것이 글쓰기의 도道다.

> 선현을 칭찬할 때에는 모름지기 진실하여 사실에 부합해야 하니, 만약 오로지 추존推尊하기만 하고 사실 여부를 헤아리지 않는다면 도리에 맞지 않게 된다. 비유하자면, 사람 얼굴을 그릴 때에 실물과 닮았는가 닮지 않았는가를 막론하고 오로지 아름답게 그리려고만 하면 그 그림이 아름답기는 하나 그 사람이 아닌 것을 어찌하겠는가. 퇴계退溪가 이이소李履素: 이중호(李仲虎)의 행장을 논하면서 이러한 뜻을 매우 분명히 말했는데, 근세 유현儒賢들의 비문碑文이나 지문誌文을 보면 오직 계곡谿谷: 장유(張維)이 지은 우계牛溪: 성혼(成渾)와 사계沙溪: 김장생(金長生)의 비문만이 매우 간략하면서 사실에 부합하고 그 나머지는 모두 퇴계의 비판을 면치 못할 듯하다. (「농암잡지 내편」 1, 『농암집』 제31권)

언어만이 아니다. 농암은 내용도 사실에 부합해야 한다고 강조한다. 아무리 추존하는 글이라 할지라도 사실에 부응해야지 억지로 아름답게 과장해서는 안 된다. 그저 아름답게만 그리려 한다면, 그 글은 다른 사람에 대한 것이지 그 사람에 관한 것이 아니다. 결론적으로 그 글은 가짜다. 이것은 실물과 닮았느냐 닮지 않았느냐의 문제가 아니다. 대상의 특징과 개성이 제대로 드러난 글인가 아닌가가 관건이라는 말이다. 농암은 사실과 다르게 높이고, 확대하고, 부화附和하는 글을 경계할 뿐이다. 실상에 맞게 쓰기, 그래야 글이 거짓이 되지 않는다.

3. 답습과 표절은 NO, 문장의 생기를 찾아라!

언어의 적확한 사용을 따졌던 농암은 표절을 극력 배격한다. 자신의 언어, 자기 시대의 언어로 글쓰기를 하라고 말한다. 표절을 반대하고 독창적 언어 사용을 주장한 이유는 17세기 문단을 휩쓸었던 의고문파擬古文家들의 답습 행위를 병통으로 여겼기 때문이다. 물론 의고문파가 시작된 연유도 그 이전 문학의 폐단을 타파하기 위함이었다. 조선에서는 16세기 후반 무렵 고문 부흥운동이 일어났다. 한문학의 전범이 되는 텍스트, 예컨대 사서오경과 『사기』와 같은 한나라 때의 역사서, 그리고 당시唐詩 등의 창작 정신을 살려 기성 문학의 형식주의를 타파하고자 한 운동이다. 일종의 문학 정풍운동이라 할 수 있다. 고문파들은 명의 의고문파가 내건 문학 정신에 공감하여 당시 문단의 구태를 비판했다. 의고문파는 16세기 명나라의 이몽양李夢陽, 왕세정王世貞 등을 중심으로 복고적 문학 운동을 일으킨 그룹이다. 이들은 '문장은 반드시 선진과 양한을 본받아야 하고, 시는 반드시 성당을 본받아야 한다'[文必秦漢, 詩必盛唐]고 주장했다.

명말청초 중국의 문단은 의고문파, 당송파唐宋派, 공안파公安派가 서로 대립하면서 성행하고 있었다. 의고문파는 선진 양한의 고문을 모방하기를 주장하는바 이몽양, 하경명何景明, 이반룡李攀龍, 왕세정 등의 전후칠자*가 주축을 이루었고, 당송파는 당송시대의 한유韓愈, 유종원柳宗元, 구양수歐陽脩, 증공曾鞏 등의 고문을 모방하는바 당순지唐順之, 왕신중王愼中, 모곤茅坤, 귀유광歸有光이 주축을 이룬다. 공안파는 옛글을 답습한 글쓰기는 진부할 뿐 아니라 죽은 글쓰기라 배격하면서 성령자연스런 인간의 성정을 담은 글쓰기를 주장했다. 초횡焦竑, 원중도袁中道, 원굉도袁宏道, 원종도袁宗道가 여기에 속한다.

중국 문단의 경향을 모두 섭렵했던 농암은 우리나라를 휩쓸었던 의고문파의 글쓰기의 폐해를 지적했는데, 그 비판은 공안파의 논리에 따른 것이었다.

시는 성정性情의 발현이자 타고난 천기天機가 동한 것이다. 당나라 사람들은 이 점을 터득하고 시를 지었기 때문에 초당初唐, 성당盛唐, 중당中唐, 만당晚唐을 막론하고 대체로 다 자연스러웠다. 지금은 이 점을 알지 못하고 오로지 성음과 모습을 모방하고 분

---

* 명나라 전기에 복고를 주장한 이몽양, 하경명, 서정경(徐禎卿), 변공(邊貢), 강해(康海), 왕구사(王九思), 왕정상(王廷相) 이 일곱 명의 문인을 전칠자, 명나라 후기에 복고를 주장한 이반룡, 왕세정, 사진(謝榛), 종신(宗臣), 양유예(梁有譽), 서중행(徐中行), 오국륜(吳國倫) 이 일곱 명의 문인을 후칠자라고 부른다.

위기와 격식에 힘써 옛사람을 따르려고 하는데, 그 성음과 면모가 비록 혹 비슷하기는 하나 기상과 흥취는 전혀 다르다. 이것이 명나라 사람들의 잘못된 점이다.(「농암잡지 외편」, 『농암집』제34권, 1679)

시는 실로 당나라 시를 배워야 한다. 그러나 또한 당나라 시를 닮을 필요는 없다. 당나라 사람의 시는 성정이 일어나 담기는 것을 위주로 하고 역사 사실에 대한 의론을 일삼지 않았는데, 이것이 본받을 만한 점이다. 그러나 당나라 사람은 당나라 사람이고 지금 사람은 지금 사람이다. 서로 간의 시간적 거리가 천백여 년이나 되는데 성음과 기상이 조금도 다르지 않기를 바란다면 이는 이치와 형세상 결코 있을 수 없는 일이다. 그런데도 억지로 비슷하게 하고자 한다면 나무를 깎아 만들거나 진흙으로 빚어 만든 인형 같은 것이 될 뿐이니, 형체는 비록 흡사하다 할지라도 그 천진성이 존재하지 않을 것이다. 이런 것이 어찌 귀할 것이 있겠는가.(「농암잡지 외편」, 『농암집』 제34권, 1679)

농암은 지금의 글쓰기는 단지 선진의 문장과 성당의 시의 성음과 모습, 분위기와 격식을 모방하는 데 그쳤기 때문에 진부하기 짝이 없다고 비판한다. 남의 시와 문장을 표절한 까닭에 나무인형이나 진흙인형과 같아서 생기라고는 전혀 없다는 것이다. 하여, 당나라 사람은 당나라 사람이고 지금 사람은 지금의 시와 문장을 써야만 한다고 주장했다. 시공간이 다른데 똑같은 시와 문장을 쓴다면 그 시와 문장에서는 생명력을 찾아 볼 수 없기 때문이다. 생동하는 기운이 없는 글은 죽은 글과 같은 것이다. 농암의 말로 한다면 현재의 글쓰기는 의고문파를 답습하느라 '자연스런 성정이 발현되어 있지 않고 타고난 천기天機가 작동하지 않는' 글쓰기에 불과하다.

천기는 『장자』莊子에서 기원한 말로 천지조화의 오묘함, 생생하는 자연의 상태, 그리고 인간이 타고난 천진한 마음에 이르기까지 다양한 의미를 담고 있다. 천기는 글자 그대로 풀이하면 자연스런 내부의 시스템, 의식적으로 통제할 수 없는 자연스럽게 작동하는 기관이란 말이다. 곧 인간 정서의 자연스런 발동을 가능케 하는 본래적 시스템이다. 윤리적 추상화를 거치기 이전의 자연의 활발발한 시스템의 작동이라고 볼 수도 있다. 따라서 이 천기는 천리天理와 다르게 선악시비라는 도덕적 판정 이전의 본성을 말한다. 인간에게도 있고, 외부—자연에 존재할 수도 있다. 누가 시키지 않았음에도 불구하고 자연스럽게 살아 움직이는 것이 천기의 속성이다.(강명관, 『농암잡지평석』, 소명출판, 2007, 87~99쪽)

농암은 천기를 대체하는 말로 천진天眞, 천질天質을 사용하기도 한다. 농암은 누구나 답습해서 쓰는 진부한 말이나 특정한 격식과 관습에 매몰된 스타일을 벗어나서 그 시대, 그 사람, 그 공간만의 특이성을 담은 시와 문장 스타일을 가리켜 천기와 천진과 천질이 드러난다고 표현한다. 이렇게 볼 때 천기는 그 어느 것도 표절하거나 모방하지 않고 자연스럽고 독창적으로 표현한 형식과 내용을 말하는 것임에 틀림없다. 대상을 표현하는 언어도, 그 언어를 담아내는 스타일도 그 어떤 격식과 관습에 구애되지 않을 것. 농암은 그 결과 풍정風情, 즉 풍모와 정취가 생동하는 빛깔[生色]을 발하는 그런 시와 문장을 구성하라고 주문하고 있는 것이다.

> 한퇴지韓退之: 한유는 문장을 지을 적에 되도록 진부한 말을 제거하였는데, 진부한 말이란 비단 저속하고 평범한 말을 가리킬 뿐만 아니라 옛사람이 이미 한 적이 있는 말이면 모두 그에 해당한다. 예컨대 『춘추좌씨전』春秋左氏傳, 『국어』國語, 『한서』漢書, 『사기』史記의 문장이 비록 아름답고 특이하기는 하나 한 번이라도 혹시 그대로 답습하여 사용한다면 모두 진부한 말인 것이다. 지금 한유의 문집에 실린 수백 편의 문장을 읽어 보면 한마디도 옛사람의 성구成句를 그대로 답습하여 쓴 말이 없다.(「농암잡지 외편」, 『농암집』 제34권, 1679)

송나라 사람들은 비록 역사 사실에 대한 의론을 위주로 하기는 하였으나 축적된 학문과 가슴에 맺힌 뜻이 뭔가에 감격하여 촉발되고 솟구쳐 나와서 격식에 구애되지 않고 관습에 매몰되지 않았다. 그래서 그 기상이 호탕하고 힘이 넘쳤으며 때로는 타고난 기지가 발하는 데에 가깝기도 하였으니, 그 시를 읽노라면 그래도 성정의 참모습을 볼 수 있다. 그런데 명나라 사람들은 지나치게 격식에 얽매이고 걸핏하면 모방을 일삼아 전체적인 맥락에 맞지도 않는 것을 본뜨려고 애쓰다가 더 이상 천진함이 없어지고 말았으니, 이것이 그들이 도리어 송나라 사람들보다 못하게 된 까닭일 것이다.(「농암잡지 외편」, 『농암집』 제34권, 1679)

4. 문장비평가 김창협

우리는 이즈음에서 매우 흥미로우면서도 난감한 사실에 봉착하게 된다. 천기의 작동으로서의 글쓰기와 사상으로서의 주자학이 과연 병존할 수 있는 것인지, 당혹스럽기 짝이 없는 질문을 던지게 되는 순간이다. 농암이 경전 해석에서는 주자학을 고수하여 다른 해석을 이단으로 배격했음에도 불구하고, 글쓰기에서는 양명좌파의 영향을 받은 공안파의 논리를 그대로 수용하고 있다는 사실! 당위적 법칙, 윤리적 추상화를 거친 천리가 아니라, 천기라는 천리 이전의 자연스런 시스템의 작용을 운운한 것은 이미 주자학의 사상적 범주를 넘어서는 것일 터. 이 병립을 어떻게 설명해야 할까? 하나의 진리나 도덕적 이념이 아니라, 만물 각각의 혹은 글을 쓰는 사람 각각의 진실이 더 중요한 창작 동인으로 떠올랐음에도 농암은 이런 위험성을 감지하지 못한 것일까?

결론부터 말하자면 농암이 알면서도 일부러 은폐했다고 말하기는 어려울 듯하다. 농암 자신은 이것을 모순이라고 여기지 않은 것 같다. 숨긴 것이 아니라 그런 파장과 탈주를 예상치 않은 듯하다. 양명좌파의 사상을 이단으로 취급했지만 그들이 펼친 독창적인 문장론은 별개로 받아들였던 것이다. 농암은 장자의 사상은 비판하면서도 장자의 호방한 문장에 호감을 갖고 있었고, 왕양명의 사상에는 반기를 들면서도 왕양명 시문의 장점을 긍정하는 데는 주저함이 없었다. 농암이 중요하게 생각한 바는 실상에 맞는 가장 적확한 언어 사용과 해석 방식이었던 것처럼, 경전은 주자의 해석을 따르되 문장은 가장 자연스런 문체와 정서의 발현이어야 한다는 주장 사이에 전혀 모순이 일어난다고 여기지 않았던 것이다.

농암은 글쓰기의 비평에서도 이념상의 균열이나 주자학의 가치를 해체하기를 의도하지는 않았다. 농암이 배격한 것은 오직 표절과 답습이다. 농암이 표절과 답습을 문제 삼은 이유는 앞선 시대의 글쓰기의 격식과 정취를 모방하는 데 치중하면 글 쓰는 이의 진심과 생기를, 현재 시공간의 실상을 담을 수 없기 때문이었다. 농암은 앵무새가 되기를 거부했던 것이다. 다만 주자 시대의 실상을 통해 주자학의 원의를 따져 들어가듯, 나의 진심과 나의 시대의 언어와 형식이 지닌 고유성이 생생하게 드러나는 글쓰기를 주장했을 뿐이다. 농암은 그 누구와도 다른 글쓰기를 강조했다. 이것만이 자신의 존재를 증명하는 유일한 길이었기 때문이다. 나 자신을, 내가 깨달은 대상을, 나의 글임을 알 수 있는 방법은 오직 독창적인 스타일의 글이 아니고 그 무엇으로 가능하겠는가?

이 독창적인 글쓰기의 불온성, 즉 도덕적 가치판단에 균열을 일으키고 이념적 경계를 해체하는 폭발력은 농암에게서는 드러나지 않는다. 농암이 문장을 실험하는 단계까지 나아가지 못했기 때문이다. 『농암잡지』 속의 농암은 문장가라기보다는 오히려 문장 비평가에 가깝다. 농암은 글쓰기의 실험을 통해 새로운 문체를 선보이지는 못했다. 농암의 단계에서 할 수 있었던 역할은 문장을 어떻게 써야 하는지 그 이론을 제시하는 것이었다. 18세기 독창적인 글쓰기의 입법자는 농암이었고, 창신創新하고 기궤한 글쓰기는 후배 문인들의 몫이었다.

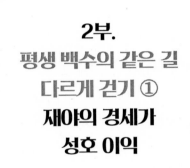

2부.
평생 백수의 같은 길
다르게 걷기 ①
재야의 경세가
성호 이익

남인 백수 1세대,
'성호' 선비가 사는 법

자! 이제 남인계의 백수 선비, 성호 이익李瀷(1681~1763)을 만날 차
례다. 성호는 경세치용經世致用의 실학자, 중농학파重農學派라는 분류
아래, 현실 개혁에 힘쓴 학자로 유명하다. 근대가 시작된 이래, 조선
의 학자들 중 반계 유형원柳馨遠(1622~1673), 성호 이익, 다산 정약
용丁若鏞(1762~1832)만큼 각광받은 인물은 없었을 것이다. 적어도
이 세 학자는 봉건적이고 철저히 반근대적인, 실질은 없고 공리공
론의 형이상학만 난무하는 조선에 실학이라는 하나의 광명을 비춘
존재들로 근대인들의 마음을 사로잡았다. 조선에 내재한, 근대로의
행로[발전]는 바로 이 세 학자들 덕분이었음을 얼마나 힘주어 변론
했는가?

그렇지만 단도직입적으로 말하자면 성호는 근대를 향해 달려
가지 않았고, 결단코 근대를 사유하지도 않았다. 그뿐만 아니라 그

의 학문적 성과를 근대적이라는 틀 안에 가두기도 어렵다. 실학=반주자주의=반봉건주의=제도 개혁=근대라는 표상은 근대 100년의 학문 좌표가 만들어 낸 하나의 관념일 뿐이다. 성호는 다만 형이상학의 공리공론을 탈주하고, 주자주의를 탈주하고, 당대의 제도를 탈주했을 뿐이다. 그 궁극의 꼭짓점이 반봉건, 근대는 아니었다. 주자주의의 탈주가 곧 반주자, 반유학을 의미하는 것도 아니요, 제도 개혁이 곧 반봉건을 가리키는 것도 아니며, 실용적인 사유가 곧 근대적이라고 말하기는 더더욱 어렵다.

성호는 다만 18세기의 현실에 안주하지 않고, 그 시대의 표상 안에 갇히지 않은 채 다르게 생각하며 다르게 살았을 뿐이다. 성호가 오늘날의 우리에게 유의미하다면, 18세기의 현실에서 자기만의 삶과 학문의 스타일을 만들어 냈기 때문일 터이다. 근대, 혹은 실학이라는 개념으로 성호의 삶과 사유를 규정한다면, 성호가 고민한 지점과 18세기 지성의 구체적 생태학은 그 추상적 구분 속에 묻히고 말리라.

1. 다산의 스승, 성호 이익

찬란도 할사 성호 선생이시여 郁郁星湖子

성·명으로 찬란한 글 지었네 誠明著炳文

아득해서 광막함을 근심하던 터에 瀰漫愁曠際

세밀히 분석한 것 보았네 芒芴見纖分

보잘것없는 나 늦게 태어났으나 眇末吾生晚

아득한 대도를 들었네 微茫大道聞

다행히 풍요로운 은택에 젖기는 했으나 幸能沾膏澤

성운을 보지 못한 것 애석하네 惜未睹星雲

보장엔 남긴 향기 가득하여 寶藏饒遺馥

인자와 은혜로 사람들 구제했네 仁恩實救焚

(정약용, 「서암강학기」西巖講學記, 『다산시문집』 제21권)

다산 정약용의 학문의 뿌리는 성호 선생이었다. 성호가 죽은 다음 해에 다산이 태어났으니, 다산은 성호에게 직접 가르침을 받지는 못했다. 성호를 읽고 '대도大道를 들었다'는 다산. 성호를 통해 삶의 이치와 학문의 길을 터득했던 것이다. 맹자가 공자를 사숙私淑했듯, 다산은 성호를 사숙했다. 다산은 열다섯 살에 성호의 학행이 순수 하고 독실하다는 이야기를 듣고, 성호의 질손 이가환李家煥과 이승 훈李承薰을 따라 성호의 저서를 공부했다고 한다. 성호의 제자들은 두 파로 나뉘는데, 서교천주교를 이단이라 배척했던 성호우파공서파와 서교를 수용했던 성호좌파신서파가 그것이다. 안정복安鼎福, 윤동규尹 東奎 등을 성호우파, 권철신權哲身, 이가환, 다산 등을 성호좌파라 부 른다. 이가환, 이승훈은 성호의 직계제자인 녹암 권철신에게서 수 학했고 다산이 이들을 따라 녹암에게 배웠다.

다산은 성호를 뵌 적이 없음에도 불구하고 그의 학문에 깊이 감화되어, 그의 저작들이 방치되는 것을 안타까워했다. 그리하여 다산은 금정(온양) 찰방으로 제수되었을 때, 그곳에 살고 있는 성호의 질손인 목재木齋 이삼환李森煥을 비롯해 10여 명의 학자들을 불러 모아 서암의 봉곡사에 열흘 동안 머물면서 경전을 강학하고, 성호의 『가례질서』家禮疾書를 교정·정서하는 등 성호 학문의 전승을 위해 애를 썼다. 이들은 매일 새벽에 일어나서 함께 시냇가에 나가서 얼음을 깨고 샘물을 떠서 세수하고 양치질을 하였으며, 낮에는 성호의 저서를 교정하고, 저녁에는 여러 친구들과 함께 산언덕에 올라가 소요逍遙하면서 풍광을 즐기고, 밤에는 학문과 도리를 강론했다고 한다.(정약용, 「서암강학기」) 다산과 그의 동지들은 경건한 자세로 성호의 저서를 강학하고 전수했다. 이들은 성호의 학문만 전수한 것이 아니었다. 성호의 삶의 태도와 학문의 스타일까지 익히고 실천했다.

성호는 18세기 지성사에서 매우 중요한 인물이다. 18세기 남인학맥의 구심점으로 남인 지식인들의 삶과 사유의 전형을 마련했다는 점에서 그렇다. 성호의 삶과 학문의 스타일을 계승한 이들을 우리는 성호학파라 부른다. 성호학파의 대표적인 인물은 바로 다산 정약용이다. 다산의 학문과 사유와 글쓰기와 삶의 방식들은 성호의 자장 안에서 탄생했다. 연암과는 다른 방향에서의, 다산의 독보성은 성호와 성호학파의 움직임을 빼놓고 이야기하기 어렵다.

다산이 성호보다 훨씬 방대하고 놀라운 학문적 성과를 냈음에도 불구하고 남인들을 묶어 주는 학맥은 다산학이 아니라 성호학이었다. 남인 지식인들의 학맥을 다산학파라 이야기하지 않고 성호학파라 부르는 이유는 무엇일까? 성호는 그의 생활방식과 학문적 스타일에 영향을 받은 일군의 계승자들을 만들었지만, 다산은 하나의 흐름을 만들지 못했다. 성호는 다산을 비롯한 남인 지식인들의 삶과 학문에 기원과 같은 존재였다. 다산은 성호학을 나침반 삼아 다산학이라는 독보적 성취를 일궜다는 점에서 매우 중요하지만, 남인 지식인들에게 또 다른 출구가 되지는 못했다. 다산은 성호학의 집대성이자 완성으로 성호학파의 문을 닫는 역할을 했다. 성호는 남인들에게 선비라는 존재 가치와 선비가 사는 법을 새롭게 제시한 기원이자 하나의 출구였다.

2. 형의 죽음과 백수 선비의 길

송시열宋時烈, 김수항金壽恒을 중심으로 한 서인과 윤선도尹善道, 허목許穆, 윤휴尹鑴를 중심으로 한 남인들의 대결은 남인 성호의 삶에도 커다란 변전을 가져왔다. 1659년의 기해예송, 1674년의 갑인예송을 거쳐 1680년의 경신환국! 남인 허적許積의 서자 허견許堅의 역모로 남인들이 출척되고, 서인들은 정계에 복귀했다. 남인 세력인 윤휴, 허적, 허견, 복창군福昌君, 복선군福善君, 복평군福平君 등이 사사되었는데 이때 성호 아버지 이하진李夏鎭은 허적을 두둔하다 유배되고, 성호의 둘째 형 이잠李潛은 방외인을 자처하며 떠돌게 된다. 그러다 1689년의 기사환국! 송시열이 경종의 왕세자 책봉 반대 상소를 올린 결과 숙종이 분노하여 서인들을 쫓아내면서 송시열과 김수항은 사사된다. 이 결과 농암 김창협은 관직에 오르지 않고 포의로 살면서 산수 기행과 글쓰기에 전념했다.

1694년의 갑술환국! 숙종은 민비 복위운동을 벌인 서인 김춘택金春澤과 소론 한중혁韓重爀의 손을 들어 주고, 장희빈을 사사한다. 장희빈을 옹위한 남인들은 대대적으로 출척당하고, 정계 진출의 길이 완전히 끊긴다. 이 사건들을 겪으며 성호의 형 이잠은 1706년 노론계 김춘택의 처벌과 국정 쇄신을 요구하는 상소를 올렸는데 노론계의 반발과 숙종의 분노를 사 국문을 당하던 중 죽음을 맞는다. 그 결과 남인계의 젊은 성호도 결단을 내릴 수밖에 없었다. 과거 공부를 중단하고 처사로 살면서 학문에만 전념하는 길을 선택한 것이다.

3. '백수 선비', 무위도식의 다른 이름

성호는 경기도 광주 첨성리(현재 경기도 안산)에서 평생을 살았다. 아버지가 유배당한 이후, 어머니를 모시며 살았던 이곳에서 독서자로서, 농민으로서, 교사로서, 경세학자로서의 삶을 일구었다. 그렇지만 성호는 선비로서의 생활을 편안하게 받아들이지 않았다. 성호가 처사로서 살면서 가장 절실하게 고민한 것은 '책만 보는 선비'라는 자의식이었다. 18세기 조선 지성사에서 성호를 하나의 변곡점으로 볼 수 있다면, 그것은 학문적 업적 때문만은 아닐 것이다. 성호가 '선비'라는 존재의 가치를 고심했기 때문이다. 성호는 '선비'의 실체를 어떤 아우라도 덧씌우지 않은 채 솔직하게 바라본 18세기의 첫 주자였다.

열흘 동안 준비한 비가 하루아침에 내리니 經旬養雨一朝行
금세 물이 가득한 도랑과 밭두둑 앉아 보노라 坐見溝塍候已盈
도롱이 삿갓 쓴 사람마다 모두 생각이 같고 蓑笠人人同意思
쟁기와 호미 들고 곳곳마다 저마다 일하누나 犁鉏處處各功程
하늘이 백성 불쌍히 여겼구나 함께 노래하면서 天應閔下謳吟協
농사일 때 놓칠까 촌각을 서둘러 논밭에 나간다 事怕違期分刻爭
나만 홀로 사지를 부지런히 움직이지 못하니 獨我不能勤四體
집안에 앉아 음식 대하매 먹고사는 게 부끄럽네 幷慚對食愧生成
(「농가의 반가운 비」田家喜雨, 『성호전집』星湖全集 제7권)

성호는 독서만 하는 선비의 생활을 떳떳하게 여기지 않았다. 농민들이 촌각을 다투며 일하러 나갈 때, 문득 홀로 사지를 움직이지 않으면서 음식만 축내는 자신의 신세를 돌아보곤 부끄러워했다. 성호는 이 자의식에서 벗어날 수가 없었다. 온종일 글만 읽고, 한 올의 베나 한 알의 쌀도 자신의 힘으로 생산한 것이 없으니 어찌 이 세상의 한 마리 좀벌레가 아니겠는가, 하는 자책이 마음 한편에서 떠나지 않았다.

성호는 18세기 선비의 생활이 옛날 군자의 삶과는 다르다는 사실에 괴로워했다. 성호의 진단인즉슨 독서만 하는 선비는 편안히 앉아서 마음을 쓰지 아니하고 남들이 힘써 생산한 것을 빼앗는 존재다. 손은 부지런히 움직이지 않고 입만 먹으려 하니 벌레나 짐승과 다를 바 없다는 것이다. 옛날의 군자는 지금의 선비들과 차원이 달라서 앉아서는 도를 논하고, 일어나서 일을 했다는 것이다. 이런 군자의 역할은 부지런히 힘써서 곡식을 생산하는 것과 그 공로가 같으므로 비록 많이 먹어도 유감이 없다.

성호가 보기에, 지금의 선비는 민호民戶에 편입된 사士로 벼슬 없는 서인庶人일 뿐이다. 그렇지만 어려서부터 익힌 일이라곤 책 위의 문자에 불과하므로 농사짓고 장사하는 데는 또 힘이 감당해 내지 못한다. 농사나 장사를 하려고 해도 일에 너무 서툴러 실상 할 수가 없는 것이 이 시대 선비의 현실이었다. 콩과 보리를 구분할 수나 있으면 다행인 정도다. 그러면 어떻게 해야 하는가? 성호는 선비에게 다른 방법은 없다고 보았다. 오직 자신이 무위도식하는 존재임을 깨닫고, 하찮은 존재로서 부지런히 사지육신을 움직이는 존재들 덕에 먹고 살아가고 있음을 아는 것. 성호는 여기에서 출발하라고 말한다. "오히려 날마다 두 그릇씩 밥을 먹고 해마다 홑옷과 겹옷을 바꾸어 입되 쌀 한 톨 실 한 올도 모두 자기가 스스로 마련한 것이 아니고 오직 편안히 앉아서 남들에게 의지하니, 마땅히 어진 사람이 경계해야 할 것이다."(「삼두회시 서문」三豆會詩序, 『성호전

집』 제52권)

성호는 선비를 특권층으로 보지 않았다. 성호는 당대의 선비들이 서인庶人들의 노동으로 살아도 될 만한 자격을 갖추고 있다고 생각하지 않았다. 선비는 그저 무위도식하며 책만 읽는 서민일 뿐이다. 농공상인과 같은 서민과 다른 점은 문자에 익숙하다는 사실뿐. 그렇다면 선비로서 무엇을 해야 하는가? 성호의 고민은 바로 여기에 있었다. 남의 노동력으로 더부살이하듯 사는 존재인 선비가 할 수 있는 일은 어떤 것일까? 사회적 존재로서 보다 떳떳하려면 어떻게 살아야 하는가? 성호는 선비라는 존재의 심연까지 내려가 절실하게 묻고 따졌다. 그리고 소박하면서도 실천 가능한 해법을 찾아냈다.

계몽의 시학,
분노의 파토스

1. 경건하고 엄숙하게!

성호학맥의 특징은 경건함과 엄숙함이다. 이들은 '세상을 구제할
역사적 사명을 띠고 이 땅에 태어난 것'처럼 반듯하고 바르게 생활
했다. 하여, 늘 자신을 단속하고 국가와 백성에 대해 근심했다. 또
한 시비, 선악의 구분에 아주 엄정했다. 다산의 비장미와 엄숙주의,
그리고 경건함은 성호로부터 비롯되었다. 성호는 허약 체질로 병
이 많았던 탓에 어머니 권씨 부인이 약주머니를 달고 다니며 수시
로 약을 먹일 정도였다고 한다. 그 때문에 특별한 스승 없이 가학으
로 학문을 연마했다. 어려서는 둘째형 이잠에게, 이잠 사후엔 셋째
형 이서李漵(옥동玉洞 선생), 종형 이진李震(소은素隱 선생)에게 배웠으
며, 아버지 서재의 만 권 서적이 그의 스승이었다고 한다. 그렇다면

그의 엄숙주의는 집안 내력인가? 아니면 개인적 기질인가?

성호는 어려서부터 참으로 단정한 선비였다. 그야말로 타고난 유자儒者라고밖에 달리 표현할 말이 없다. 일점 흐트러짐 없이 새벽부터 잠들기 전까지 철저하게 법도를 지키고 심신을 단속했다.

여럿이 함께 공부할 때 학생들이 모두 웃고 떠들며 장난쳤으나 선생성호은 홀로 묵묵히 앉아 책장을 넘기기를 종일토록 그만두지 않았다. …… 집에서 어머니를 모시면서 조석으로 혼정신성昏定晨省하는 것 외에는 방에 바르게 앉아서 성현의 경전 및 송宋나라 정자·주자의 책과 우리나라 퇴계退溪의 글을 펴·놓고 되풀이하여 읽고 사색하며 상호 고증하는 일에 몰두했다. …… 집안에서의 생활은 엄격하면서도 법도가 있었으니, 매일 새벽에 일어나 세수하고 양치한 뒤에 의관을 정제하고 가묘에 배알하였고 물러 나와서는 규정에 따라 제자들을 가르쳤다. 식사할 때는 반드시 장유에 따라 차례대로 앉아 먹었으며, 매우 조심하여 감히 숟가락 소리조차 내지 않았다. …… 또 자제나 제자가 사차私次에서 묵게 되면 반드시 절하고 뵙도록 하였으니, 잠깐 외출할 때에도 반드시 절하고 여쭈었고 돌아와서도 반드시 절하고 뵈었다. 종족과 친구처럼 온종일 보는 자들도 서로 읍揖하지 못하게 하고 절을 하게 하였다. 이 때문에 문하에 있는 자들이 배례拜禮에 익숙한 것이 마치 조정이나 관부에 있는 듯했고 밖에 나가 사람들과 교제할 때에도 또한 그렇게 하니, 비록 일면식도 없는 자라도 그가 성호의 문인이나 자제라는 것을 이내 알아차렸다고 한다.(종자從子 이병휴李秉休,「가장」家狀,『성호전집』부록 제1권)

성호는 자제들과 제자들도 그렇게 가르쳤다. 성호가 죽은 뒤에도 제자들은 경건하고 엄숙하게 학문을 연마했으니, 그 스승의 그 제자임에 틀림없다.

언젠가(1779년) 겨울 주어사走魚寺에 임시로 머물면서 학문을 강습하였는데, 그때 그곳에 모인 사람은 김원성金源星·권상학權相學·이총억李寵億 등 몇몇 사람이었다. 녹암권철신(權哲身)이 직접 규정規程을 정하여 새벽에 일어나서 냉수로 세수한 다음 숙야잠夙夜箴을 외고, 해 뜰 무렵에는 경재잠敬齋箴을 외고, 정오正午에는 사물잠四勿箴을 외고, 해질녘에는 서명西銘을 외게 하였는데, 씩씩하고 엄숙하며 정성스럽고 공손한 태도로 법도를 잃지 않았다. 이때 이승훈도 자신을 가다듬고 노력하였으므로 공은 이와 함께 서교西郊로 나아가 심유沈浟를 빈賓으로 불러 향사례鄕射禮를 행하니, 모인 사람 백여 명이 모두, '삼대三代의 의문儀文이 찬란하게 다시 밝혀졌다' 하였으며, 소문을 듣고 찾아오는 사람 또한 많았다.(정약용,「정약전 묘지명」先仲氏墓誌銘,『다산시문집』제15권)

정약용이 성호의 제자들 곧 권철신, 정약전丁若銓, 이벽李檗 등과 주어사에서 열었던 강학회를 술회한 글이다. 새벽에 찬물로 세수하고 정해진 시간대에 잠언을 암송하며 심신을 다스리는 장면은 성호가 지켰던 생활 규칙과 크게 다르지 않다. 이런 강학 방식은 경건하다 못해 숭고하고 비장하게까지 느껴진다.

성호의 제자들은 농암 김창협의 후예들과 매우 달랐다. 농암의 후예들이 매우 경쾌하고 발칙하게 세상과 소통하고 거침없는 우정으로 연대했다면, 성호의 후예들은 성스럽고 거룩하지만 매우 규범적이고 질서정연하게 관계를 다듬었다. 그 결과 노론학파들은 기발하고 참신한 문장으로 세상을 흔들었고, 남인학파들은 체제와 민생에 대한 관심으로 세상을 개혁하고자 했다. 농암의 후예들이 규칙을 깨며 세상을 유영했다면, 남인의 후예들은 더 엄격하게 규칙을 보완하고 개선했다. 노론과 남인은 당파의 차이에 그치지 않고, 기질과 지향에서 하늘과 땅처럼 그 간극이 엄청났다.

2. 유희를 금하라! 계몽의 시학

이토록 경건하고 엄숙한 성호가 유희적인 예술이나 놀이를 용납할 리는 만무했을 터. 성호는 자제들과 제자들에게 장기나 바둑을 두는 일조차 경계한다. 공자는 낮잠을 자는 재아를 호되게 혼내면서도 아무 일도 하지 않는 것보다는 바둑과 장기라도 두는 게 낫다고 보았지만, 성호는 그 반대였다. "한번 장기나 바둑에 빠진 자는 정신을 소모하고 뜻이 미혹되어 방탕한 데로 흘러 돌아올 줄 모른다. 그 해악이 낮잠 자는 것보다 열 배는 되니, 결코 해서는 안 된다."(이 병휴, 「가장」) 초지일관 엄숙하고 단정하니, 범접하기에는 좀 어려운 선비라 여겨진다. 존경하고 숭앙할 수 있으나 친근하게 다가서기엔 너무 먼 스승처럼 느껴진다.

뿐만 아니라 담배와 같은 기호품도 여지없이 금지했으니, "날마다 독한 연기로 신명神明이 깃든 곳을 쬐는 것은 옳지 않기"(이병휴, 같은 글) 때문이다. 성호 선생의 담배 금지의 변을 좀더 자세히 들어 보자.

> 안으로 정신을 해치고 밖으로 듣고 보는 것까지 해쳐서 머리가 희게 되고 얼굴이 늙게 되며, 이가 일찍 빠지게 되고 살도 따라서 여위게 되니, 사람을 빨리 늙도록 만드는 것이다. 내가 이 담배는 유익한 것보다 해가 더 심하다고 하는 것은 냄새가 나빠서, 재계齋戒하여 신명神明을 사귈 수 없는 것이 첫째이고, 재물을 없애는 것이 둘째이며, 세상에 일이 많은 것이 진실로 걱정인데, 지금은 상하노소를 막론하고 해가 지고 날이 저물도록 담배 구하기에 급급하여 한시도 쉬지 않으니 이것이 셋째이다. 만약 이런 마음과 힘을 옮겨서 학문을 닦는다면 반드시 대현大賢이 될 수 있을 것이고, 글에 힘쓴다면 문장도 될 수 있을 것이며, 살림을 돌본다면 부자가 될 수 있을 것이다.('남초'南草, 「만물문」萬物門, 『성호사설』星湖僿說 제4권)

성호가 일일이 짚어 주는 담배南草의 폐해는 참으로 막대하다. 흡연은 심신 소모에 돈 낭비, 시간 낭비일 뿐! 깐깐하고 검소하신 성호다운 말씀이다. 만약 사치품을 권장하고, 꽃에 빠져든 마니아를 예찬하는 박제가朴齊家의 글을 접했다면, 혹은 담배를 예찬하다 못해 경전이라 제목을 붙인 이옥李鈺의 『연경』烟經을 읽었다면, 성호는 어땠을까. 성호는 이런 세태에 조금도 물들지 않으려 견결하게 경계하고 또 경계했을 것임에 틀림없다.

그렇다면 시와 문장에 대해서는 어떤 입장이었을까? 당연히 시와 문장은 유희 때문이 아니라 세교世敎 때문에 존재하는 것이라 여겼다. 음풍농월하는 시, 기괴하고 해학적인 이야기는 사람의 눈과 마음을 어지럽히는 데 불과하니, 숭상해서는 안 된다. 시여, 문장이여, 온 세상을 교화하라! 성호 선비는 풍자하고 비판하며, 풍속을 계도하고 선한 마음을 흥기하는 시와 문장만을 인정했다. 그런 까닭에 『시경』의 시를 최고의 작품으로 치고, 4언시 짓기를 권장할 정도였다.

시문詩文을 업業으로 하는 선비 중에 대가로 일컬어지는 사람이 본래 적지 않다. 하지만 시문이 있게 된 취지는 세교世敎 때문이다. 이것을 제외하면 모두 백정白丁, 술 파는 사람, 광대, 배우 등이 자웅을 다투는 작품으로, 상자에 넘쳐나고 사람들의 이목耳目에 전파되었다 하더라도, 그 가운데 질박하고 참되어 인륜人倫을 부식扶植: 사상이나 세력 등을 뿌리박게 함하고 선량함을 흥기시키며 선악을 판단하는 데 있어서 고인古人의 유지遺旨를 저버리지 않을 수 있는 것이 있는가. 살펴보건대, 무릇 시를 짓는 자는 이따금 달을 호통 쳐서 밝게 하고 구름을 헤치며 풍정風情과 주흥酒興에 빠질 뿐이고, 글을 짓는 자도 기괴하고 희롱하는 내용으로 사람의 눈을 어지럽히고 사람의 심술心術을 현혹시키는 것에 불과할 뿐이다. 요컨대 모두 의義를 해치는 것이니, 어찌 숭상할 수 있겠는가.(「『회헌잡저』서문」悔軒雜著序, 『성호전집』제50권)

3. 슬픔과 분노의 파토스

성호가 아이 때 지은 시를 보자. 송충이를 비판하는 시다. 어찌나 신랄한지. 남인 윤선도가 파리를 그렇게 미워하더니, 성호는 송충이를 엄청나게 미워한다. 쓸모 있는 소나무, 올곧은 소나무를 저 탐욕스런 송충이가 씨까지 말려 버린다. 이런 송충이는 포악한 자의 다른 이름이다. 이런 자를 없애면 좋겠는데 사라지지 않는다. 그러니 어쩌랴? 침범할 수 없도록 멀리 떨어져 곁을 주지 않아야 한다. 송충이의 행악에 대한 개탄과 깊은 슬픔 속에 성호의 분노가 느껴진다. 어린 시절부터 성호는, 선악시비를 분별해서 판정하는 동시에 사람들을 옳은 길로 인도하는 매체가 시라고 생각했나 보다.

봄이 와 초목이 싹트고 자랄 때면 春之苗長

소나무 외면에서 보드라운 잎을 씹고 外斫其輭

가을이 와서 초목의 잎이 시들 때면 秋焉斂藏

소나무 내면에서 그 진액을 빨아먹으며 內浚其津

어느 때 어느 날이고 늘 不時不日

오직 소나무 씨를 말리려 설치니 惟無類之是奔

그저 탐욕만 부리는 게 아니라 非貪饕之獨營

천공에게 원한을 품고 있는 것이다 亦有恚乎天公

하늘이 서둘러 징계하여 若皇圖之早懲

송충이를 더 이상 못 날뛰게 하건만 無使蔓以敢橫

저 교만을 부리는 하찮은 벌레는 彼小蟲之謬慢

마침내 손에 독을 쏠 마음을 낸다 終螫手以心生

하늘의 혁혁한 위엄에도 굽히지 않거늘 顧嚇威猶屈強

보잘것없는 사람의 계책이야 말해 무엇 하랴 矧人籌之無良

나는 안다 벌레는 염병의 빌미이며 吾知蟲者癘之祟也

소나무는 곧은 기운으로 자란 것이라 松爲直氣攸毓

포악한 자에게 곧잘 시달린다는 걸 善困於虐

쓸모없는 것이 유익한 것을 해침은 無用之害有益

진실로 옛날부터 모두 그러했으니 固前世以皆然

어찌 새삼스레 한숨을 쉬고 원망하리오 復何欷而怨讟

내 장차 수레에 기름 치고 말에 여물 먹여 吾將膏吾車而秣吾馬

대륙을 따라 왼쪽으로 돌아가되 遵大陸以左轉

혹 가마를 타고 산에 들어가고 或乘輂而入山

혹 뗏목을 버리고 기슭에 올라 ^{或捨筏而登岸}

높은 산봉우리 위에서 길이 노닐면 ^{永翶翔于巘岏}

아 너 송충이가 감히 나를 범하지 못하겠지 ^{嗟爾蟲之莫余敢干}

(「송특부」^{松蟘賦}, 『성호전집』 제1권)

글은 실정을 파악하게 해줘야 진짜다. 성호는 글에 진경^{眞景}을 담으라고 한다. 진실을 형용하지 않는다면 세상에 보탬이 될 수 없다. 그 진경 혹은 진실은 무엇일까? 성호가 말하는 세상의 진경은 현실의 간악함과 부조리, 백성을 피폐하게 하는 가혹한 정치다. 불안하고 부조리한 현실은 우리를 슬프게 하고 분노하게 한다. 성호가 말하는바, 문장의 궁극적 목적은 슬픔과 분노의 파토스를 일으키는 진경을 담는 것이다. 때로는 비장하게 현실을 비판하여 비탄하게 하고 분노를 일으키며, 때로는 숭고하게 바람직한 세상을 염원하며 개혁의 의지를 불러일으키는 문장. 이것이 문장이 해야 할 역할의 전부다. 그 밖의 문장은 사치요, 낭비다.

소식^{蘇軾}이 장방평^{張方平}을 대신하여 지은 「간용병서」^{諫用兵書}는 가위 정전^{征戰}에 대한 진실한 화상이라 하겠으니, 이것을 보고서 슬픈 정감을 일으키지 않는 자는 사람이라 할 수 없다.
그 말에, "싸워서 이긴 다음에 폐하^{陛下}가 알 수 있는 것은 개선^{凱旋}하여 승첩을 보고하는 것과 표^表를 올려 치하하는 따위로서 이목에 빛나는 구경거리일 따름이며, 저 먼 지방의 백성의 간뇌

肝腦는 흰 칼날에 묻고 근골筋骨은 궤향饋餉에 끊어지며, 유리 파
산하고 아들 딸을 팔아먹으며, 눈이 빠지고 어깨가 부러지고 스
스로 목매어 죽는 현상에 이르러는 폐하가 반드시 볼 수 없는
것이며, 자부慈父·효자孝子·고신孤臣·과부寡婦들의 우는 소리는
폐하가 반드시 들을 수 없는 것입니다. 비유하자면, 저 소와 염
소를 도살하고 어별魚鼈을 회쳐서 음식[羞膳]을 만들어 놓았을 때
먹는 자는 매우 아름답겠지만, 잡는 자는 너무도 괴로움을 겪는
것과 같습니다. 만약 폐하로 하여금 그 몸뚱이가 칼날 아래 부
르짖고 그 도마, 칼의 사이에 꿈틀대는 것을 보게 하였다면, 비
록 팔진八珍의 아름다운 것일지라도 반드시 젓가락을 던지며 차
마 먹지 못할 것이온데, 하물며 사람의 목숨을 이용하여 이목의
구경거리로 삼을 수 있겠습니까?"라 하였다.

이야말로 그림이 그 참모습을 잃지 않았다고 할 수 있는 것이
다. 이 뜻은 이화李華의 「조전장문」吊戰場文에서 근본되었으니, 사
람이 다 읽어서 아는 것이거니와, 이화 역시 근본으로 삼은 것
이 있으니 한漢나라 가연지賈捐之의 「파주애대」罷珠厓對에, "아비
는 앞에서 싸우다 죽고 아들은 뒤에서 싸우다 상처를 입고 여자
는 높은 언덕을 타고 고아孤兒는 길가에서 부르짖고 노모老母·
과부는 마을 구석에서 곡을 하여 허제虛祭를 벌리어 만리 밖의
넋을 부르고 있다" 하였다. 진실로 정신을 가다듬고 한번 외워
볼 만한 글이다.('간용병서'諫用兵書, 「시문문」詩文門, 『성호사설』 제
30권)

성호는 군사를 일으키는 일에 대해 간언하는 소식의 「간용병서」와 전쟁터를 조문하는 이화의 「조전장문」이 진실로 외워볼 만한 글이라고 추천한다. 전쟁을 일으키는 왕이 듣고 읽어야 하는 문장은 개선가가 아니다. 전쟁에서 병장들이 얼마나 끔찍하게 희생되었는지, 전쟁으로 집을 잃고 여기저기 유랑하는 백성들의 절규가 어떤 것인지, 그 실상을 낱낱이 담는 것이 문장이다. 따라서 이 작품들을 읽고 슬퍼하지 않으면 사람이라 할 수 없다. 적어도 성호에게 글은 인간, 즉 올바른 인간일 수 있는 가능성을 일깨워 주는 것이다. 슬픔과 분노를 통해 인간의 마음을 상기하고 인간 본성을 회복하기, 성호에게 문학의 최선은 비장미다.

이와 같은 문장의 도는 다산의 시에서 꽃을 피웠다. 다산은 성호가 문장에 담고자 한바, 리얼리즘과 파토스의 절정을 실현한 장본인이다.(고미숙, 『두개의 별 두개의 지도: 다산과 연암 라이벌 평전』, 북드라망, 2013 참조) 이런 점에서 보면, 다산이야말로 성호의 진정한 계승자요, 성호학의 구현자라 일컬어도 무방할 것이다.

성호 이익의
세상을 향한 외침!

1. 난치병 고치는 의원, 반계 유형원

성호의 멘토는 반계磻溪 유형원柳馨遠(1622~1673)이었다. 성호는 유형원의 학문을 추숭하고 곱씹으며, 문물제도와 행정제도의 개혁을 사유하는 것으로 일생을 바쳤다. 유형원은 외삼촌 이원진李元鎭에게서 수학했는데, 이원진은 성호 이익에게는 종백부가 된다. 이렇게 조선시대의 당맥, 학맥은 혈맥과 불가분리다.^^ 유형원의 『반계수록』磻溪隨錄은 대대적인 국가개조론을 담고 있는 실학서의 상징이다. 유형원 식의 학문과 글쓰기는 산림학자가 국가경영에 참여하는 하나의 새로운 길이었다.

성호는 유형원에게서 학문하는 선비의 전형을 찾아냈다. 학자는 난치병을 살리는 의원과 같은 존재여야 한다. 성호가 보기에 조선은 여기저기 난치병에 걸려 있다. 그러나 이 난치병을 고칠 좋은 의원은 없고, 용렬한 의원만 세상에 가득하다. 용렬한 의원들은 소오줌이나 말똥 따위의 쓸모없는 것으로 난치병을 고치려 한다. 그런데 어찌된 것이 거칠고 더러운 초목 가운데에서 신령스러운 약초를 찾아내는 좋은 의원은 거들떠보지도 않는다. 신령스런 약초를 찾아내고도 버려지는 의원은 바로 유형원이다. 덕과 재주를 품고도 세상에 뜻을 펼 수 없었던 존재. 세태가 너무 이상하지 않은가? 그럼에도 불구하고 산림에서 국가 개조 프로젝트를 묵묵히 연구했던 유형원.

> 근세의 반계磻溪 유 선생柳先生 같은 분이 바로 그런 사람이다. 선생은 호걸스러운 선비로, 학문은 하늘과 사람의 이치를 꿰뚫고 도道는 백성을 포괄하여 한 사람의 지아비라도 터전을 잃는 것을 스스로 부끄럽게 여겼다. 그러므로 몸은 필부匹夫이지만 뜻은 일찍이 세상을 구하는 데 있지 않은 적이 없었다. 대개 평소에 생각이 깊어서 각각 확정된 계획이 있는 것이 마치 촛불이 어두운 방을 비추는 것처럼 분명하였다. 또한 좋은 값을 기다려 팔지 않고 늙어서 암혈巖穴의 사이에 죽으니, 아는 사람들이 없었다. (「『반계수록』 서문」磻溪隨錄序, 『성호전집』 제50권)

유형원은 벼슬은 포기했지만 유자로서의 정치적 책무는 단념하지 않았다. 아니 더 활활 타올랐다. 유형원은 산림학자로 생활함

으로써 백성의 궁핍을 아파하고, 궁핍을 벗어날 제도의 문제를 절
감하여, 자신의 사유와 희망을 아주 절실하게 기록했다. '경세와 안
민'이라는 정치적 이상을 실현하는 것이 유자의 책무지만, 이것을
정치로 실행할 수 없다면 그 방법은 글로 남기는 것 외에 다른 방법
은 없었다. 유형원의 계책이 좋은 값에 팔리지는 못했지만 『반계수
록』이란 책으로 시무의 요결이 세상에 전해질 수 있었다는 것을 성
호는 다행으로 여겼다.

> 다행스러운 것은 저술한 『수록』隨錄, 한 책이 먼지가 쌓이고 좀
> 이 슬며 썩어서 부스러지는 가운데에도 없어지지 않고 점점 세
> 상에 나와서 사람들이 읽을 수 있게 된 것이다. 사람들은 이따
> 금 감탄하며 책을 덮고는 너나없이 시무時務를 아는 요결要訣이
> 라고 말하면서, 이에 바삐 전록傳錄해다가 일일이 보관해 두었
> 다. 또한 조정에 바치고서 반드시 시행될 수 있다고 하였으니,
> 그 높이고 숭상하는 것이 거의 지극하다고 하겠다. 하지만 두
> 손을 모으고 귀를 기울여도 또한 공허하게도 한마디 말이라도
> 채납하고 한 가지 일이라도 조처하여 이 백성들로 하여금 은택
> 을 받게 했다는 말을 듣지 못했으니, 무엇 때문인가? 입으로 칭
> 송하는 것은 마음으로 좋아하는 것과 다르고, 공법公法은 사사
> 로운 이익을 취하는 데서 막히게 된다. 그러므로 범범하게 말을
> 할 뿐이었고, 끝내 결단하여 자임한 사람이 없었던 것이다.(「『반
> 계수록』 서문」, 『성호전집』 제50권)

성호는 『반계수록』이 세상에 알려졌음에도 불구하고 여전히 안타까워 어쩔 줄 몰랐다. 시무의 요결이라 말하며 베껴서 간직까지 하고 조정에 바치겠다고 말하는 자가 왕왕 나타났지만, 실제로 정책으로 실현된 적이 없었기 때문이다. 『반계수록』에 감동한 사람들은 그저 범범하게 말할 뿐, 결단하는 자가 없었다. 유형원의 국가 개조론은 그야말로 읽히는 정책일 뿐, 실행되는 정책이 되지 못하는 현실에 성호의 안타까움은 그칠 줄 몰랐던 것이다. 그래도 어쩌랴? 실행되지 않더라도 그저 자신의 뜻을 펼칠 뿐. 성호는 그렇게 탄식하며 유형원의 뒤를 이었다. 쓰이고 안 쓰이고는 세상에 달린 것, 성호는 오직 자신이 할 수 있는 일을 묵묵히 수행하는 데 집중했다.

2. 지혜 나누기!

성호는 시골에 은거했지만 은거한 것이 아니었다. 농촌의 현장에 뛰어들었다. 서툴지만 농사를 짓고 농민으로서의 고충을 몸소 체험했다. 성호는 농촌에 안주한 선비라면 적어도 오곡을 나누어 심고 사지를 부지런히 움직여야 한다는 원칙을 세운다. 그런데 농사 짓는 일에 뛰어들어 현장에서 농민들을 만나 보니 노동력은 대단했지만 농사에 관한 지식은 부족했다. 그리고 선비들을 보니 세상에 보탬도 되지 못하고 백성들에게 가르치기에도 부족한 도를 운운하며 망상에 빠진 채 헤매고 있었다. 선비들의 유일한 쓸모는 그들의 똥과 오줌일 뿐이다. 똥과 오줌이 하찮은 것일지라도 밭에 쓰면 거름이 되니 자신과 자기 집안을 구제하는 넉넉한 계책이 될 수 있다. 그러니 선비가 할 수 있는 일은 똥과 오줌을 밭에 주어 양분이 되게 하듯, 자신의 작은 지식이나마 농부에게 나누어 농사에 도움이 되게 하는 것이다. 유학의 도는 어디 먼 데 있지 않다. 일용하는 현장에서 조금이나마 쓰임이 될 때, 도는 바로 그곳에 있는 것이다. 농민은 선비에게 농사짓는 법을 가르쳐 주고, 선비는 농민들의 수확을 높여 줄 지식을 가르치는 것, 이것이 현장을 살리는 도다.

곡식 가운데 벼[稻]보다 귀한 것은 없다. 그러므로 곡식을 말할 때에는 벼가 마땅히 윗자리를 차지한다.

벼라는 곡식은 불을 때서 밥을 지으면 눈처럼 희고 윤기가 흐르며, 빚어서 술을 만들면 계수桂樹와 목란木蘭의 향기가 풍기며, 반죽하여 떡을 만들면 옥玉과 비계를 잘라 놓은 듯하다. 지극히 담박하면서도 지극히 맛있고, 지극히 넉넉하면서도 지극히 귀하다. 그러므로 임금에게 바칠 수도 있고 귀신에게 제사할 수도 있고 빈객을 접대할 수도 있으며, 배고픈 자가 먹으면 살진 고기를 싫증 내게 되고, 병든 자가 먹으면 약물을 물리치게 되니, 참으로 농사에서 심지 않아서는 안 되는 곡식이다.

내가 재배하는 것은 벼인데, 그 품종이 많다. 시기가 빠른 것과 늦는 것이 있고, 촉촉한 곳을 좋아하는 것과 마른 곳을 좋아하는 것이 있으며, 색깔에 따라 흑색, 백색, 황색, 적색이 있으며, 까끄라기가 긴 것과 짧은 것이 있으며, 눈이 검은 것과 흰 것이 있으며, 꼭지가 질긴 것과 연한 것이 있으니, 모두 품종을 나누어 구별할 수 있다. 마침내 이것을 모아 『도보』稻譜를 만들었으니, 나의 농사에 보탬이 되기를 바란 것이다.

그리고 그 가운데 먼저 파종하고 나중에 익는 것을 동種이라고 하고, 나중에 파종하고 먼저 익는 것을 육稑이라고 하고, 파종하지 않았는데 자생自生하는 것을 여穭라고 하고, 올해 절로 씨가 떨어져 다음 해에 자란 것을 이秜라고 하고, 베어 낸 벼가 다시 움트는 것을 필즐[秮]이라고 하고, 수해水害를 입어 검은 반점이 생긴 것을 매䆃라고 하고, 풍해風害를 입어 해충害蟲이 생긴 것을 치稺라고 하고, 지나치게 비대肥大해져서 부패한 것을 요穘라고 하고, 지나치게 여위어서 쌀에 붉은색이 많은 것을 고糕라고 하고, 시기를 놓쳐서 쌀이 부스러지는 것을 미穈라고 하고, 싹이 처음 나온 것을 추稵라고 하고, 연약한 싹을 유穧라고 하고, 크고 무성한 것을 예穧라고 하고, 포기가 조밀한 것을 기穊라고 하고, 포기가 성긴 것을 역穲라고 하고, 여물기 시작하는 것을 지秖라고 하고, 이삭이 늘어지는 것을 초秒라고 하고, 누렇게 여문 것을 권稇이라고 하고, 여물지 못한 것을 고秙라고 하고, 이삭이 패지 못한 것을 창穜이라고 한다. 이것들은 벼의 별명別名인데, 또한 대략 채집하여 아울러 기록해 둔다.(『도보』 서문」稻譜序, 『성호전집』 제49권)

성호는 농촌의 현장에서 깨달았다. 농민들은 벼를 심는 데는 능하지만, 벼에 관한 지식은 부족하다는 점을. 여기서 선비의 역할을 찾아냈다. 선비가 할 일은 농부의 경험에 지혜를 더해 주는 일이었다. 성호는 『도보』稻譜를 썼다(하지만 현재 본문은 남아 있지 않고 서문만 전집에 실려 있다). 벼의 특징을 알 수 있도록 벼의 계보를 정리한 것이다. 나에게도 보탬이 되고 농민들에게도 보탬이 되는 지식 나누기. 삶의 현장에서 체험하고, 그 체험을 통해 지혜를 얻고, 그리고 그 지혜가 다시 일에 보탬이 되도록 하는 순환! 이것이 성호가 찾아낸 선비의 역할이었다.

성호는 백성을 사랑하는 타고난 유자였다. 물론 조선시대 선비치고 그 누군들 애민愛民하지 않은 이가 있겠는가마는, 성호의 애민은 구호에 그친 말이 아니었다. 성호는 현장에서 백성의 삶을 고민했다. 그는 처사로 살면서 한시도 농민들의 삶을 외면한 적이 없다. 아니 늘 농민들에게 미안해했다. 어찌하면 백성들을 이 궁핍으로부터 벗어나게 할지 그 방도를 고민했다. 성호에게 도는 추상적인 관념 내지 이념의 어떤 것이 아니었다. '천하에 곤궁한 백성이 없게 하는 것'이 도道였다. 이런 지평 위에서 '본원에만 뜻을 둘 뿐, 실지로 물러날 줄 모르는' 즉 형이상학적 명제를 탐구하는 쪽으로만 흘러 일상과는 동떨어지게 된 주자학을 비판했던 것이다. 도는 농민들의 현장, 즉 그 일상에서 나오는 것이지 현실을 초월한 저 너머에 있는 것이 아니었다. 백성이 궁핍하면 궁핍을 벗어나게 하는 방법이 유학의 도이지, 궁핍한 현실은 외면한 채 상정된 그 어떤 초월적이데아의 상태를 도라고 할 수는 없었다.

3. 거름과 지푸라기의 효용성

성호 이익은 아들 맹휴孟休가 과거에 급제했을 때 "아들이 과거에 급제하여 나라의 은혜를 입고 땅속에 묻힌 분의 억울함이 거듭 풀렸다"(「옥동 선생에 대한 두번째 제문」再祭玉洞文, 『성호전집』 제57권)고 감격해 마지않았다. 환난을 피해 관직을 단념했던 것일 뿐, 관직 자체가 부질없어서 그런 것은 아니었다. 성호는 정치가요, 행정가이기를 원했다. 시절이 하 수상하여, 몸을 사렸을 뿐이다. 백성을 다스리고 국가 경영에 참여해야 한다는 경세의 의지는 죽을 때까지 변함이 없었다.

성호는 참으로 외길 인생을 걸었다고 해도 지나치지 않다. 앉으나 서나 자나 깨나 오로지 세상을 개혁하고 백성을 잘 살게 하는 방법만 생각했다. 시를 짓고, 문장을 짓는 이유가 세상을 바로잡고 가르치기 위함이듯, 그가 한평생 탐구한 것은 세상을 경영하는 방도였다. 누가 알아주든 알아주지 않든 세상과 백성을 걱정하는 일에 바쳤다. 유학자는 대부로서 정치 일선에 참여할 때도, 선비로서 살아갈 때도 세상에 대한 책무를 잊어서는 안 된다. 성호처럼 철저하게 유학자로 자임自任한 자가 있을까? 공자와 맹자가 천하를 주유하며 세상에 대한 구제를 자임했듯, 성호는 은거하며 그와 같이 살았다. 쓰이면 더할 나위 없이 좋을 테지만 비록 쓰이지 않더라도 세상을 향한 외침을 멈출 수 없었던 성호, 그는 진정한 경세가였다. 그래서 쓰고 또 쓸 뿐이었다.

그 경세학의 한 방면이 경전의 해석이고, 다른 방면이 제도 개혁의 방안과 정책이었다. 성호는 '질서'疾書와 '사설'僿說이라는 문장 스타일로 경세의 희망을 담았다.

질서疾書라는 것은 무엇인가? 생각이 떠오르면 바로 기록한 것이니, 이는 금방 잊을까 염려해서이다. 익숙하지 않으면 잊게 되고, 잊으면 생각이 다시 떠오르지 않는다. 그러므로 익숙해지는 것을 중요하게 여기고 빨리 기록하는 것을 그 다음으로 여기는데, 기록하는 것 역시 익숙해지기를 바라는 것이다.(「『맹자질서』 서문」孟子疾書序, 『성호전집』 제49권)

한밤중이라도 해득한 것이 있으면 잊지 않을려고 기록하는 정신! 그것이 질서다.

『사설』과 같은 것은 앞의 몇 가지 문체에 실을 수 없으니, 그것은 쓸모없는 말임이 정해진 것이다. 속담에 이르기를 "나 먹자니 싫고 버리기는 아깝다"我食屬厭 棄將可惜 하였는데, 이것이 『사설』이 지어진 까닭이다. …… 그러나 거름과 지푸라기는 지극히 천한 물건이지만, 논밭에다 가져다 뿌리면 좋은 곡식을 기를 수 있고, 아궁이에 불을 때면 맛있는 반찬을 만들 수 있다. 이 책을 글을 잘 볼 줄 아는 자가 보고서 채택한다면 또한 백 가지 중에 한 가지 정도는 얻을 것이 없겠는가. (「『성호사설』 서문」^{星湖僿}^{說序}, 『성호전집』 제50권)

사설은 자잘한 부스러기 말들이라는 겸손의 표현이지만, 실은 천문, 지리, 역사, 풍속, 인사, 행정 제도, 국가 정책 등 작은 일에서부터 큰 일에 이르기까지 모든 것을 망라하여 세상을 바로잡을 방편이 들어 있다는 성호의 위대한 희망이 담긴 텍스트다.

내가 성호에게 공명한 지점은 균전론과 같은 토지나 세금 제도의 개혁 혹은 관리들의 상벌 문제가 아니었다. 18세기의 현실, 벼슬하지 않는 선비에게 닥친 문제를 회피하지 않고 맞서서 길을 찾은 그 불굴의 정신이었다. 자칭 무위도식의 백수 선비로서 세상에 대처하는 마음가짐과 자세에 감동하지 않을 수 없었다. 그리고 더 놀라운 것은 자신의 정책이 실현되든 안 되든 '정치하겠다'는 의지를 포기하지 않은 점이다. 성호는 고민하고, 의심하고, 기록하면서 자신의 자리를 만들어 갔다. 성호는 18세기 지식인이 사는 법을 개척한, 혹은 삶의 현장에 능동적으로 접속한, 진정한 프리랜서였다!

야인의
국가경영학

1. 산림에서 정치하기

성호 이익을 제도권 바깥의 존재라 말할 수 있을까? 성호는 단 한
순간도 제도권 바깥을 사유해 본 적이 없다. 몸은 비록 현실정치에
서 멀리 떨어져 있었지만 마음은 한결같이 중앙 정계 안에 머물러
있었다고 해야 맞지 않을까. 제도권 안에 있으면서 끊임없이 제도
바깥의 자유를 꿈꾸는 이가 있는가 하면, 제도권 밖에 존재하면서
제도권을 향하여 외치는 이가 있는 터. 성호는 후자였다. 산림에서
정치하기! 야인이면서 국가 경영과 현실 개혁의 방안을 내기 위해
절치부심했다.

성호는 제도를 개혁하면 백성들의 생활이 안정될 것임을 의심
하지 않았다. 성호는 정치와 제도를 신뢰했다. "주자는 말하기를,

'천하의 제도에 완전히 이롭기만 하고 해가 전혀 없게 하는 방법은 있을 수 없다. 단지 그 제도를 시행함에 있어 이해利害가 어떠한지를 살필 뿐이다. 만약 해로운 점만 지적하여 이로운 점을 시행하지 않는다면, 가만히 앉아서 아무 일도 하지 않는 것이나 다름없다'고 하였다."(「균전」均田, 「인사문」人事門 1, 『성호사설』 제7권) 성호는 현실에 맞게 제도를 개혁해 나가는 것이 중요하지 완벽한 제도를 만드는 것이 중요한 것은 아니라고 말한다. 그 어떤 제도인들 완전할 수 있겠는가? 제도마다 약점이 있는 법이지만 최선의 제도를 시행하지 않고는 현실을 개선할 방법이 없다는 것. 성호는 정치와 제도를 벗어나려는 어떤 시도도 하지 않았다. 그는 철저히 제도권형 백수였다. 정치적 발언의 기회가 주어지지 않았을 뿐, 적극적으로 현실에 개입했다.

그런데 당시 선비들의 폐단은 백성들의 생활에 직결되는 정치·사회·문화의 제도적이고 실질적인 측면에 지나치게 무식하고 소홀한 것이었다. 사대부들은 일상이 영위되는 현실의 국면들을 도외시한 채 추상적이고 관념적인 층위에서의 본성과 마음에 대해 소모적인 논쟁을 하느라 모든 에너지를 소진할 뿐이었다. 성호는 실질을 다루는 학문에 해박했다. 그래서 성호의 관심은 천문, 지리, 역사, 경제, 행정, 역법, 수리, 경학 등의 실용적인 분야로 폭넓게 뻗쳐 있었다. 성호의 학문을 실학實學이라 하는 이유는 여기에 있다. 성호는 굳게 믿었다. 관념을 벗어나 현상과 관련된 지식에 박학해야 국가와 백성의 현실을 진단하고 바꿀 수 있는 법이라고.

그리하여, 성호는 국가를 경영할 방안과 현실을 개혁할 방법을 제시하기 위해 글쓰기에 매진했다. 문장가로서 글을 쓴 것이 아니라 국가경영학을 펼치기 위해 글을 썼다. 그 내용이 자잘하더라도 국가 제도와 백성의 일용에 도움이 된다면 기꺼이 글로 담아냈다. 그것이 바로 『성호사설』星湖僿說이다. 어찌 보면 백과사전 같은, 시사와 일용에 보탬이 되는 지식과 생각의 단편을 총망라한 메모 형식의 글모음집이지만 『성호사설』은 성호의 국가경영학이 응축되어 있는 결과물이다. 안시성의 위치, 도성 지키기, 말 기르기, 목화 심기, 먹을 수 있는 곤충, 수리·관개 시설, 과거제도, 토지제도, 군사제도, 빈민구제, 노비제도, 등용제도 등등 행정과 실용에 관련된 주제라면 무엇이든 기록했다.

2. 게의 암컷과 수컷 구별하기

성호는 조선의 사대부들을 비판하기 위해 아주 우스운 일화를 들려준다.

옛날 노성한 선비가 있었다. 그가 해변 고을의 원님으로 파견되었을 때, 서울에 있는 친지들에게 게를 두루 선물했다. 그가 서울에 돌아오자 친구들 중 한 사람이 물었다. 게의 암놈과 수놈을 어찌 구별하냐고. 그 원님이 말씀하시길,

"게의 암놈과 수놈을 어찌 알 수 있겠는가?"

이 말을 듣고 좌중이 모두 웃었지만 그중 누구도 게의 암놈과
수놈이 어떻게 다른지 아는 이가 없었다. 다만 어떤 이는 앞에
있는 큰 발로 구별한다고 하고, 어떤 이는 다리의 마디로 구별
한다고 하고, 어떤 이는 껍질로 구별한다는 등 설이 분분했다.
조정에서 벼슬하던 친구가 늦게 도착했는데, 그는 세상의 일을
잘 알기로 소문난 자였다. 그는 아무도 말하지 않았던 설을 풀
었다.

"그 구별은 어렵지 않으니, 눈으로 한다네."

온 좌중은 또 한 차례 배를 움켜쥐고 웃었다.('게의 암놈과 수놈'
蟹雌雄, 「인사문」 1, 『성호사설』 제7권)

'게의 암놈과 수놈은 눈(ᄊ)으로 구별한다'는 난센스 풀이 같
은 이야기. 성호는 포복절도할 이 이야기를 아주 진지하게 기술했
다. 성호에겐 바닷가 백성의 살림살이를 관할하는 해변 고을 원님
이 게의 암놈과 수놈도 구별할 줄 모르고, 박식한 지식인임에도 불
구하고 그 흔한 암게와 수게조차 구분하지 못하는 상황 자체가 난
센스다. 당시 사대부의 풍습이 현실 생활에 무심하여 세밀한 부분
까지 관찰하지 않아 이런 어처구니없는 상황이 생겨난 것이다. 조
선의 사대부들은 생활에는 전혀 도움이 안 되는 지식과 정보, 그리
고 통치기술을 가지고 뽐내며 살아간다. 현실 생활에 밀착되지 않
은 지식을 어디에 쓸 수 있겠는가? 해변 고을을 다스리는 원님이

백성들의 살림의 근간이 되는 '게'의 생태조차 알지 못한다면, 백성의 마음과 생활인들 헤아릴 수는 있겠는가?

정치를 잘하려면 무엇을 해야 하는가? 정치의 시작은 무엇인가? 정답은 당연 백성을 위해 직무에 충실해야 한다, 라고 해야 할 것이다. 백성들의 생활을 이해하지 못하는데 어찌 직무에 충실할 수 있는가? 직무에 충실하다는 말은 백성들의 생활과 관련한 자잘한 일용 사물의 이치에도 능통해야 하는 것이다. 게장을 만들 때는 암컷이 맛이 좋고, 수컷은 맛이 떨어지므로, 좋은 음식을 만드는 사람은 게의 암수를 분별하는 것이 기본이다. 사물에 해박한 사람은 '게의 배꼽이 둥근 놈은 암컷이고, 배꼽이 뾰족한 놈은 수컷임'을 식별할 수 있다. 백성을 이끄는 목민관이자, 백성의 삶에 보탬이 되어야 하는 사대부가 이 기본조차 모른다면 제대로 된 정치를 펼칠 수 있겠는가? 구체적 일상을 외면하고 소홀히 하면 좋은 정치는 실현되지 않는다. 성호는 일용 사물의 세밀한 이치를 꿰뚫는 데서부터 정치가 시작된다고 보았다. 백성들의 생활의 밑천에 대한 이해가 곧 정치의 근간이다.

3. 잘못된 제도를 개혁하라

성호에게 정치의 궁극은 현실의 폐단을 진단하고 그를 위해 제도를 개혁하는 것이다. 현실은 늘 만족스럽지 않다. 불평등, 비리, 궁핍, 소외가 없던 시절을 찾기란 하늘에 별따기만큼 어렵다. 적어도 자신의 시대에 책임을 느끼는 자들은 자기 시대에 만족하지 않았고 자기 시대의 환경에 저항했다. 성호는 18세기의 사회·정치적 환경을 최적의 상태로 개선하고 싶어 했다. 성호가 보기에 조선의 백성들은 가난했고, 인재는 버려진 채 쓰이지 않았다. 이런 상태를 개혁하려면 한계에 도달한 제도를 바꾸는 길밖에 다른 방법은 없었다. 성호의 시대에 모든 사회체제를 전복하는 혁명적 사유는 불가능했다. 성호는 토지제도, 세금제도, 과거제도, 신분제도의 개혁안을 열심히 글로 남겼다. 실현될지는 미지수지만 그런 것을 염두에 두지는 않았다. 당장 현실에 반영되지 않더라도 언젠가는 이런 개혁안을 알아줄 사람이 있으리라 여기며 지치지 않고 제안했다.

우리나라 제도에 자오묘유子午卯酉가 든 네 해를 시험 보는 해로 삼아 문과에 33명, 생원과·진사과에 각각 1백 명씩 뽑는다. 벼슬길에 나갔다가 물러나는 기간을 대략 30년으로 잡으면, 이 30년 동안에 문과 및 생원, 진사과에 합격하는 인원이 모두 2천330명이 된다. 지금 내직은 병조에서 관장하는 자리를 제외하고 이조에서 3명의 후보자를 추천해 올리는 자리가 400자리가 채 되지 않는다. 외직도 이와 비슷하다. 그런데 그 가운데 무과, 선음先蔭, 천문薦聞, 유품流品 따위의 300자리가 그 안에 들어 있으니, 나머지는 500여 자리에 불과하다. 이 500여 자리로 2천330명을 두루 다 대우할 수는 없다. 그러므로 생원, 진사는 권귀나 근신에게 연줄을 대 벼슬을 얻는다. 문과에 합격한 자일지라도 끌어 주는 힘이 없으면 한 번 체직된 뒤에는 다시 나아가지 못한다. 요즘 항간에는 관원도 평민도 아닌 생원, 진사로 늙어 죽는 자가 이루 헤아릴 수 없이 많다.

오늘날에는 더욱 심한 점이 있다. 식년시 이외에도 과거 시험의 명칭이 10여 가지나 된다. 그래서 3년 동안 문과에 오른 자가 1백여 명에 이르기도 한다. 조정에서는 사류士類를 위안하는 것으로 그 의미를 삼고 있으나, 실제로는 원망을 사는 데 이보다 더 심한 것이 없다.

만약 부득이하다면 한 가지 방법이 있다. 과거시험에 뽑힌 사람 중에서 인재를 고르고 덕을 숭상하게 하는 방법을 붙이는 것이다. 육조와 한성부의 장관, 차관, 양도兩都의 유수, 팔도의 감사로 하여금 3년마다 문과에 급제한 사람 몇 명씩 천거케 하는 동시 그들의 전공까지 각각 표기하여 올리게 한 뒤에, 주상主上과 정부관政府官이 천거한 추천서를 친히 심사하여 점수를 매겨서 2점 이상을 받은 문학, 덕행이 있는 사람을 경석에 불러들이되 관록의 법규는 없앤다. 재능이 있고 실무를 아는 사람에게는 정사를 맡기고, 오로지 벌열을 숭상하며 귀족과 노니는 자는 법으로 입사를 금지시킨다. 일단 선발된 뒤에는 죄를 지어 쫓겨나는 경우를 제외하고는 버려두는 일이 없도록 한다. 몇 해 동안만 이와 같이 하면 거의 해결될 것이다.('과천합일'科薦合一, 「인사문」 1, 『성호사설』 제7권)

성호는 과거 보는 사람 수에 비해 관직은 턱없이 부족한 현실에서 어떻게 하면 공정하게 관리를 뽑을지, 그 방법을 제안했다. 예나 지금이나 취업 준비생의 수와 일자리의 수가 일치하는 그런 환상적인 시대는 없었다. 그러므로 관건은 늘 공정함이다. 인재가 버려지지 않는 방법을 강구해야 한다. 성호는 인재를 등용하려면 과거시험 합격자 중에서 인재를 천거하는 방식의, 과거와 천거를 합일시키는 제도과천합일를 주장한다. 과거시험과 무관하게 인재를 천거해서 기용하는 음서직을 없애고, 급제자 중에서 인재를 천거하여 발탁하라고 제안한 것이다. 성호는 이렇게 하면 인재가 소외되는 현상은 사라질 것이라고 확신했다.

또한, 성호는 장례조차 치룰 수 없을 정도로 가난한 백성을 위해 균전제를 제안한다. 균전제는 개인 소유의 토지를 전혀 인정하지 않는 공유지 형태의 정전제와 다른 것이다. 말하자면 균전제는 사유지와 공유지를 결합한 토지제도이다. 토지 사유화를 기본으로 하되, 일부의 토지는 영업전永業田이라는 이름의 공유지로 남겨두어 농민들에게 경작하게 하는 토지 제도인 것이다. 성호에 의하면 영업전은 누구도 빼앗을 수 없는 백성들의 농작지로 매매가 불가능한 땅이다. 사유지는 매매할 수 있지만 공유지인 영업전은 사고팔 수 없게 하여 백성들의 항산을 보장하는 것이 균전제의 궁극적 목표였다. 성호는 균전제로 빈부의 차이를 근본적으로 막을 수는 없지만, 적어도 부모의 장례를 못 치르거나 백성이 굶주리는 일은 원천적으로 막을 수 있을 것이라 자신했다.

성호가 영업전과 사유지를 결합한 균전제를 주장한 이유는 토지소유자들도 안심시키는 동시에 토지가 없는 가난한 백성들도 안정시키기 위해서였다. 18세기 일부 부자들에 의한 토지의 독점화가 극에 달하면서 일반 농민들이 소작농으로 전락하거나 토지로부터 유리되는 현상은 더더욱 심각해지고 있었다. 그렇다고 사유지를 모두 빼앗아 일순간 공유지로 만드는 일은 불가능했다. 뿐만 아니라 이것을 실행한다고 하더라도 토지소유자들의 반발이 심해 사회 혼란이 야기될 것은 불 보듯 뻔한 일이었다. 성호는 사회 혼란을 최소한으로 줄이면서 굶주리는 백성을 살리는 가장 현실적인 방안으로 영업전을 구상했던 것이다. 성호에게는 부분적인 공유지로서의 영업전이 가장 현실적으로 성공 가능한 방안이었던 것이다.

이뿐 아니라 성호는 신분제에 묶여 재능이 있어도 자신의 능력을 발휘할 수 없는 사람들의 현실을 개혁하는 데 앞장섰다. 노비나 서얼, 농민 중에도 인재가 있는데 한번 노비나 서얼, 농민이면 그 신분적 귀속에서 영원히 벗어날 수 없는 폐단을 해결하고자 했다. 이들에게도 과거에 응시할 수 있는 자격을 주어야 하고, 반대로 아무리 고관대작의 집안 후손이라도 능력이 없다면 농사를 짓도록 과거 응시를 제한해야 한다는 것.

이렇듯 성호는 사회·정치 제도 등 여러 방면에 걸친 개혁에 관해 아주 세세하고 구체적인 방안을 제안했다. 물론 이 많은 제안들이 현실화되지는 못했다. 성호가 제시한 바는 실질이자 현실적인 문제의 해결책이었으나, 실제 현실에 반영되지 않았다는 점에서 본다면 일종의 유토피아와 같은 불가능한 희망으로 남아 버렸다. 실사구시의 학문과 이용후생의 실천적 방안을 추구했지만, 이런 방안들은 성호의 구상으로 그치고 말았다. 성호가 반계 유형원의 개혁안이 현실에 쓰이지 못했음을 한탄했듯이, 성호의 구상이 구상으로 그친 데 대해 안타까움을 금할 수가 없다.

구체적인 현실에 대해 말하고, 제도에 대한 개혁을 세세하게 언급하면 우리는 그런 담론을 매우 현실적이고 실천적이라고 생각하는 경향이 있다. 그러나 성호의 개혁안이 실현된 바 없기에 그것이 얼마나 현실에 적합했는지, 얼마나 혁신적이었는지를 가늠하기는 어렵다. 제도나 법규는 그야말로 한시적인 것이라 구체적인 제도 개혁의 방법이 우리에게 던지는 파장은 그리 크지 않은 듯하다. 성호의 현실개혁안은 개혁안에 불과했기에 현실을 전복하는 힘은 오히려 미약했다. 개혁안 또한 현실 부정의 꿈에 불과했다.

그러나 성호는 신분제와 토지사유제의 불평등성에 대해 근본적인 시선의 전환을 보여 주었으며, 농민의 마음으로 농촌의 현장을 지키기 위해 부단히 애썼다. 우리의 사유를 전복하는 건, 제도의 개혁 가능성이 아니라 18세기 현실에서 일어난 존재 자체의 변화다. 성호의 제도 개혁안이나 현실 개선책이 너무 현실적이고 실천적이었기 때문이 아니라 선비라는 존재의 현실을 직시하고, 안 되는 줄 알면서도 정치 개혁을 포기하지 않았으며, 백수이면서도 세상에 대한 책무를 잊은 적이 없었기에 성호는 18세기 지성사의 한 줄기 빛이 될 수 있었다.

절용과 실용을 사유하고 실천하기
―백수 선비가 사는 법

1. 안빈(安貧)과 자족(自足)

> 나는 가난한 사람이다. 가난하다는 것은 재물이 없음을 일컬은
> 것이니, 재물이란 부지런히 힘쓰는 데서 나오는 것이며, 부지런
> 히 힘쓰는 것이란 어릴 적부터 익히지 않으면 안 되는 것이니,
> 내가 어찌 가난하지 않을 수 있겠는가?('식소'食少, 「인사문」 11,
> 『성호사설』 제17권)

책만 읽는 선비는 가난하다. 녹봉도 받지 않고 생산하는 일에도 종
사하지 않으니 가난하게 사는 건 당연하다. 독서 자체는 아무런 생
산의 힘이 없으니 선비는 가난할 수밖에 없었던 것이다. 물론 선비
들이 독서를 통해 글을 생산하는 경우야 다반사지만 글로는 먹고

살 수 없었다. 그러니 18세기 조선 땅에서 문장으로 먹고 살려면 관직 아니고는 길이 없었다. '상업적인' 전업 작가의 길이 열리기 전, 책 읽고 글 쓰는 일은 선비의 주업이지만 생업의 기능을 전혀 부여받지 못한 상태였던 것이다.

그래서 성호 이익에게 선비는 책을 읽고 글을 쓰더라도 무위도식하는 자에 불과했다. 성호는 자기 시대 선비의 현실을 있는 그대로 받아들였다. 성호가 살았던 이때, 연구가 돈이 되고 글쓰기가 생업이 되는 시대는 아직 도래하지 않았다. 성호의 시대는 선비로 살기가 참으로 애매했다. 선비로서 사회적 책무를 망각할 수는 없지만, 특별히 선비의 권리를 주장할 수는 없는 그런 때였다. 권리는 없고, 무한 책임으로 살아야 하는 존재가 선비였던 것이다.

성호는 다행히도 물려받은 땅이 조금 있어 몇 섬의 쌀을 받아 끼니를 해결할 수 있었다. 그러나 그 몇 섬의 쌀마저도 농민들의 노동력에 의지하여 생산할 수밖에 없었다. 선비는 그렇게 무능한 존재다. 독서는 한사閑事인지라 노동과 동급으로 취급하는 것은 어불성설. 성호는 이렇게 생각했다. 넉넉지는 않아도 자급자족했다면 떳떳했겠지만 그렇지 못했다. 하여, 늘 농민을 의식하며 살았다. 농민들에 대한 미안함과 감사는 가난한 생활에 대해서도 자족할 수 있게 하는 원천이었다. 선비의 삶이 비록 가난하지만 부지런히 일하는 농민들에 비하면 얼마나 편안한가? 찌는 무더위에 괴로워 연신 부채질을 하지만, 땡볕에서 일하는 농민을 떠올리면 좁은 초가집조차 감사할 밖에. 또한 굶주리는 사람들이 더 많았던 시절에 주리지 않는 것은 곧 배부른 것과 같은 법. 소박한 음식만큼 맛있는 것이 또 어디 있겠는가? 성호는 실로 안빈하고 또 자족했다.

온몸에 종일토록 땀이 줄줄 흘러내리니 渾身竟日汗漿流
부채질이 제일 좋은 것 잠시도 쉬지 않는다 揮扇功高不暫休
여름 들판의 일꾼들 고생에 생각이 미치니 想到夏畦人正病
초가집 비록 좁아도 괴로워하지 말아야겠네 茅廬雖窄亦寬愁
(「혹심한 더위」苦熱, 『성호전집』 제2권)

숙맥을 내가 변별할 줄 아노니 菽麥吾能別
때를 만나니 곡식 풍년이 즐겁구나 逢時樂稔豐
좋은 음식은 얻음에 운명이 있고 肥甘求有命
담박한 음식은 그 맛 다함이 없어라 淡薄味無窮
편안하려면 모쪼록 애써 일해야지 欲逸勞須作
주리지 않으면 배부른 것이나 같네 非飢飽與同
한 번 보리타작 노래를 부르노니 一回歌打穀
장참에게 모든 공로를 돌리노라 長鑱付全功
(「보리타작」打麥, 『성호전집』 제2권)

존재 자체가 민폐인 선비. 이런 처지를 알면서도 선비라는 이름으로 살아야 한다면 어찌해야 하는가? 가난을 편안하게 받아들이는 마음가짐을 갖는 것이다. 아무런 생산도 하지 않으면서 책을 맘껏 읽을 수 있는 자유를 얻었는데, 여기에 더해 부자까지 되려고 한다면 지나친 욕심이 아닌가? 그러니 백수 선비의 생활 윤리는 안빈安貧이어야 한다. 세상에 공짜는 없다. 가난은 자유를 얻은 대가인 셈이므로. 그러니 가난을 원망할 일도 사회를 원망할 일도 아니다.

2. 식소(食少), 매 끼니 곡식을 줄이자!

성호는 자족하는 데서 그치지 않았다. 무위도식하는 선비로서 최소한 할 수 있는 일은 무엇일까? 성호는 지극히 자발적이고 주체적으로 선비의 생활 윤리를 만들어 냈다. 생산을 못할뿐더러, 일 년에 들어오는 수입이 한정되어 있다면 지켜야 할 것은 뻔하다. 아끼고 검소한 것 외에 더 무엇이 있겠는가? 어찌 보면 소극적인 대응처럼 보일 수 있지만, 성호는 이 방법 외에 다른 뾰족한 대안을 궁리할 수 없었다. 절용과 검소는 자신이 할 수 있는 가장 현실적인 대응 방법이었다.

> 빠듯한 살림살이 속에서, 식량을 절약하여 많이 먹지 않는 것으로 첫번째 경륜과 양책을 삼고 있다. 한 그릇에 한 홉의 쌀을 절약하는 것에 대해, 사람들은 아무 도움이 안 된다고 말한다. 그러나 한 사람이 하루에 두 그릇을 먹으니, 두 홉이 절약된다. 한 집이 열 식구라면 하루에 두 되가 절약되고, 한 고을이 1만 집이

라면 2천 말의 많은 식량을 저축할 수 있다. 더구나 한 사람이 한 끼에 한 홉 정도만 더 먹는 것이 아닌 데 있어서랴? 또 한 사람이 1년 동안 더 먹어 치우는 식량이 모두 합하면 매우 많은 데 있어서랴? 헛되이 먹어 치우는 것은 한 푼, 한 홉도 아까운 것이다. 지금 사람들은 일찍 일어나서 흰 죽을 먹는 것을 조반이라 하고, 한낮을 당하여 단단히 먹는[頓食] 것을 점심이라 한다. 부귀한 집에서는 혹 하루에도 일곱 차례를 먹으므로 술과 고기가 흥건하였고[淋漓] 진귀한 음식과 색다른 찬이 높이 쌓여서 그 하루의 소비로도 1백 사람을 먹일 수 있다. 하증何曾: 진(晉)나라에서 사치로 이름 난 사람의 교일驕溢: 지나치게 교만함함이 집집마다 다 그러하니, 민생이 어찌 곤궁하지 않겠는가? 한탄스러운 일이다.

나는, 일의 공효功效가 빠른 것은 굶주림을 참고 먹지 않는 것만 같음이 없다고 본다. 한두 번 굶는다 하여 반드시 질병이 생기는 것은 아니며, 굶는 데 따라서 한 되 두 되의 쌀이 불어나게 되는 것이다. 약간의 굶주림을 참지 못하고 쌀이 떨어져 먼저 병든 사람과 비교한다면, 어리석음과 지혜로움이 어떠하겠는가?('식소'食少, 「인사문」 11, 『성호사설』 제17권)

성호는 절용과 검소에 대해 매우 구체적인 매뉴얼을 제시하는데, 바로 매 끼니마다 한 홉씩 줄여 먹기가 그것이다. 오늘의 우리가 보기에 눈물겹고 짠하지만 이것은 가난한 선비가 자신을 지키고, 사회에 대해 최소한의 책무를 담당하기 위한 분투에 다름 아니었다. 성호는 재물 중 곡식보다 더 중한 것이 없다고 여겼다. 성호의 논리에 의하면, 입을 가진 자들이 모두 농사를 짓는 것은 아니므로 식량이 항상 모자랄 수밖에 없다. 인간의 근심은 여기에서 시작된다. 물론 모든 사람이 농사에 전념한다면 식량이 모자랄까 걱정할 필요조차 없다. 그러나 제한된 사람의 노동력에 의해 곡식이 재배되므로 대책이 필요하다. 성호는 그 방법으로 놀고먹는 자들에게 매 끼 한 홉씩만 덜어 내라고 권유한다. 놀고 먹는 처지에 한 끼 한 홉을 덜어내는 것이 뭐 그리 어려운 일인가? 하루에 두 끼만 먹고, 한 끼마다 한 홉씩을 덜어내면 적어도 굶주릴 걱정은 없다. 자칫 굶어 죽기 십상인 현실에서 약간의 굶주림을 견디면 적어도 기근 때문에 병들어 죽지는 않을 것이다. 게다가 저축한 곡식으로는 굶주려 죽는 이를 구제할 수도 있다. 가만히 앉아서 밥만 축내는 선비로서 이 정도는 실천해야 하는 것이 아닐까? 성호는 밥도 떳떳이 양껏 먹지 않았다. 한 톨의 쌀알도 소홀히 하지 않았고, 한 순간도 자신을 과신하지 않았다.

3. 콩죽 먹고 절약하기!

"빈천은 근검을 낳고 근검은 부귀를 낳으며 부귀는 교만과 사치를 낳고 교만과 사치는 빈천을 낳으니, 이것을 윤회輪廻라고 말한다." ('빈천이 근검을 낳는다'貧賤生勤儉, 「인사문」 10, 『성호사설』 제16권) 이

윤회의 고리를 끊으려면 가난할 때 당연히 근검해야 하고, 부자일 때도 근검해야 한다. 성호의 논리대로, 검소하지 않으면 사치한 것이고 사치하면 분수를 넘게 되고 분수를 넘으면 바로 죄에 빠진다. 사치는 점점 더 탐욕을 키워 나가는데, 성호는 사치로 죄에 빠질 수도 있다고 경고한다. 호모 이코노미쿠스경제적 인간들이 소비만이 살 길이라 외치는 21세기에 무조건 절약, 무조건 검소를 외칠 수밖에 없었던 성호를 이해하는 것은 쉬운 일이 아니다. 어떻게 보면 궁상처럼 느껴질 정도다.

곡식 중에 중요한 것이 세 가지로 벼와 보리와 콩인데, 콩은 가장 흔하지만 기근을 구제하는 데는 콩만 한 것이 없다.『춘추』春秋에서 벼가 익지 않거나 보리가 익지 않으면 기록하였으니 그를 민망히 여겨서요, 서리가 내리되 콩이 죽지 않으면 기록하였으니 다행으로 여겨서이다. 벼가 다 떨어지고 보리가 없으면 봄에 무엇을 가지고 연명하겠으며, 보리가 마르고 콩이 없으면 가을에 의지할 바가 없으니, 이 콩은 가난한 살림이 살아 나갈 계책이다. 콩은 먹는 방법도 여러 가지인데 죽이 가장 흔하다. 죽은 넉넉지 못한 데서 생겨난 것으로, 맷돌로 갈아서 물을 넣어 끓여 양이 많이 불어나기를 바라는데 그 양을 따라 보면 삼분의 일이 더 늘어나서 20일의 양식으로 한 달 동안 먹고살 수 있으니 도움이 없다고는 말할 수 없을 것이다. 나는 이미 빈천한 몸이므로 반드시 사물 중의 천한 것을 택하여 종사하고 있다. 하루는 마을 내의 종족들을 부르고 집안사람에게 반상을 마련하라고 명하였는데 차림이 황두黃豆 한 종류에서 벗어나지 못함을 부끄러워하였다. 황두는 콩의 별칭이다. 콩죽 한 사발과 콩나물로 담은 김치 한 접시, 된장으로 만든 장물 한 그릇으로, 이름을 삼두회三豆會라고 하였다. 어른과 아이가 모두 모여서 다 배불리 먹고 파하였으니, 음식은 박하지만 정의는 돈독한 데에 무방하였다.

장차 이 모임을 드러내 밝혀서 자손들에게 남겨 주어 우리가 이처럼 검약을 잘했음을 알리고자 한다. 뒷날 비록 창고에 남은 곡식이 있다 할지라도 또 모름지기 정식으로 삼아서 1년에 한 번은 이런 모임을 마련하여 보름이나 열흘간 아침이나 저녁을 이렇게 먹어서 대대로 규범으로 삼도록 전하고 폐하는 일이 없기를 바란다.(「삼두회시 서문」三豆會詩序, 『성호전집』 제52권)

어느덧 쌀이 지천인 시대에 살게 되었다. 쌀 한 톨이 귀하고 아쉽던 때가 있었는지조차 모르는 사람들도 있을 것이다. 20세기에도 쌀밥보다는 잡곡을 넣은 혼식을 권장했던 적이 있었다. 그러니 18세기에는 어떠했으랴? 서민들에게 쌀은 늘 모자라 쌀밥으로 배를 채우는 경우란 거의 드물었다. 게다가 쌀이 떨어지는 때도 빈번했으니, 서민들은 봄과 가을을 기근에 시달렸다. 간신히 굶주림을 면하게 해주는 작물이 있으니 보리와 콩이 그것이다. 보통 보릿고개는 알지만, 콩으로 가을을 난다는 말은 처음 듣는다. 성호 선비는 보리가 없으면 어찌 봄을 나며, 콩이 없으면 어찌 가을을 날지 걱정한다. 성호가 살았던 시절 콩은 단순히 잡곡이 아니라 쌀의 대체물이었다. 그래서 콩도 그냥 먹지 않고 죽을 해먹었다. 죽으로 식사하면 20일치를 30일로 늘려 먹을 수 있다고 한다.

일가 친지와 친구들이 모였을 때 곡식이 넉넉지 않으니, 성호는 콩으로 대접했다. 가난을 헤쳐 나가면서도 함께 나누는 정의를 소홀히 하지 않았던 것이다. 대신 아주 검소하고 단출하게 정을 나누었다. 콩죽에 콩나물 반찬에 된장국, 이름하여 삼두三豆. 이렇게 먹는 모임을 일컬어 삼두회三豆會. 성호는 창고에 남는 곡식이 있더라도 검약으로 가난한 시절을 헤쳐 나갔음을 몸으로 기억하라며 후손들에게도 삼두회를 제안한다. 삼두회는 일 년에 한 번 친지들이 다 모여 열흘 정도를 함께 하면서 아침이나 저녁 중 한 끼는 콩죽과 콩나물과 된장국을 먹는 모임이다. 검약을 몸에 새기는 훈련을 통해 욕심 때문에 위태로움에 빠지거나, 당연한 것을 누리듯 교만해지기 쉬운 마음을 다잡을 수 있다고 여겼던 것이다.

종이로 이불을 삼는 것은 維紙爲衾

마공의 명시에 실려 있고 馬公銘詩

종이 이불로 염습하는 것은 周身厄斂

누군가 말한 바 있지 人或謂之

물건은 하찮아도 쓰임은 귀중하니 物薄用重

가난한 집에 적합하도다 貧室愜宜

나는 이것을 따를 것이니 我則遵焉

자손들은 알아야 하리 後嗣攸知

(「종이 이불에 대한 명」紙被銘, 『성호전집』 제48권)

성호는 절용과 검약을 죽을 때까지 실천했다. 명주나 삼베가 아니라 종이로 염하기. 가난한 선비에게 명주나 베는 사치품이므로 종이가 적합하다고 생각했던 것이다. 죽음 앞에서도 선비로서의 자의식을 버리지 않았던 성호, 혼자서만 살 수 없는 이 세상이기에 노동하지 못한 자로서 성호는 최소한만 먹고 걸치고 떠났다. 성호는 자신을 살게 해준 타자들에 대한 예의와 배려를 무덤으로 가는 순간까지 지켜 냈다.

세상을 경영할 기회가 주어지지 않더라도, 선비로서 최소한의 책무는 지키는 것. 자신의 처지에서 할 수 있는 일을 철저히 실천하는 것. 미미한 것처럼 보이지만 실상은 하기 어려운 일을 성호는 경건하고 철저하게 지키고 갔다. 적게 먹고 소박하게 살기! 성호는 사람들의 시선에 흔들리지 않았다. 이 실천만으로도 성호는 18세기 지성사의 성좌가 되기에 부족함이 없다. 18세기 백수 선비의 현실을 직시하고, 선비의 윤리를 만들어 낸 성호. 선비는 무엇으로 사는가, 혹은 선비로서 무엇을 할 것인가에 대해 질문하고 실천했다. 백수가 아니었다면 성호는 결코 선비의 책무를 이토록 아프게 고민하지는 못했을 것이다.

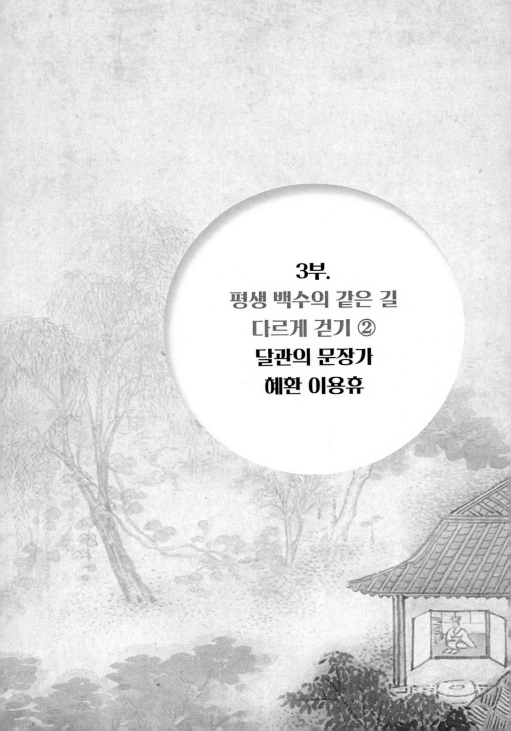

3부.
평생 백수의 같은 길
다르게 걷기 ②
달관의 문장가
혜환 이용휴

남인 백수 2세대 혜환 이용휴
— 세속에서 신선되기, 글쓰기로 수련하기

1. 아버지 이용휴와 아들 이가환

농암農巖과 성호星湖가 1세대 포의였다면, 혜환惠寰 이용휴李用休 (1708~1782)는 2세대 남인 백수다. 이용휴는 성호 이익의 조카다. 즉, 성호는 혜환의 작은아버지다. 혜환은 성호의 넷째 형인 이침李沉의 아들로 성호에게 수학했고, 1735년(영조 11)에 생원시에 합격했으나 벼슬에 나아가지 않았다. 혜환이 관직을 단념한 이유에는 여러 가지가 있겠지만, 가장 큰 이유는 성호의 둘째 형, 곧 혜환의 백부 이잠李潛의 죽음 때문이다. 이잠은 1706년 남인을 변론하고 노론을 비판하며 국정쇄신의 상소를 올렸다가 숙종의 분노로 국문당하다 죽었다. 남인들의 몰락과 성호 집안의 침잠! 성호의 아들, 이맹휴李孟休는 과거에 급제하여 관직에 올랐지만 (물론 중앙정계 진출은 어려웠다) 혜환은 진사로서 외직에조차 오르지 않았다.

혜환은 다만 여유롭게 삶을 관조하고 즐기면서 자기만의 세계를 표현하는 문장가로 자처했다. 다산은 성호 선생의 제자들이 모두 대유大儒가 되었다고 말하면서, 성호 후손들의 특장을 이렇게 전했다. "정산貞山 병휴秉休는 『역경』易經과 삼례三禮: 『예기』(禮記)·『의례』(儀禮)·『주례』(周禮)를 전공하고, 만경萬頃 맹휴孟休는 경제經濟와 실용實用을 전공하고, 혜환惠寰 용휴用休는 문장을 전공하고, 장천長川 철환嘉煥은 박흡博洽: 아는 것이 많아 막히는 것이 없음함이 장화張華·간보干寶와 같았고, 목재木齋 삼환森煥은 예禮에 익숙함이 숭의崇義와 계공繼公 같았고, 염촌剡村 구환九煥도 조부祖父의 뒤를 이어 무武로 이름이 났으니, 한 집안에 유학儒學의 성함이 이와 같았다."(정약용, 「정헌貞軒의 묘지명」, 『다산시문집』)

혜환은 노론과 남인의 정쟁으로 집안이 몰락하는 것을 목격하면서 목숨을 지켜 내는 것을 더 중요하게 생각했다. "일을 만나면 흑백 가리려 애쓰지 말고, 몸을 온전히 하려면 벼슬 멀리하는 것이 제일이라"(「숙은의 시에서 차운하다」次塾隱韻, 『혜환 이용휴 시 전집』, 조남권·박동욱 옮김, 소명출판, 2002, 196쪽) 재주 많았던 학자, 문인들이 당쟁에 희생되는 것을 보며 혜환은 이렇게 다짐했던 것이다. 이 때문에 시비를 넘을 수 있고, 정치의 현실을 말하지 않는 문장의 세계에 침잠했던 것이다. 유유자적 문장 짓는 일로 평생을 보냈기에 혜환은 천수를 다할 수 있었다.

그러나 혜환의 아들, 이가환李家煥(1742~1801)은 아버지와는 달랐다. 조선의 천재로 일컬어졌던 이가환, 그는 "기억력이 뛰어나 한 번 본 글은 평생토록 잊지 않고 한 번 입을 열면 줄줄 내리 외는 것이 마치 치이鴟夷: 호리병에서 물이 쏟아지고 비탈길에 구슬을 굴리는 것 같았으며, 구경九經·사서四書에서부터 제자백가諸子百家와 시詩·부賦·잡문雜文·총서叢書·패관稗官·상역象譯·산율算律의 학과 우의牛醫·마무馬巫의 설과 악창惡瘡·옹루癰漏의 처방處方에 이르기까지 문자라고 이름할 수 있는 것이면 무엇이든지 한 번 물으면 조금도 막힘없이 쏟아놓는데 모두 연구가 깊고 사실을 고증하여 마치 전공한 사람 같으니 물은 자가 매우 놀라 귀신이 아닌가 의심할 정도였다"(정약용, 「정헌貞軒의 묘지명」, 『다산시문집』)고 한다.

이렇듯 당대의 천재로 이름난 이가환은 이미 명망가로 정조의 칭예를 받으며 중앙 요로에 진출할 수 있었다. 그러나 이가환도 종조부 이잠 사건으로부터 자유로울 수는 없던 터, 그 스스로 종조부를 옹호하는 상소를 올리기까지 했지만 비방과 참소는 그치지 않았다. 더구나 총명하면서 거침없던 이가환은 다산 정약용과 함께 천주교신자로 의심받으며 노론, 남인 모두의 집중 포화를 받았다.

정조가 남인을 옹호한 덕분에 다산과 이가환이 버텨 냈지만, 결국 이가환은 1801년 신유사옥辛酉邪獄에 연루되어 옥사하고 만다. 1800년 여름, 정조가 온몸에 난 종창을 잡지 못해 숨을 거두자마자 유언비어가 난무하기 시작했다. "이가환 등이 장차 난을 일으켜 4흉四凶·8적八賊을 제거하려 한다." 게다가 때맞춰 1800년 12월 19일 봉천 축일을 맞아 천주교도들이 최필제의 약국에서 미사를 보다

포졸들에게 적발되는 사건이 터진다. 1801년 정순왕후는 사교를 믿는 자는 코를 베고 멸종시켜 버린다는 경고를 내렸고, 다산 집안과 이가환은 이 옥사를 피할 수 없었다. 결국 다산의 셋째 형 약종이 처형당하고, 가환은 옥사했으며, 다산과 형 약전은 유배된다.

아버지 혜환과 달리 정치가로 살았던 이가환은 천수를 다하지 못하고 죽음을 맞이했다. 학자나 문장가로 살기보다는 정치가, 행정가로 살기를 원했던 이가환은 천재라는 칭송을 받았다는 사실 말고는 이 세상에 또 다른 족적을 남기지는 못했다. 당대에는 아버지를 훨씬 넘어서는 명성을 누렸으나 안타깝게도 그 명성을 뒷받침해 줄 문장이 별로 남아 있지 않다. 그리고 남아 있는 몇 편의 문장도 지극히 평범하다. 이가환은 정계에서 노심초사 애썼으나 천재라는 두 글자만 남겼고, 아버지 혜환은 평범하게 백수로 살다 갔지만 그의 글은 특별한 문장으로 지금까지 음미된다.

2. 붓 한 자루 쥐고 신선처럼

혜환은 어려서부터 몸이 약해 섭생에 각별히 신경을 썼다고 한다. 혜환의 병약함은 숙부 성호와 닮았다. 허약함이 남달라서 몇 살이 되었는데도 머리뼈가 단단해지지 않아 어머니의 양육이 남들보다 백 배나 더했다. 성장하면서 고기나 기름진 것을 주지 않았고 옷은 따뜻한 것을 허락하지 않았으며 놀 때 방문을 벗어나지 않게 하여

품 안에 있는 것처럼 했다고 한다. 혜환은 장성해서도 어머니의 뜻을 지켜서 섭양을 두려워하고 삼가는 것이 보통사람과 달랐다. 안개나 이슬을 범하지 않고, 추위와 더위에 노출되지 않았고, 화창하고 따뜻한 때가 아니면 감히 문에서 나가지 않았다. 혹시라도 비바람이 어지러운 날이면 창문 열기를 꺼렸을 정도였다고 한다.

섭생에 신경쓰듯, 혜환은 세상사 이런저런 일에 동요되지 않았다. 마치 도가의 지인, 혹은 신선과 같이 소요했다. 문장이 세상에 알려졌어도 마음에 집착하려 하지 않았고, 서화가 서가에 넘쳤어도 다만 뜻을 표현할 뿐이었다. 세상의 온갖 일들과 집안의 온갖 일들로써 기뻐할 만하고 노여워할 만하며, 근심스럽고 서글픈 것들을 모두 '잊을 망忘' 자 하나에 붙였으며 기타 모든 생명을 손상시키고 심성을 해치는 것들을 일체 멀리 피했다. 그 결과 서른 살이 된 후에는 용모가 날로 충실해지고 신기가 왕성했으며, 61세가 꽉 찼는데도 고운 얼굴이 덜하지 않고 흰머리가 아주 드물었으며 보고 듣는 것이 거의 젊은 때와 같았다(이병휴, 「중형 혜환선생 주갑 수서」仲兄惠寰先生周甲壽序, 『혜환 이용휴 산문 전집』 하권, 조남권·박동욱 옮김, 소명출판, 2007, 394쪽) 한다. 그리하여 74세까지 건강하게 살았다.

관직 없고 작위 없고 권세 없으나 / 대[竹]도 있고 매화 있고 연꽃도 있네. / 취하면 노래하고 노래하면 술 마시니 / 살아 있는 신선이라 해도 무방하리라.(「스스로 마음을 달래다」自遣, 『혜환 이용휴 시 전집』, 241쪽)

혜환은 관직도 작위도 권세도 없는 백수의 삶을 한탄하지 않는다. 혜환에게 백수 선비는 욕심을 내려놓고 욕망에 초탈했다는 점에서 신선과 다를 바 없었다.

백수 선비가 되어 혜환이 유일하게 원한 일은 '문학적 글쓰기'였다. 전업 문장가로 산다는 것은 그만의 글을 쓸 수 있다는 말이다. 고로 혜환에게 문장은 출세를 위한 수단이 아니었다. 혜환은 백수로 자유롭게 살았기 때문에 쓰고 싶은 대로 쓸 수 있었다. 누가 그를 막을 수 있었겠는가? 혜환에게 문장은 세상과 소통하는 통로일 뿐만 아니라, 자신을 세상에 드러내고 증명하는 유일한 방법이었다. 그러니 남과 똑같은 글쓰기로 자신의 살아 있음을 증명할 수는 없었다.

백수 선비로 지극히 평범하게 살았던 까닭에 혜환은 자신과 비슷한 한미한 사람들에게 관심을 가졌다. 글은 세력과 지위가 없는 사람이 세력과 지위가 없는 타자를 드러내는 유일한 길이다. 그래서 혜환은 "그런 사람(한미한 사람)을 드러내고자 한다면 세력과 지위가 필요한 것이 아니라, 다만 문장가의 한 자루 붓만 있으면 된다"(「『평와집』 서문」萍窩集序, 『혜환 이용휴 산문 전집』 상권, 조남권·박동욱 옮김, 소명출판, 2007, 267쪽)고 외쳤다. 혜환은 오직 붓 한 자루를 쥐고 한미한 존재들의 족적을 남기고자 했다. 그러기 위해서는 그 사람만의 색채를 오롯이 드러내는 특별한 글쓰기가 필요했다. 하여 혜환은 그 누구도 닮지 않은 그만의 글쓰기에 골몰했다.

3. '기궤한 문장'의 선구자

성호학파 가운데 혜환의 포지션은 참으로 특이하다. 혜환은 작은
아버지 성호에게서 배우고, 성호와 마찬가지로 평생을 포의로 살
았지만, 성호와는 기질이 달랐다. 성호가 앉으나 서나 자나 깨나 경
세가로 자부했다면, 혜환은 평생을 문장가로서 유유자적했기 때문
이다. 성호의 제자들이 경학가로, 경세가로, 예제禮制 연구자로 그들
만의 색깔을 형성할 때, 혜환은 색다른 문장의 세계에 빠져들어 '성
호학파스럽지' 않은 길을 걸었다. 혜환은 명말청초에 유행했던 소
품문체小品文體(일상어, 속된 어휘 등을 구사하는 자유분방한 문체)에
서 자신의 문장 스타일을 구축했다. 그리하여 18세기 고문古文(당시
의 표준 문체)을 벗어나 소품을 쓰는 작가들, 즉 창신創新에 뜻을 둔
작가들의 조타수가 되었다. 성호학파지만 혜환의 글쓰기는 오히려
이덕무, 박제가, 유득공 등 연암학파의 글쓰기와 더 가깝다. 혜환의
글쓰기는 다산과 매우 다르다(이런 점에서도 성호의 진정한 계승자
는 다산이다). 다산은 혜환의 문장을 이렇게 평했다.

> 용휴는 진사進士가 된 뒤로는 다시 과장科場에 들어가지 않고 문
> 장에 전념하여 우리나라의 속된 문체文體를 도태하고, 힘써 중
> 국의 문체를 따랐다. 그의 문장은 기이하고 웅장하여 우산虞山

전겸익錢謙益이나 석공石公 원굉도袁宏道에 못지않았다. 혜환 거사惠寰居士라 자호自號하였다. 원릉元陵: 영조의 능호(陵號) 말엽에 명망이 당시의 으뜸이어서 학문을 탁마하고자 하는 자들이 모두 찾아와서 질정質正하였으므로, 몸은 평민의 열列에 있으면서 30년 동안이나 문원文苑: 문단의 권權을 쥐었으니 예부터 없었던 일이었다. 그러나 우리나라 선배들의 문자文字에 대해 흠을 너무 심하게 끄집어냈기 때문에 속류俗流들의 원망을 사기도 하였다.(정약용, 「정헌貞軒의 묘지명」, 『다산시문집』)

다산의 말처럼 혜환은 고문을 배격하고 명말청초 전겸익명대 7자(七子)의 의고적인 주장에 반대하여 문학의 형식보다 내용을 중시한 문장가과 원굉도공안파, 대표적인 성령파이자 소품문 작가의 문체를 실천하는 데 앞장섰다. 고문을 벗어난 참신한 글쓰기, 천기의 발현 등을 외친 이는 농암 김창협金昌協과 삼연三淵 김창흡金昌翕 형제였지만, 정작 개성에 입각한 새로운 문장을 선보인 이는 혜환 이용휴였다. 혜환은 소품문의 실질적 개척자이자 문단에 소품문의 기이함을 본격적으로 점화한 장본인이다.

근대의 문장에는 기奇와 정正 두 부류가 있으니, 정이란 당송팔가唐宋八家처럼 법도를 따르는 것이요, 기란 시내암施耐庵, 김성탄金聖嘆, 그리고 『수호전』 등의 사대기서처럼 현묘함을 추구하는 것이다. 당송팔가의 여파가 흘러서 사대부의 문장이 되었고, 시내암과 김성탄의 여파가 흘러서 남인과 서얼배의 문장이 되었다. 남유용南有容이나 황경원黃景源은 당송의 법식을 모방했으며, 이용휴와 이덕무李德懋는 시내암과 김성탄의 현묘를 모의했다. 그리하여 기를 추구하여 치달리는 자는 법식을 존중하는 자들의 공격을 받는다.(유만주, 『흠영』; 박희병, 「해제」, 『규장각자료총서』 5권, 1997, 30쪽에서 재인용)

본조의 선조, 인조 연간에는 앞을 이어서 작가들이 크게 성하였다. 백광훈白光勳, 차천로車天輅, 허난설헌許蘭雪軒, 권필權韠, 김상헌金尙憲, 정두경鄭斗卿 등의 대가들은 대개 풍웅豊雄하고 고화高華한 정취를 주로 하였다. 영조 이래로 풍기가 일변하였으니, 이용휴·이가환 부자와 이덕무, 유득공, 박제가, 이서구李書九 등의 대가들은 혹은 기궤奇詭를 주로 하거나 혹은 첨신尖新을 주로 하였다. 그 일대의 오르내렸던 자취를 옛날과 비교해 보면 성당, 만당과도 같았다.(김택영, 「『신자하시집』 서」中紫霞詩集序, 『소호당문집』韶濩堂文集 제2권)

유만주兪晩柱는 한때 연암 박지원의 친구였다가 원수가 된 유한준兪漢雋의 아들이다. 노론 유만주는 패관기서나 소품문의 문장을 남인과 서얼배의 문장이라 치부했지만, 김택영의 평론을 보면 실상 노론, 소론, 남인 가릴 것 없이 이런 기이한 문체를 추구했었다. 유만주는 이용휴와 이덕무가 소품문의 대가로 주목받았기 때문에 남인과 서얼배의 문장이라 치부한 듯하다. 어쨌든 혜환은 소품문을 시도하고, 기궤한 문체를 구사하여 비방과 칭예를 한 몸에 받았던, 조선 후기 문단사에 한 획을 그었던 문장가였음에 틀림없다.

> 이용휴의 문장은 극히 괴상하다. 문장에서는 전혀 지之, 이而 같은 글자를 구사하지 않는 반면 시에서는 지之, 이而 같은 자를 전혀 기피하지 않는다. 혜환은 결단코 일반 문인과 다른 모습을 가질 것을 요구하였다. 이것은 분명 병통이나 그의 기이한 면이기도 하다. 혜환은 장서가 제법 풍부한데 그가 소유한 책은 모두 기이한 문장과 특이한 서책으로 평범한 것은 한 질도 없다. 그의 기이함은 참으로 천성에서 나온 것이라 하겠다.(유만주, 『흠영』; 안대회, 「이용휴 소품문의 미학」, 『조선 후기 소품문의 실체』, 태학사, 2003, 275쪽에서 재인용)

혜환은 옛것에 합치되기[合古]보다는 옛것에서 벗어나기[離古]를 강력하게 주장했는데, 그런 의미에서 기奇는 그로테스크하다는 의미가 아니라 표준 문체의 격식[正]을 따르지 않은 새롭고 개성을 추구한 문체를 의미한다. 그런 점에서 보통 문장에서 많이 쓰는 연결사로서의 '지'之나 '이'而를 쓰지 않고, 시에서는 오히려 기피하는 '지'와 '이'자를 사용했다는 말은 문체상의 파격을 구사했다는 의미다.

고양이를 그리는 자는 쥐구멍을 지키고 있다가 쥐를 잡는 것을 많이 그리는데, 이 그림은 유독 고양이가 꽃과 나비를 희롱하는 것을 그렸다. 이것이 곧 문장가의 번안법이다.

畵猫者, 多畵守穴搏鼠, 而此獨畵弄花戲蝶, 乃用文章家翻案法也.

(「김명로군이 소장한 화당에 쓰다」題金君溟老所藏畵幢, 『혜환 산문 전집』 상권, 305쪽) ·

화가 김명로의 그림에 대한 비평문이다. 혜환의 글은 짧다. 구구하게 늘어놓지 않고 핵심만 말한다. 이렇게 짧으면서 핵심을 드러내는 글이 소품문의 전형이다. 이 글의 원문은 겨우 26자로 이루어져 있다. 그러나 명로의 고양이 그림이 다른 고양이 그림과 얼마나 다른지 너무나 분명하게 드러냈다. 쥐를 잡는 고양이가 아니라, 꽃과 나비를 희롱하는 고양이! 발상의 참신함, 이것이 명로 그림의 매력이자 새로움이다. 그것만으로 이 그림은 다른 그림과 천양지차의 수준에 도달했다는 것이다. 혜환은 여기에 그치지 않는다. 이것이 바로 문장가의 번안법이란다. 문장은 자고로 모방이 아니라 발상의 전환이다. 기존의 문체와 가치와 상상을 뒤집는 글, 그것이 바로 기궤한 문장이다. 혜환은 문장의 새로움으로 이 세상 그 누구와도 다른 자신을 보여 주고자 했다.

진짜 나로
돌아가라

1. 글쓰기, 진짜[眞]를 찾아가는 길

혜환 이용휴는 다른 그 무엇도 아닌 문장가이기를 원했으며, 문장가로서의 자의식 또한 남달랐다. 조선시대 선비에게 글을 쓰는 일이야 기본 중에 기본이지만, 선비라면 누구나 쓰는 정도의 수준을 가지고 문장가라 부르기는 어렵다. 혜환에게 문장가는 특별한 무엇이었다. 그가 문장가로 자처한 것은 자신을 지키며 자신을 증명할 수 있는 방법이 이것밖에는 없었기 때문이다. 위험한 관직을 벗어나 그가 숨쉬며 살 수 있는 길은 문장이었던 것이다. 시비곡직이 많은 세상에서 문장만이 균형을 잡아 주고 마음을 다듬어 주었다. 그래서일까? 혜환의 글에는 불우한 지식인의 음영 같은 건 보이지 않는다. 혜환은 오직 문장가로서 충만해 있을 뿐, 어떤 결핍도 느끼지 않았다.

혜환에게 글쓰기는 어떤 의미를 지녔기에 문장가인 것만으로도 만족했던 것일까? 혜환에게 문장가는 어떤 존재인가?

시와 문장을 쓸 때 다른 사람들을 쫓아 견해를 세우는 경우가 있고, 자신만의 견해를 세우는 경우가 있다. 다른 사람들을 쫓아 견해를 세우는 경우는 비루해서 말할 것이 없다. 그렇지만 자신만의 견해를 세우는 경우에도 고집을 앞세우지 않고 편견에 사로잡히지 않아야 '참된 견해'[眞見]가 될 수 있다. 또 반드시 '참된 재주'[眞才]로 그 견해를 보완한 이후에야 시와 문장에 성취가 있게 된다. …… 아! 벼슬이 높아져 일품의 자리에 오르더라도 갑자기 아침에 거두어 가면 저녁에는 평민이 되고 만다. 재물을 벌어 만금을 쌓았다 해도 갑자기 저녁에 잃어버리면 다음날 아침에는 가난뱅이가 되고 만다. 그러나 뛰어난 문사가 소유한 재능은 한 번 얻은 뒤에는 조물주라 하더라도 어찌할 수 없다. 이것이야말로 '참된 소유'[眞有]이기 때문이다.(「문사의 재능은 빼앗을 수 없다 : 『송목관집』 서」松穆館集序, 『낭송 18세기 소품문』, 길진숙·오창희 풀어읽음, 북드라망, 2015, 111~112쪽)

이 글은 혜환 이용휴가 제자 이언진李彦瑱의 문집에 써 준 서문이다. 이언진은 27세에 요절한 천재 시인으로, 연암이 쓴 「우상전」虞裳傳의 주인공이기도 하다. 혜환은 이 글에서 시문에 뛰어난 제자

이언진을 격려하고 그 시문을 칭송하는 한편, 문장가란 어떤 존재인지에 대해 이야기한다.

보통 사람들은 높은 벼슬자리에 오르고 싶어 하고, 만금의 재물을 소유하고 싶어 한다. 그 결과 높은 벼슬자리에 오르고 만금의 재물을 소유하게 되면 모든 것을 다 가졌다고 생각한다. 심지어 세상 부러울 게 없는 사람으로 여겨지기까지 한다. 그렇지만 세상에 태어나서 인간이 마음대로 할 수 있고, 영원히 소유할 수 있는 것이 있을까? 영원히 나의 것이라 확신하지만 관직도, 재물도 하루아침에 사라지기 십상이다. 그러니 지위도, 재물도 믿을 만한 것은 못된다. 그런데도 이런 것을 부러워하고, 이것을 소유하기 위해 안달복달할 필요가 있을까?

그렇다면 우리는 무엇을 믿어야 하는가? 그리고 소유할 수 있는 참된 것은 과연 있는가? 혜환은 말한다. 문장가가 소유한 것은 믿을 만하며 참된 것이라고. 문장가가 소유한 것이라면 바로 문장일 터. 문장은 한 번 만들어지면 영원히 사라지지 않는다. 그런데 혜환이 이 글에서 강조하는 바는 따로 있다. 문장이 썩지 않기 때문에 중요한 것이 아니다. 참된 견해를 간직한 문장이어야 소중하며, 더 나아가 참된 재능을 지닌 문장가의 견해라야 조물주도 어찌할 수 없는 것이다.

혜환이 말하는바, 참된 것은 무엇인가? 참된 견해, 참된 재능, 참된 소유로 표현되는 이 '진'真은 그 누구도 아닌 자기만의 것이다. 그래서 진짜다. 재물이나 관직은 가짜다. 이것은 사람들이 너도나

도 추구하는 사회적 욕망으로 모방에 불과하다.

결국 진眞은 남과는 다른 자기만의 독창성을 말한다. 따라서 진을 다르게 표현하면, 기奇다. 이 기를 추구하는 존재가 문장가다. 따라서 혜환은 문장가가 아닌 그 무엇이 되기 위해 글을 쓸 생각은 없었다. 글 쓰는 자체가 이미 무엇이 된 것이었다. 남과 다른 나가 되는 길, 그것이 문장가의 길이었다. 문장가는 "남의 자취를 도습하지 않고, 남의 목소리를 빌리지 않아 스스로 으뜸이 되는 자"들이었다.(「이화국혜환의 사위 이용훈의 자(字) 유초 서문」李華國遺草序, 『이용휴 산문 전집』 상권, 95쪽) 세상의 모든 것이 허망하게 스러지지만 자신의 참된 목소리 참된 말은 사라지지 않는다. 하여 관직의 길은 허망하지만 문장가의 길은 영원하다. 백수 선비 혜환이 사는 이유는 바로 이것이었다.

2. 성인의 그림자들, 나로 돌아가라

혜환은 성호 집안의 영향을 받았음에도 불구하고 그 행보가 참으로 달랐다. 성호와 그의 제자들이 세상을 걱정하는 일에 평생을 바쳤다면, 혜환은 잃어버린 나를 찾는 일에 평생을 바쳤다. 성호가 세상을 어떻게 개혁할 것인가를 고심할 때, 혜환은 어떻게 하면 진짜 나로 돌아갈지를 고민했다.

진짜 나로 돌아가라는 혜환의 목소리는 상당히 파격적이다. 이

럴 때 혜환은 양명좌파, 이탁오^{李卓吾}의 말에 의탁한다. 성인을 따라
하는 나는 진짜 나가 아니다. 그저 성인의 그림자에 지나지 않는다.
이탁오처럼 표현하자면 이런 나는 '그림자를 보고 짖어 대는 한 마
리 개'다.

옛날 처음의 나는 ^{昔我之初}
순수한 천리의 본성 그 자체였지. ^{純然天理}
점차 지각이 생겨나면서 ^{逮其有知}
본성을 해치는 것 어지럽게 일어났다네. ^{害者紛起}

식견이 본성에 해가 되고, ^{見識爲害}
재능도 본성에 해가 되어 ^{才能爲害}
습관화된 마음과 습관화된 일들 ^{習心習事}
뒤얽혀서 풀어 내기 어렵게 되었네. ^{輾轉難解}

다른 사람 받들어 ^{復奉別人}
아무 어른, 아무 공公 하며, ^{某氏某公}
치켜세우고 권위에 빌붙었지. ^{援引藉重}
어리석은 무리들 화들짝 놀라 어쩔 줄 몰라 했네. ^{以驚羣蒙}

옛날 처음의 나를 잃어버리자 ^{故我旣失}
참된 나[眞我]는 숨어 버렸지. ^{眞我又隱}

억지로 만들어진 일들 ^{有用事者}

나를 타고 함께 나가 버려 돌아오지 못하네 ^{乘我未返}

오래 떠나 있다 문득 돌아갈 생각하네. ^{久離思歸}

마치 꿈에서 깨어나니 해가 높이 솟아 있는 것과 같구나. ^{夢覺日出}

훌쩍 몸을 돌이키니 ^{翻然轉身}

어느새 집으로 돌아왔도다. ^{已還于室}

집안의 모습일랑 예전과 다를 바 없지만, ^{光景依舊}

내 몸의 기운은 맑고도 편안하도다. ^{體氣淸平}

차꼬를 풀어내고 형틀에서 벗어나니 ^{發錮脫機}

마치 오늘 태어난 듯하구나. ^{今日如生}

눈이 더 밝아진 것도 아니고, ^{目不加明}

귀가 더 밝아진 것도 아니라네. ^{耳不加聰}

타고난 눈과 귀의 밝기가 ^{天明天聰}

옛날과 같아졌을 뿐이라네. ^{只與故同}

수많은 성인들 그림자처럼 지나왔으니, ^{千聖過影}

나는 나로 돌아가고자 하네. ^{我求還我}

어린아이나 어른이나 ^{赤子大人}

그 마음은 다를 것 없다네. ^{其心一也}

나로 돌아와 점차 신기한 마음 사라지면 還無新奇

딴 생각으로 달려가기 십상이지 別念易馳

만약에 다시금 나를 떠난다면 若復離次

돌아올 날 기약할 수 없으리. 永無還期

향 사르고 머리 조아리며 焚香稽首

신과 하늘에 맹서하노니, 盟神誓天

"이 한 몸 다 마치도록 庶幾終身

나와 함께 살아가겠노라." 與我周旋

(「처음의 나로 돌아가라! : 환아잠」還我箴, 『낭송 18세기 소품문』,

33~35쪽)

이 글은 혜환이 신의측申矣測이란 문인에게 주는 글이다. 신의측의 자字가 환아還我인데, 환아의 뜻을 새기며 경계하고 있다. 특정 인물과 관련된 글이지만, 혜환의 평생 화두 역시 바로 '나로 돌아가기'[還我]였다. 태어난 그대로의 마음으로 살아가는 존재가 진짜 나다. 처음의 나, 순연한 천리의 마음은 노장老莊에서 주장하는 자연의 의미에 가깝다. 저절로 그렇게 이루어진 존재들의 상태, 따라서 저마다 다른 고유의 상태를 말한다.

그러나 우리들은 태어난 그대로의 마음으로 살지 못한다. 태어난 그 순간부터 외부세계를 보고 듣는다. 밝은 귀와 밝은 눈 덕분에 많은 식견이 쌓이지만 이 식견이 오히려 해가 된다. 즉 고유한 나만의 마음을 잃어버린 채 식견을 따르느라 분주하기 짝이 없다. 게다가 성인의 자취라면 무조건 따르며, 조그마한 의심조차 품지 않는다. 그러는 중에 내 목소리와 내 자취는 어디론가 사라져 종국에는 나는 내가 아니다. 그저 뻔하게 살아가는 그림자일 뿐이다. 이렇게 산다면 나는 나인가? 아니면 다른 사람인가?

> 나와 다른 사람을 견주어 보면, 나는 가깝고 다른 사람은 멀다. 나와 사물을 견주어 보면, 나는 귀하고 사물은 천하다. 그런데 세상은 반대로 한다. 가까운 것이 먼 것의 말을 듣고, 귀한 것이 천한 것에게 부림을 당한다. 어째서인가? 욕망이 밝은 것을 가리고, 습관이 참된 것을 어지럽히기 때문이다. 이 때문에 좋아하고 미워하며 기뻐하고 성내는 것부터 행하고 머무르며 굽어보고 우러러보는 것까지 세상이 하는 대로 할 뿐 주체적으로 하지 못한다. 심한 경우에는 말과 웃음, 얼굴 표정과 모습까지도 저들의 노리개가 되고 만다. 정신精神과 생각, 땀구멍과 뼈마디 그 어느 것도 나에게 속한 것이 하나도 없다. 부끄러울 따름이다.(「나를 지키며 살기 : 아암기」我菴記, 『낭송 18세기 소품문』, 31쪽)

남과 나를 비교할 때 나를 우선하고 나를 귀하게 여기는 것이 당연하다. 그런데 막상 살아가면서는 나에 속한 것은 소홀히 하고 남만을 높이고 남만을 따라한다. 심지어 희로애락애오욕喜怒哀樂愛惡欲의 칠정七情을 일으킬 때조차 남의 눈치를 보고 남이 하는 대로 따라한다. 웃고 울고 말하고, 표정 짓는 것 하나하나 내 것이 없다. 나는 주체로 사는 것이 아니라, 푸코의 말처럼 주체화되었을 뿐이다. 남들의 명령에 따르고 복종하면서 마치 주체적으로 하고 있는 것처럼 착각하는 것이다.

그렇다면 나로 돌아가기 위해서는 어떻게 해야 하는가?

오직 대중을 따라야 할 것인가? 아니다. 이치를 따라야 한다. 이치는 어디에 있는가? 마음에 있다. 모든 일은 반드시 마음에 물어야 한다. 마음이 편안하면 이치가 허락하는 것이니 그것을 행하고, 불안하면 허락하지 않는 것이니 그것을 그만두어야 한다.(「수려기」隨廬記, 『혜환 이용휴 산문 전집』 상권, 347쪽)

사회나 집단의 명령이 아니라, 대중들을 따르면 되는가? 혜환은 대중도 믿지 않는다. 대중추수주의 또한 미혹이다. 대중도 나와 다르지 않다. 그들도 다른 삶을 모방하면서 주체적인 삶인 양 착각하고 있을 뿐이다. 혜환은 마음의 이치를 따르면 된다고 한다. 정말 하고 싶은가, 행할 때 마음이 편안한가를 묻고 따져야 한다. 다르게 말하자면 누구 때문도 아니요, 인정받기 위해서도 아니요, 오직 나의 충만한 생명 의지를 따를 것. 이것이 혜환이 글을 쓰는 이유이자, 글을 쓰는 방법이었다. 백수 선비가 아니었다면 진짜 자기 욕망이 무엇인지 묻기 힘들었을 것이다.

3. 범인(凡人) vs 다른 나, 그 한끝 차이

혜환의 문집에는 지인들이나 주변 사람들에게 주는 일상적 차원의 글들이 주로 수록되어 있다. 문장 종류로 따지면, 길 떠나는 사람들에게 덕담이나 당부의 말을 건네는 송서送序나 증서贈序, 시문집의 서문, 어떤 사람의 서재나 집의 유래를 서술한 기문記文, 죽은 이를 애도하는 묘지명墓誌銘과 제문祭文에 집중되어 있다.

혜환이 글에서 다름을 추구했다는 것은, 자기만의 목소리로 자기만의 세계를 찾아간다는 뜻이지, 글의 종류나 글의 소재 혹은 글을 건네는 대상이 파격적이란 말은 아니다. 혜환은 세상 사람들과는 다른 문체로, 남들이 추구하는 이야기와는 다른 이야기로 세상과 접속하고 사람들에게 말을 건넸다.

혜환은 진짜 나를 찾기 위해 세상의 여느 사람들과는 확실하게 변별되는 '독자적' 형상을 그려 낸다. 혜환이 사람들에게 돌려주고 싶었던 그 다름, 그 진짜는 어떤 모습일까? 그 구체적인 모습을 살펴보자.

혜환은 진짜 나, 여느 사람과 다른 그 특별한 내가 저 높이, 저 멀리 있을 거라 생각하는 우리들에게 유머 가득한 글로 일침을 놓는다.

바로 여기에 산다[此居]! 이 사람이 이곳에 산다. 이곳은 곧 이 나라 이 고을 이 마을이다. 이 사람은 나이는 젊으나 식견이 고상하며, 고문古文을 좋아하는 기이한 선비이다. 만약 이 사람이 알고 싶다면 마땅히 이 기문記文에서 찾아야 하리라. 그렇지 않으면 비록 쇠로 만든 신이 뚫어져라 대지를 밟고 다녀도 끝내는 알지 못할 것이다. 此居, 此人居此所也. 此所卽此國此州此里, 此人年少識高, 耆古文, 奇士也. 如欲求之, 當於此記, 不然, 雖穿盡鐵鞋, 踏遍大地, 終亦不得也.(「이곳에 사는 선비, 이곳에서 찾아라 : 차거기」此居記,『낭송 18세기 소품문』, 47쪽)

혜환의 글 중 자주 거론되는, 전부 53글자로 이루어진 기문記文이다. 기문은 주로 서재, 정자 등에 이름을 붙이고, 그 장소와 그 이름의 의미를 풀어 주는 형식의 글이다. 그래서 다소 천편일률적이다. 이름과 장소만 다를 뿐, 들어가는 내용은 거의 비슷하다. 어느마을, 어느 좋은 자리에 있는 정자나 집, 그리고 그 이름의 유래를 쭉 나열하는 것이 보통의 기문이다. 그래서 수십 편의 기문을 읽어도 딱히 남는 것이 없다.

혜환은 이 기문에서 사람도, 장소도 밝히지 않는다. 그런데 이 짧은 기문이 웃긴다. '차'此 자만 여덟 번을 사용한다. '여기'를 강조한 것이다. '이' 사람과 '이' 거처를 알리려면 저기에서 찾아서는 안 된다. 오직 있는 그대로의 '여기'[此]에서 찾아야 한다. '여기'에 있는 '이' 거처와 '이' 사람은 그다지 훌륭하지 않음에 틀림없다. 명성도화려함도 없는 사람과 장소. 그저 '이' 나라 '이' 고을, 어디에나 있을법한 그런 거처에 그렇게 화려하지 않은 생활을 하는 '이'[此] 사람이 있다.

　그러니 그를 찾으려면 저기, 사람들이 모두 부러워하는 저 높은 자리에서 찾으면 안 된다. 혹은 여기가 아닌, 저 세속의 바깥에서 찾아서는 안 된다. 보잘것없지만 소박하고 평이한 여기 이곳에서, 고문에 열중하는 기이한 선비! 이로 보아 그는 세속의 명예나 부귀 따위에 관심이 없을 터, 고매하고 청렴한 정신의 소유자임에 틀림없다. 하여, 다른 데서 그를 찾으면 쇠로 만든 신이 다 닳도록 온 대지를 다 누비고 다녀도 만나지 못할 것이다.

　소박하고 평이한 생활 그 자체를 즐기는 것이야말로 사람들이 할 수 없는 경지에 이른 것이다. 이런 생활은 사람들이 아무도 따르려 하지 않는다. 그런데 이 사람만은 이런 생활을 편안하게 즐긴다. 물론 이곳은 욕망과 욕심이 들끓는 그런 곳이기도 하다. 어지러운 이곳에서 이렇게 소박하게 생활하는 이 사람야말로 진짜 나로 돌아갔음에 틀림없다. 그리고 진짜 나는 저 멀리, 혹은 저 바깥이 아니라 바로 여기에 있는 것이다. 그러므로 보잘것없는 여기 이곳이야말로 진정 특별한 곳이라는 이 기문은 웃기면서도 뭉클함을 안겨 준다. 해학이 살아 있는, 이 문장이 진정 혜환스러운 글처럼 느껴진다.

　이름난 산에는 말과 수레가 몰려들어, 속세의 더러운 때와 먼지가 나날이 쌓여 간다. 정유년1777년 가을 8월에 하늘에서 큰 비를 내려 온 산을 말갛게 씻어 주었다. 산의 본래면목이 이제야 드러났다.

글을 잘 짓고 기이함을 좋아하는 선비, 신문초申文初 : 신광하가 이 말을 듣고 길을 떠났다. 산을 사람에 비유하건대, 비오기 전은 병들고 꾀죄죄한 모습이라면, 지금은 세수하고 목욕하고 단장하고서 정중히 손님을 맞는 때의 모습인 것이다. 신문초가 지금 떠난다니 얼마나 다행인가.

신문초가 동쪽으로 유람을 떠나는 날은 식년시式年試 : 초시, 삼 년마다 시행되는 과거시험에 합격한 선비들이 회시會試 : 초시에 합격한 사람이 두 번째 단계로 보는 과거시험를 보러 가는 날이다. 이것이 또한 선인仙人과 범인凡人이 갈리는 길목이다.(「선인과 범인이 갈리는 길목 : 금강산으로 유람을 떠나는 신문초를 전송하며」送申文初遊金剛山序, 『낭송 18세기 소품문』, 48~49쪽)

이 글은 혜환이 금강산으로 떠나는 신문초申文初를 전별하면서 쓴 산문이다. 신문초는 문인 신광하申光夏다. 신광하는 금강산 일대, 설악산 일대를 유람하고 「동유기행」, 「풍악록」 등을 남겼다. 이때 당시 금강산 유람은 하나의 유행이었다. 문인이나 벼슬아치들이 한 번쯤 다녀오는 곳이자 다녀오기를 꿈꾸는 곳이 금강산이다. 그러니 사람들의 발길로 금강산은 어지럽고 더럽혀졌다. 그런데 신문초가 가려는 즈음 큰 비가 내려 모든 더러운 것을 씻어 준다. 신문초가 청렴한 고사高士였기 때문에 이런 말을 했으리란 것을 짐작할 수 있다.

마지막 구절에 이르러 신문초가 출세에 연연하는 인물이 아님을 단적으로 보여 준다. 과거 보는 날, 문초는 금강산으로 떠난다. 문초의 지향이 어디 있는지 단박에 알 수 있다. 그 사람의 인품과 지향을 이렇게 기습적으로, 간결하고 분명하게 드러내기는 어려운 법. 치고 빠지는 혜환의 기술은 절묘하기 짝이 없다. 과거 보는 날 금강산으로 떠나는 문초는 실로 범인凡人이 아니라 선인仙人이다. 세속의 가치에 저항하는 것은, 아주 특별한 일이 아니다. 세속의 가치를 추수하지 않고 돌아서면 된다. 그 순간 나는 진짜 나로 돌아갈 수 있다. 나로 돌아가기 신공, 그것은 순간의 일이다. 혜환은 그것을 높이 샀다.

이 글은 모두 106자로 이루어졌다. 짤막한 글 속에 하고 싶은 말을 다했다. 간이함 속에 구체를 살린 글. 글이 의미 심장하고 묘미가 있다. 그래서 기궤하다. 도덕을 말해서가 아니라 삶의 이치를 있는 그대로 보여 주기 때문이다.

하나만 더 보자. 진짜 나로 돌아가는 그 구체적인 모습을.

서울의 경내는 열기로 가득한데, 수만 명의 사람들이 여전히 성문을 넘어온다. 들어오는 사람은 있어도, 떠나는 사람은 없다. 어쩌다 떠나는 경우는 좌천되었거나, 아니면 쫓겨난 것이다. 이런 경우가 아닌데 집으로 돌아가는 것이라면, 그칠 때를 알아 물러나기를 좋아하는 군자일 터, 어찌 쉽게 할 수 있는 일이겠는가? 평창平昌 이공李公: 이광부은 젊은 시절 조정에 들어가 품계를 쌓아 정헌正憲에 이르렀고, 여러 관직을 역임하다 지중추知中樞에 올랐다. 그런데 지금 늙었다 아뢰고 소성邵城: 오늘의 인천의 옛 집으로 돌아간다.

대개 벼슬살이 중에는 슬프거나 기쁘거나, 만족스럽거나 괴로운 마음이 수시로 교차하고, 옳거나 그르거나, 한편이 되거나 등지는 따위의 일들이 날마다 눈앞에서 바뀌어 간다. 그렇지만 이공은 언제나 편안했다. 마치 근원이 되는 샘은 가뭄이나 장마에도 줄거나 넘치는 일이 없는 것처럼, 순금은 두드리거나 담금질해도 성질이 변하거나 모양이 바뀌지 않는 것처럼, 이공 또한 그러했다. …… 요지연의 샘물에서 양치질하고 송화가루를 먹을 테니, 몸은 더욱 건강해지고 기운은 더욱 왕성해질 것이다. 하여, 재상이면서 장차 신선이 될 것이다.(「그칠 때를 아는 자 : 삼가 인주로 돌아가는 지중추부사 이공을 전송하면서」奉送知中樞李公歸仁州序, 『낭송 18세기 소품문』, 51~53쪽)

어떤 시선에도 휘둘리지 않고 자족하는 삶, 쉽지 않은 일이다. 벼슬자리에서 쫓겨나기는 쉬워도 때를 알아 자발적으로 물러나기는 힘들다. 그런데 지중추 이공이광부(李光溥)은 벼슬은 그만두고 인천의 고향으로 돌아간다.

이 글에서도 혜환은 지중추 이공의 행동이 얼마나 특별한지 구구절절 설명하지 않는다. "서울 경내의 성문에는 오는 사람은 있어도 나가는 사람은 없다"는 한 구절로 다 표현해 버렸다. 벼슬자리의 수직상승에서 자발적으로 내려올 수 있는 사람은 눈 씻고 찾아보려야 찾아 볼 수 없다. 그런 중에 한 사람이니, 얼마나 특별한가?

혜환이 보기에 벼슬을 하느냐 안 하느냐를 따질 필요는 없다. 수직상승의 끝 모르는 욕망으로부터 자유롭다면 적어도 그런 사람은 자기 삶의 주인이라 할 수 있다. 그러니 시속에 휩쓸리지 않고 벼슬자리에서 때맞춰 내려오는 행위만으로도 진짜 나로 돌아갈 수 있다. 그 진짜 나의 삶이 곧 신선의 삶이다. 신선은 불로장생의 비법을 닦거나 단약을 먹어야 되는 존재가 아니다. 벼슬자리에서 돌아서는 순간, 이공은 신선이 된다. 근심, 걱정이 없으면 신선이 아닌가? 이처럼 신선과 범인은 실로 한 끝 차이다.

혜환은 촌철살인의 아주 짧은 문장으로 우리들에게 삶의 이치를 깨우쳐 준다. 그리고 용기도 준다. 진짜 나로 돌아가는 것은, 누구나 할 수 있다고. 과거 보는 날 금강산으로 떠나고, 알맞은 때 벼슬자리에서 내려오는 일처럼, 아주 쉽다. 단지 하지 않을 뿐이다. 그런데 사람들이 어렵게 느끼고, 할 수 없다고 선을 긋는다. 이는 진짜 나를 추상의 저 너머에 잡아두기 때문이며 특별한 어떤 상태를 전제하기 때문이다. 진짜 나는 바로 여기에 있다. 지옥에 떨어진 그때가 성불할 수 있는 절호의 찬스다. 즉, 욕망이 들끓는 그 자리가 진짜 나로 가는 지름길이다.

불경에 이르기를, "천당은 즐겁고 즐거워서 고통이 다하면 취미가 생기므로 그 성불하기가 어렵고, 지옥은 괴롭고 괴로워서 그 마음의 발함을 극진히 창도하기 때문에 그 성불이 쉽다"고 하였다. 만약에 그것이 쉬운데도 쉽게 할 수 없는 것은 내가 감히 알 바가 아니다.(「이제姨弟 이우경에게 주는 서문」贈姨弟李虞卿序, 『혜환 이용휴 산문 전집』하권, 158쪽)

　혜환에게는 글쓰기와 삶이 별개가 아니었다. 글쓰기에서 전범을 거부하는 것은 세상의 명령에 따르기를 거부하는 행위와 연결된다. 글을 모방하는 문제는, 생각을 모방하고, 삶을 모방하는 문제와 별개의 사안이 아니다. 글은 우리들의 인식이자 세계에 대한 해석이다. 그러니 남과 똑같이 글을 쓴다면, 세상을 똑같이 보고 똑같이 해석할 것이 뻔하다. 그 누구도 아닌 나로 돌아간다는 것은 혜환에게 문장을 바꾸는 일이자, 삶을 바꾸는 일이었다. 바꿔 말하면, 나의 목소리와 나의 사유를 담는 문장을 쓰면, 삶에서도 나의 목소리와 나의 사유대로 살 수 있다. 글과 삶이 이렇게 연동될진대 혜환을 단순히 새로운 것만 추구하는 문장가로 보기 어렵지 않겠는가?

구도는 생각을
바꾸는 것이다

1. 학문이 극에 달하면 평상하여 기이함이 없다!

혜환의 문장이 남다르다면, 그것은 역설적이게도 지극히 평범한
사람들과 그들의 일상을 담았기 때문이다. 혜환의 삶도 특별할 것
이 없었지만, 혜환 주변의 사람들도 특별한 삶을 살지는 않았다. 혜
환이 한미했기에 한미한 사람들을 주로 만났고. 같은 처지였기에
한미한 자들에게 숨어 있는 특별한 개성을 포착할 수 있었다. 혜환
의 붓은 이 한미한 처지의 사람들을 위해 부지런히 움직였다.

　　직위나 신분, 그리고 사는 형편이 평범하거나 한미하지만, 이
렇게 산다고 존재 자체가 평범하고 한미한 것은 아니지 않은가? 그
사람을 남다르게 만들어 주는 요인은 어떻게 생각하고 행위하느
냐일 뿐, 다른 무엇은 아니다. 그런데 이들을 알아주고 기록해 주는

이는 매우 드물다. 그래서 혜환은 썼다. 이들의 생각과 행위를 기억해주기 위해서. 특별함 속에서 특별함을 기억하는 것이 아니라 가장 평범한 가운데 번뜩이는 그 특별함을 찾아냈으니, 혜환의 글은 새롭고 낯선 것일 수밖에 없었다.

결국 기이함은 평범함에서 온다. 혜환은 말한다. "학문이 극에 달하면 평상하여 기이함이 없다."(「족손 진민이 금강산으로 들어가는 것을 전송하는 서문」送族孫振民入楓嶽序, 『혜환 이용휴 산문 전집』상권, 349쪽) 혜환에게 학문은 인간답게 살아가는 길을 배우는 것일 터, 학문의 경지가 높으면 높을수록 평상의 경지에서 노닐 수 있다고 한다. 도를 닦으면 어찌 되는가? 배고프면 먹고, 졸리면 잔다. 보통 사람도 다 하는 일인데 무엇이 다른가? 보통 사람은 먹고 자면서도 무수한 망상에 시달린다. 그래서 욕심은 한없이 커지고 삶은 늘 불행하고 초조하다. 도를 깨친 이들은 먹을 때 먹는 일에만 집중하고, 잘 때는 달게 잔다. 일절 다른 잡념과 집착에 끄달리지 않고 매 순간의 일에 집중한다. 욕심이 일어나지 않아 매 순간 흡족하다. 그러니 학문이 최고에 도달하면 삶은 평이하다.

부채를 흔들어 바람을 일으키고, 물을 뿜어 무지개를 만든다. 잿가루로 달무리를 이지러뜨리고, 끓는 물로는 여름 얼음을 만든다. 나무소를 갈 수 있게 하고, 구리종을 스스로 울게 한다. 소리로는 귀신을 부르고, 기로는 뱀과 범을 오지 못하게 한다. 서쪽 끝에서 동쪽 바다까지 잠깐 사이에 생각이 두루 미치고 하늘 위와 땅 아래도 순식간에 생각이 이른다. 백 세 이전으로 거슬러 올라가 기록하고, 천 세 이후도 미루어 헤아린다. 비록 지나간 옛날의 여러 철인들도 오히려 역량을 다하지 못한 바가 있다. 이렇게 큰 지혜와 큰 재능을 가지고도 7척 몸뚱이에 부림을 당하여 술과 여자와 재리, 혈기 속에 빠져 있으니 어찌 크게 애석하지 않겠는가?(「조운거군에게 주다」贈趙君雲擧, 『혜환 이용휴 산문 전집』 상권, 43~44쪽)

세상에서 가장 어려운 일은 과욕을 부리지 않으면서 소박하게 사는 것일는지 모른다. 큰 지혜와 큰 재능을 가지고 온갖 신기하고 경천동지驚天動地할 경지에 오른 이들이 왕왕 있다. 옛날의 현철한 사람들도 쫓아갈 수 없는 능력을 과시하여 사람들의 시선을 한순간에 집중시키는 그런 진귀한 사람들이 있다. 끓는 물로 얼음을 만들고, 나무소를 가게 하고, 구리종을 스스로 울게 하는 등의 일은 거의 불가능해 보이지 않는가? 그런데도 이런 경지에 도달했다면 비범한 능력을 갖고 있음에 틀림없다.

그런데 혜환은 이런 특이한 일은 특이한 것이 아니라고 한다. 이런 대단한 지혜와 능력을 가졌으면서 왜 보통 사람들처럼 7척 크기의 몸뚱이에 휘둘리는지 묻는다. 다른 사물은 제멋대로 움직일 수 있으면서, 제 한 몸도 장악하지 못하고 제 욕망도 다스리지 못한다면 어찌 특별한 삶이라고 말할 수 있겠는가. 그러니 세상에서 가장 힘든 일은 욕망의 부림을 당하지 않는 것이다. 혜환이 보기에는 술과 여자와 재물과 혈기를 제압하고 소박한 생활을 영위하는 것이 진짜 어렵다. 미혹에 빠지지 않으면서 평이하고 담박하게 생활을 유지한다는 것은 아무나 할 수 없기 때문이다. 혜환은 사람들이 지극히 평범하다고 보는 삶의 방식에서 특별함을 읽어 낸다. 과욕을 부리지 않고 절제하는 삶이 진정 기이하다.

2. 몸만 돌리면 방위가 바뀌고 명암이 바뀐다네

혜환은 평상의 삶 속에 진리가 있고, 도가 있다고 여긴다. 그러니 구도求道의 장소나 방법이 어디 저 멀리에 있지 않다. 앉은 그 자리, 생활하는 그 장소가 바로 구도의 공간이며, 공부하고 생각하고 일하는 그때가 구도의 순간이다. 구도의 길은 그 자리 그 순간에 있다. 혜환은 구도를 신비하고 초월적인 어떤 행위로 보지 않는다. 매우 일상적이고 간단하다.

> 오래된 살구나무 아래 작은 집 한 채가 있다. 횃대와 시렁과 작은 책상 등이 방의 삼 분의 일을 차지한다. 손님 몇 사람이 앉으면 무릎이 서로 부딪칠 정도로 방이 아주 작고 좁다. 그러나 주인은 편안히 거처하며 책을 읽고 도를 구할 뿐이다. 내가 말했다. "이 방 안에서 몸을 돌려 앉으면, 방위方位가 바뀌고 명암明暗이 달라진다네. 구도求道란 생각을 바꾸는 데에 있다네. 생각이

바뀌면 따르지 않는 것이 없다네. 그대가 나를 믿는다면, 그대를 위해 창을 열어 주겠네. 한 번 웃는 사이에 어느새 환하고 툭 트인 경지에 오를 것이네."(「구도란 생각을 바꾸는 것 : 행교유거기」杏嶠幽居記, 『낭송 18세기 소품문』, 36쪽)

협소하고 누추한 방에서도 구도가 가능하다? 이렇게 말하는 것으로는 충분하지 않다. 구도가 일상과 다른 무엇처럼 느껴지기 때문이다. 혜환이 생각한 구도는 일상과 분리되어 있지 않다. 그래서 이렇게 바꿔 말해야 한다. 자신이 살고 있는 그 작은 방에서 구도해야 한다고. 구도는 방 안에서 즉각 이루어질 수 있다. 왜? 구도는 생각을 바꾸는 것이기 때문이다.

혜환은 87자의 한자로 이루어진 이 짤막한 기문에서, 구도를 간결하고 명쾌하게 정리한다. 작은 방에서 몸을 돌려 앉으면 방위가 바뀌고 명암이 바뀌듯, 생각을 바꾸면 세상이 바뀐다. 즉 내가 바뀌면 세상을 다르게 살 수 있다. 생각을 바꾸는 순간, 그 시공간은 바꾸기 이전의 시공간과 완전히 다르다. 호리毫釐의 차이가 천지의 차이를 가져온다. 그러니 도를 찾아 삼만 리를 헤맬 필요는 없는 것이다. 생각을 바꾸면 나는 좁은 방안에서도 저 사해四海 밖을 주유하며, 천지자연의 이치를 깨칠 수 있다.

그렇다면 생각을 바꾼다는 것은 구체적으로 무엇일까? 협소하고 누추한 방에서 산다고 사람까지 누추하거나, 사람의 도량까지 좁아지는 것이 아니다. 협소하고 누추한 것에 휘둘리면 그때부터 사람조차 비루해지고 편협해지기 시작한다. 그러나 협소하고 누추한 방을 편안하게 여긴다면, 분명 내 앞에 펼쳐진 모든 것이 다르게 보일 것이고 세상과 다르게 만날 것임에 틀림없다. 그렇게 되면 삶도 달라질 수밖에 없을 것이다. 이렇듯 구도는 간결하고 평이하다. 그러나 구도 행위를 당장 방 안에서부터 실천하는 사람은 많지 않다. 구도의 방법을 몰라서가 아니다. 단지 구도 행위를 하고 싶어 하지 않기 때문이다. 구도에 관해 다른 방법을 묻는다면, 그것은 하지 않으려는 핑곗거리에 불과하다.

사람들이 '오늘'[當日]이 있음을 알지 못하게 되면서 세도世道가 잘못되었다. 어제는 이미 지났고 내일은 아직 오지 않았으니, '하고자 하는 바'를 실행하는 것은, '오늘'에 달려 있을 뿐이다. 이미 지나간 것은 돌이킬 방법이 없고, 아직 오지 않은 것은 도달할 방법이 없다. 비록 삼만 육천 일이 이어져 오더라도, 그날에는 마땅히 그날에 해야 할 일이 있으므로 다음 날로 미룰 여력이 없는 것이다.

어찌 그리도 괴이한가. 한가함이란 경전에도 실려 있지 않고, 성인들도 말하지 않았다. 그런데도 한가함에 의탁하여 헛되이 하루를 보내는 자들이 있다. 그러므로 맞물려 돌아가는 이 우주宇宙에서 제 역할을 못하는 사람이 많은 것이다. 하늘은 스스로 한가하지 아니하여 항상 운행하고 있다. 그러니 사람이 어찌 한가할 수 있겠는가?(「오늘을 살라! 어제는 지났고, 내일은 오지 않

있다 : 당일헌기」當日軒記, 『낭송 18세기 소품문』, 43~44쪽)

혜환은 진정한 나를 찾든, 구도를 행하든 당장 오늘 하라고 일침을 놓는다. 과거는 지나가서 돌이킬 수 없고, 미래는 이어져 오지만 그때는 또 그때 할 일이 있기 때문에 그날의 일은 그날에 하라는 것. 삶은 다른 것이 없다. 그저 주어진 시간을 묵묵히 성실하게 살아낼 뿐이다. 오늘 여기, 이 평상의 자리에서 자기 몫을 하면 된다. 생각을 바꿔야겠다는 마음이 일어났으면, 그 순간 바꾸면 된다. 그리고 생각을 바꾼 대로 일상을 꾸리면 된다. 그것이 삶의 참모습이다. 내일로 미루면 영원히 생각을 바꿀 수도 삶을 바꿀 수도 없다.

3. 일용의 떳떳함 속에 하늘의 법칙이 있다

혜환에게는 일상적인 삶이 중요했다. 거창한 이념이나 진리는 삶 너머에 있는 것, 어찌 보면 삶과 무관한 추상적 가치일 뿐이다. 혜환은 매일 매일을 채워 가는 삶의 과정에 의미를 두었다. 그래서 혜환의 글에서는 특별할 것 없는 평범한 사람들이 주인공이다. 혜환은 아주 뛰어난 존재들의 특별한 삶이 아니라, 극히 평범한 존재들이 한결같이 꾸려 나가는 일상적인 생활에 주목한다.

혜환 주변에 있었던 이들 주인공은 비명에 간 젊은 열부이거나 세속적 명예나 지위를 한 번도 누려 보지 못한 시정 사람들이다. 세상에 드러날 만큼 혁혁한 인생을 살지는 않았지만 혜환은 그들이 세속적 명예를 가진 인간과는 다르게 진정한 삶의 가치를 보여 준 점을 높게 평가했다. 평범성 속에 존재하는 진정한 인간 가치의 발견은 이용휴의 신념에 속했다.(안대회, 「이용휴 소품문의 미학」)

> 이른바 행行과 덕德이란 것은 반드시 현격하게 뛰어나거나 놀랄 만큼 폭발적인 일만이 아니라 오직 일용하는 떳떳한 일에 백성의 떳떳함과 하늘의 법칙이 실로 그 가운데 있는 것이다.(「증정 부인 파평 윤씨 묘지명」贈貞夫人坡平尹氏墓誌銘, 『혜환 이용휴 산문 전집』 상권, 139쪽)

우리는 덕행이라 말하면 아주 특별한 행위를 통해 드러나는 것이라 상상한다. 그러나 혜환은 일용의 떳떳한 일 가운데 덕행이 있다고 한다. 평범한 사람들이 매일매일 치러 내는 생활의 현장 그곳에서 덕행을 찾을 수 있다. 덕행은 하늘에서 내린 천재적 능력도 아니고, 어떤 한 가지 뛰어난 일로 갑자기 드러나는 행위도 아니란 것이다.

혜환의 글에 기록된 사람들의 행위는 놀라울 정도로 폭발적이지 않다는 것이 특징이라면 특징이다. 그런데 혜환은 잔잔하고 일상적인 이들의 행위가 변치 않고 한결같이 이어졌다는 사실에서 그 가치를 찾는다. 덕행은 특별하고 뛰어난 이들이 지닌 독보적 능력이 아니다. 덕행은 모든 사람에게서 찾을 수 있는 일상의 능력이다. 덕행은 성실하게 일상을 살아 낸 사람들이라면 누구든 간직하고 있다. 다만 누군가 기록하지 않아 전하지 않을 뿐이다. 그래서 혜환은 빈부귀천을 막론하고 누구나가 가지고 있는 변함없는 성실한 행위들을 기록했고 이들의 행위를 영원히 전해 주었다.

> 시서를 배우지 않았고, 명예를 탐내지 않았으나, 허씨 집 딸은 시부모를 잘 섬겼도다. 가려우면 긁어 드렸고, 요강도 깨끗이 씻어 드렸으며, 맛있는 음식으로 봉양하였고, 잿물로 빨아 바늘로 꿰매었도다. 평생토록 고통으로 여기지 않고 달게 여겼으니, 이것은 한결같이 힘을 다하고 뜻을 기른 것으로 아녀자 중에 증심曾參이라 할 수도 있다. 비녀를 꽂은 여자로서 이와 같이 할 수 있었으니 갓을 쓰고 수염이 난 자들을 일깨울 만하도다.(「효부 허씨찬」孝婦許氏贊, 『혜환 이용휴 산문 전집』 상권, 39쪽)

18세기에 부인들의 행적이 기록으로 남으려면, 아픈 남편이나 시부모를 위해 단지斷指하여 피를 내거나, 허벅지 살을 베어 먹이는 행동 정도는 해야 한다. 그러나 혜환이 입전入傳한 허씨 부인은 다르다. 허씨 부인은 잘 배우지도 못했고, 특별히 내세울 것도 없는 평범한 아낙네다. 혜환은 허씨 부인의 덕행을 시부모 잘 섬기는 데서 찾았다. 그런데 가려우면 긁어 드리고, 요강을 깨끗이 씻어 드리고, 맛있는 음식으로 봉양하고, 잿물로 옷을 빨아 해진 곳을 꿰매 드린 것이 덕행의 전부다. 그럼에도 허씨 부인의 행위를 기린 것은 그가 기껍게 한결같이 시부모를 성실하게 봉양했기 때문이다. 혜환은 이런 일상이 그 사람을 판단하는 진정한 척도가 될 수 있다고 보았다. 어느 한순간의 뛰어난 행위도 기억할 만하지만, 혜환에게 더 중요한 건 평생을 성실하게 살다 간 여인들을 기억하는 것이었다. 아마 허씨 부인만 이렇게 살지는 않았을 것이다. 18세기의 많은 여성들이 이렇게 살았을 것이다. 보잘것없고 별 볼 일 없는 아낙네들이지만, 자기 자리를 지키며 꿋꿋하고 당당하게 아내이자 며느리로서 평생을 보냈을 것이다. 혜환은 이 평범함을 진짜 진기함이라 여겼다. 많은 사람들이 다 그렇게 생활하니 쉬운 것 같지만, 사실 그 한 사람 한 사람, 얼마나 열심히 분투하며 살았겠는가?

박사중은 자가 여집汝執으로 반남 사람이다. 그의 부친 필윤이 이웃 사람에게 살인을 했다는 모함을 받아 옥에 갇힌 지 오래되었는데, 말이 여러 차례 바뀌어 일이 장차 예측할 수 없게 되었다. 박사중이 혈서를 써서 원통한 사정을 아뢰고자 하여 두루 왼쪽 다섯 손가락을 깨물었지만 피가 나지 않았다. 가슴을 두드리고 크게 통곡을 하며 하늘을 향해 네 번 절하고 다시 두루 오른쪽 다섯 손가락을 깨물었더니 다섯 손가락 모두에서 피가 나왔다. 손가락으로 글자를 썼지만 잘 되지 아니하자 곧 붓을 찾아 피에 적셔서 글을 썼다. 수십 수백 자를 썼는데 한 글자마다 피눈물이었다. 박사중이 글을 끌어안고 형부에 들어가 통곡하면서 절을 하니, …… 상감이 서글프게 여겨 …… 혈서를 쓴 아이의 나이가 몇 살인지를 물었다. 신하들이 대략 십 세 남짓이라고 대답하니 임금이 오래도록 찬탄하고, 유배를 멀리 보내지 않아 부자로 하여금 서로 만나보게 하였다. …… 외사씨는 말한다. "옛날 방희직 선생은 글을 올려 아비의 원통함을 아뢰어 감형을 받았고, 효의 곽랑은 신령께 자기 몸으로 어머니를 대신하기를 호소하여 병이 낫게 되었다고 하는데, 지금 박사중의 행실도 이와 비슷하다. 그러나 박사중의 나이가 어렸으니 일찍이 옛날에 이런 일이 있었다는 것을 몰랐을 것이다. 만약 흉내 내어 계획했다면 이는 이름을 파는 짓이니, 어찌 박사중이 될 수 있겠는가?"(「박사중전」朴師仲傳, 『혜환 이용휴 산문 전집』 상권, 59~61쪽)

사람이 지상에 태어나면 곧 입으로 먹게 되니, 이것은 태어난 후 최초의 몸을 꾸려 나가는 계획이다. 그런데 음식은 밭 가는 것을 따라 얻는 것이니, 이것은 가장 급한 작용이다. 다만 그저 먹기만 하고 배우지 않으면 곧 쪼는 새나, 새김질하는 짐승과 다를 것이 없다. 그러므로 또 반드시 독서하여 이치를 궁구하는 것이니, 이것이 가장 큰 공과이다. 비록 그렇기는 하나 현달하여서 위에 있는 자들은 조정에서 계책을 세우느라 밭 갈 겨를이 없고, 궁하여 아래에 있는 자들은 밭과 들에서 일하느라 또한 배울 겨를이 없다. 오직 힘을 본업에 써서 이 일에 뜻을 독실하여야 하는데, 사민四民 가운데 이 두 가지에 겸하여 능한 사람은 우리 친구 남처사가 곧 그 사람이다. 처사는 선대에게 물려받은 밭이 있어서 몸소 씨를 뿌리고 수확을 하여 아침 저녁을 댔으니 사문이 가르쳐 준 것이 있으므로 입으로 스스로 읽고 외워 자손에게 가르치며 말하기를 '이는 옛사람이 궁경躬耕하고 설경舌耕하는 뜻이다'라고 하였다. 드디어 취하여 그가 사는 집의 이름으로 삼았다. 아, 처사의 세대에 전답은 밭두둑에 이어졌고 서가에는 만 축의 책이 꽂혀 있었는데 수십 년이 안 되어 이미 남은 것이 없게 되었다. 그 까닭을 물으니 '도박이 아니면 주육酒肉이다'라고 하였다. 그러한데도 처사의 하는 일이 옛날과 같았으니 힘쓸 것을 아는 분이라고 말할 수 있다.(「이경와기」二耕窩記, 『혜환 이용휴 산문 전집』 상권, 260쪽)

윗글들의 주인공 박사중과 남처사도 내세울 것 없는 한미한 존재지만 특별한 삶을 살았다. 조금 충격적이라면 박사중은 열 살의 어린 아이로 혈서를 써서 살인 누명을 쓴 아버지를 구명했다는 점이다. 그러나 혜환은 이 글에서도 열 살 아이의 아이다움을 보여 줄 뿐이다. 손가락을 깨물어 혈서를 쓰는 아이, 놀랍긴 하지만 혜환은 그 영웅적 면모에 관심을 두지 않는다. 누가 시켜서도 아니고 아버지를 구하겠다는 절박한 아이의 마음이 혈서를 쓰게 했다는 것. 아이는 손가락을 깨물어 피를 내는 데 능숙하지 않다. 겁도 났을 테고. 처음 손가락을 깨물었을 때는 피가 나오지 않았다. 이런저런 마음이 뒤섞여 통곡하며 손가락을 깨물고, 피가 나왔지만 흐르지 않

으니 붓에 적셔서 탄원서를 쓰는 모습을 아주 구체적이고 현실적
으로 그려 냈다.

두번째 글, 남처사의 이야기 또한 한미한 백수 선비의 생활에
관한 것이다. 남처사는 농사도 짓고, 책도 읽는다. 그야말로 주경야
독晝耕夜讀! 18세기, 조정에 나아가지 못하는 선비는 생계를 도모해
야 했다. 그러니 체면을 버리고 반은 농부로 살아야 했다. 남처사는
자격지심 같은 것이 없었다. 열심히 밭 갈고 씨 뿌리고 수확하여 아
침저녁을 대었고, 성실하게 공부하여 자손에게 가르쳤다. 남처사의
말처럼, 몸으로 밭을 가는 궁경窮耕과 혀로 밭을 가는 설경舌耕에 소
홀하지 않았다. 누구 때문인지는 알 수 없지만 도박과 주색잡기로
가세가 기울어졌는데도 원망하지 않고 여일하게 궁경하며 설경하
는 남처사의 모습이 곧 남처사의 덕행임을 말한다. 그리고 궁경과
설경二耕을 자기 집 이름으로 삼은 남처사에 부응하여 혜환은 기
문을 지어 주었다.

궁경과 설경으로 매일을 살아야 하는 고된 선비의 생활, 남처
사는 불평하지 않았다. 자기에게 주어진 천명이라 여기고 묵묵히
걸어갔다. 야망은 없지만, 자신과 가족을 지키는 남처사에게서 우
리는 생활인의 위대함을 본다. 드라마 〈미생〉의 회사원들처럼. 혜
환의 글은 그래서 미시사다. 땅에 발붙이고 있는 사람들에게 렌즈
를 맞추고, 그들의 매일을 디테일하게 드러냈다. 그래서 혜환의 글
은 잔잔하면서 감동적이고, 미소 짓게 하면서 찡하게도 한다.

혜환의 글에는 삶의 기술이 담겨 있다. 그럴듯한 관직이 없어

도, 부자가 아니어도, 위대한 업적을 내지 않아도 우리 모두는 삶의 주인이 되어야 한다. 백수여서 불행한 것이 아니라 백수로도 충분히 행복하게 살 수 있다. 그 행복은 다른 데 있지 않다. 삶의 이치를 터득하여 자신의 운명을 긍정하는 것, 누구에 기대지 않고 자신이 하고 싶은 대로 성실하게 사는 것. 이것만이 자신을 살리는 길이다. 혜환은 백수의 길에서 터득한 인생의 이치와 삶의 기술을 글로 전했다. 혜환은 백수여서 오히려 다양한 사람과 만나고 경계 없이 사유하며 독창적인 글을 쓸 수 있었다. 그리고 진짜 그답게 살 수 있었다. 어디에도 매이지 않았기에 누구처럼 살 필요도 누구처럼 쓸 필요도 없었다. 그래서 백수는 기회다. 무엇도 될 수 있고 무엇도 할 수 있는.

혜환이 들려주는
아주 특별한 레퀴엠

겨울의 초입, 낙엽이 바람에 이리저리 흩어진다. 자연의 이치상 생장소멸生長消滅을 겪지 않는 존재는 하나도 없건만, 소멸에 관한 한 남다른 감정이 일어나는 건 어쩔 수가 없다. 그중에서도 가까운 이들의 죽음은 우리를 더욱 힘겹게 한다. 다시는 함께할 수 없기에 담담할 수가 없는 것이다.

그래서 옛사람들은 제문祭文을 지어 죽은 이를 추모하며 작별의 인사를 나눴다. 제문을 낭독하며 죽은 이들의 영혼에 말을 건네고, 그들의 장도長途를 위무했던 것이다. 물론 제문에 애도만 담지는 않았다. 죽음을 통해 오히려 삶을 말하는 양식이 제문이었다. 죽은 이들이 묵묵히 레테의 강을 건널 때, 그들의 삶을 기억하고 간직하는 행위는 온전히 산 자들의 몫이었기 때문이다.

그러니 슬픔을 다하면서도 특별한 그 사람이 드러나야 하므로 제문의 글쓰기는 결코 쉬운 일이 아니었다. 그러나 애도의 글이라는 제문의 특성상 문체나 내용의 파격은 쉽사리 허용되지 않았다. 더구나 의례에 쓰이는 글이니, 격식을 따져야 하므로 글의 양식 자체가 폐쇄적일 수밖에 없는 것이다. 그런 까닭에 제문마다 그 형식과 내용은 크게 다르지 않았다. 추모하는 이들의 슬픔은 남다르지만 형식과 내용은 오히려 천편일률이었다. 가까운 이가 아니라면 공명하기 어려운 글이 제문이었다.

18세기의 혜환 이용휴는 이 제문에 개성을 불어넣었다. 혜환은 "세상에서 남들이 조문하는 상투적인 말로 떠나는 이들의 귀를 번거롭게 하지 않기" 위해 가슴에서 우러나오는 글을 쓰고자 했다. 슬퍼하더라도 그 사람에 맞게 슬퍼야 하고, 기억하더라도 온전히 그 사람의 그 사람다움을 기억하는 글! 혜환에게 제문은 이렇게 써야만 하는 것이었다. 떠나는 이들의 삶은 지극히 평범했지만, 혜환은 그 평범한 사람들의 남다른 개성을 남김없이 반추했다. 그래서 고인을 알지 못하더라도 혹은 그와 가까운 이가 아니더라도 모든 이들이 혜환의 제문에 공명할 수 있었다.

내가 알기로 혜환은 연암 박지원과 더불어 제문의 글쓰기에 있어서 단연 최고이다. 혜환과 연암 박지원의 제문은 두 사람의 개성이 다른 만큼 그 분위기와 표현 또한 매우 다르다. 혜환이 제문의 글쓰기에 온기를 불어넣었다면, 연암은 그를 이어받아 현장에서 느낄 법한 그 미세한 감정의 파동을 잡아내었다. 그래서 이 두 사람의 제문을 읽으면 쓰는 이의 마음에 빠져들고, 죽은 이의 삶 그 자체를 온전하게 느끼게 된다.

1. 담담한 글쓰기, 더 깊은 슬픔!

본 적도 없고 들은 적도 없는 한 노인을 이해하게 만드는 혜환의 글쓰기는 극도로 간결하고 응축되어 있어서 정말 놀랍다. 총 88자로 이루어진 제문을 통해 우리는 정수노인을 만난다. 정수노인의 삶이 참으로 담담하게 묘사되어 있다. 그와 더불어 제문도 참으로 담박하다. 담박해서 오히려 여운이 더 오래간다. 아주 짧게 이야기했는데도 불구하고 어떤 이의 삶 한 자락을 오래도록 서성이며 그 삶을 반추하게 되는 이 역설이 혜환 제문의 특징이다.

> 모년 모월 모시에 정수노인을 장사 지내려 합니다. 일가 중에 아무개가 술잔을 들어 마지막 인사를 고합니다. "공은 세상에 계실 때에도 세상을 싫어하셨지요. 지금 돌아가시는 곳에서는 먹고살 걱정을 할 필요 없고, 혼례나 상례를 치를 일도 없습니다. 맞이하고 문안 올리며, 절하고 읍하며, 편지를 보내고 소식을 묻는 예의를 차릴 일도 없습니다. 권세에 따라 빌붙거나 푸대접할 일도 없고, 옳고 그름을 따질 일도 없습니다. 그곳에는 맑은 바람과 밝은 달, 들꽃과 산새들만 있습니다. 공은 이제부터 오래도록 한가롭게 지내실 겁니다. 공의 마음을 꿰뚫은 말이

라 여기시고, 고개를 끄덕이시겠지요. 상향尙饗."(「세상을 싫어한
그대, 한가롭게 지내시라 : 정수제문」祭靜叟文, 『낭송 18세기 소품문』,
94쪽)

아마도 정수노인은 평생 가난하면서 분주하게 살아왔음에 틀
림없다. 의식주를 해결하고, 경조사를 챙기고, 빈객을 접대하고, 세
상의 이런저런 시비 다툼에 시달리며 한시도 편한 적이 없었을 것
이라 짐작된다. 짧은 말 속에 정수노인의 신산한 삶이 다 드러나고,
혜환이 느끼는 그 안쓰러움까지 낱낱이 전달된다. 간결하지만 모
든 것을 응축했다. 삶의 편린들을 낱낱이 열거하지 않아도 정수노
인의 살아온 세월이 파노라마처럼 지나가고, 켜켜이 얽힌 감정들
이 남김없이 전해진다.

　　죽은 다음에야 한가할 수 있는 인생, 그 삶이 어떠했을지 이 한
마디 말로 다 전달된다. 죽은 이후에야 맑은 바람과 환한 달빛, 들
꽃과 산새들을 즐길 수 있는 삶. 이 세상보다 나은 저 세상. 죽어서
라도 제발 편안하기를 바라는 혜환의 간절함이 읽는 이들을 숙연
하게 만든다. 슬프다는 말 한마디도 내보이지 않았건만, 가슴 한편
이 아려온다. 우리의 삶 또한 그렇지 않은가? 삶은 늘 분주하고 죽
은 다음에야 쉴 수 있는 것, 그것이 인생이다. 혜환은 이 제문을 통
해 정수노인뿐 아니라 우리 모두를 어루만진다.

　　혜환은 친구 유처사가 뜻하지 않게 죽었을 때 이렇게 말했다.
"사람의 수명은 백 년으로 정해져 있으니, 사랑하는 사람들은 이 사

실을 굳게 믿거나 혹은 더 살기를 바란다. 그러다 갑자기 어긋나는 일이 생기면, 목 놓아 통곡하지 않을 수 없다."(「오랫동안 함께한 친구를 보내며 : 화교 유처사 제문」祭花郊柳處士文, 『낭송 18세기 소품문』, 100쪽) 갑작스런 죽음은 다 슬픈 일이지만, 젊은 사람의 죽음은 더 애통하기 마련이다. 황맹년이란 이가 스물여덟 살에 죽었다. 혜환 또한 말할 수 없이 슬펐을 것이다. 그러나 혜환은 아주 담담하게 황맹년을 기렸다.

모든 사물은 출생은 때로써 하고 멈추는 것은 한정으로써 한다. 누에는 봄에 늙고 보리는 여름에 죽는다. 누에는 잠을 자서 실이 되고, 보리는 이삭이 빼어나서 열매가 되면 그 일은 이미 완성된 것이다. 사람도 또한 그러하다. 힘을 다해 어버이를 섬기고, 과거에 올라서 조정에 서면, 사람의 일은 대략 이미 다한 것이다. 그렇다면 황맹년 군의 죽음은 요절이 아니라, 대개 그 직분을 다하고 떠난 것이다. 비록 그러나 28년 사이에 스스로 친척과 붕우들 중에 허여許與하는 사람들이 있어 그가 영영 떠나가 돌아올 수 없는 것을 생각한다. 들어가 영결을 하여 곡하고 또 그 소리를 써서 애사를 지었다. 책을 펴서 한 번 읽어 보면 마치 가을 산에 들어갔을 적에 잎이 울고 샘물이 목 메이는 것과 같아 무한한 처량함을 이루게 되니 슬프도다!(「정자 황맹년의 애사권의 뒤에 쓰다」題黃正字孟年哀辭卷後, 『혜환 이용휴 산문 전집』 상권, 145쪽)

황맹년이 비록 28세의 젊은 나이에 지고 말았지만, 할 일을 못하고 죽은 것은 아니다. 주어진 시간 동안 완전하게 살다가 갔다. 그 삶이 완전하지 못해 슬픈 것이 아니다. 다만 그와 허여했던 이들이 그를 다시 만나지 못하니 슬플 뿐이다. 요절했다고 생을 다 살지 못했다고 생각하면 안 된다. 어떤 이는 인생의 2막까지만 살고, 어떤 이는 5막까지 산다. 그러나 누구의 삶도 완전하지 않다고 말할 수는 없다. 2막도 완전하고, 5막도 완전하다. 다만 다른 사람보다 길게 볼 수 없어 참으로 슬프다. 혜환의 슬픔은 각도가 다르다. 삶과 죽음을 대하는 시선이 다르기 때문이다. 삶과 죽음은 모든 자연이 겪는 절차다. 짧고 길다는 차이가 있을 뿐이다. 그러므로 요절을 한스럽게 여기면, 황맹년의 인생이 불쌍해 보이지 않겠는가? 혜환은 죽은 이의 삶을 담담하게 드러내되, 보내는 자의 슬픔에는 깊이 공명했다.

2. 완전한 삶, 완전한 죽음

혜환의 제문에는 애도가 담겨 있지만, 애도보다 더 중요한 것은 삶에 대한 기억이다. 삶을 어떻게 살았느냐에 따라 죽음을 보는 시선이 달라진다. 삶이 완전하면 죽음도 완전하다. 여한 없이 살다간 인생이라면, 그 죽음에도 여한이 없는 것이다. 그렇기에 혜환은 여한 없이 살다간 사람들과 경쾌하게 이별했다. 작별은 슬프지만 영혼의 발걸음은 가벼울 것이기 때문이다.

아! 처사處士가 떠나니 세상은 말세가 되었고 풍속은 경박해졌
다. 어째서인가? 예스럽고 질박한 사람이 없기 때문이다.

처사는 태어나 60여 년을 살았는데, 하루도 잘 차려진 음식을
먹지 않았고, 화려한 옷을 입지 않았다. 밭은 반 무[畝]도 없었고
재산은 몇 푼 되지 않아 곤궁함이 매우 심했다. 그러나 염탐을
잘 하는 자들도 처사가 자리를 구걸하거나 부탁하는 것을 보지
못했다. 뜻을 달리하는 자라도 굽신거리고 아첨한다고 비방하
지 못했다. 이것을 보면 처사가 어떠한지 알 수 있도다.

황강荒江의 굽이에 흙집이 있으니, 깨진 옹기로 들창을 내었고
지붕에는 풀이 솟아 있었다. 그러나 아버지는 자애롭고 아들은
효성스러우며, 남자는 책을 읽고 여자는 길쌈을 했다. 주어진
처지에 만족하며 본분을 지켰으니, 부유하고 존귀하되 부끄러
운 마음으로 이마에 땀이 나는 자와 견주어 본다면 어떠한가?
처사의 묘소는 그 집과 연기가 통하고, 닭 우는 소리·개 짖는 소
리가 들린다. 집에서 묘소까지의 거리는 매우 가까워 마루에서
방으로 가는 거리이다. 풍수가의 말에 현혹되어 비바람이 몰아
치고 여우·살쾡이 울부짖는, 빈산이나 황량한 들판에 묘를 쓰
는 것보다 훨씬 낫다.

아! 흰 망아지가 지나가고 누런 조밥이 다 익었으니, 처사는 행
장을 꾸려서 떠날지어다.(「만족한 삶, 편안한 죽음 : 외사촌 조처사

춘경 제문」祭表從趙處士春卿文, 『낭송 18세기 소품문』, 92~93쪽)

  제문의 주인공 조처사도 예외 없이 빈한하고 청렴하다. 보잘것
없는 흙집에다 돌보지 않아 잡초까지 무성한 그런 곳에 거처하면
서도 가족끼리 화목하여 남부러울 것이 없다. 조처사는 부끄러울
일도 없고, 걱정도 없이 그렇게 평온하게 인생을 살다 떠났다. 물론
가난하여 명당에 산소를 마련하지 못했지만, 집 가까이에 묘소가
마련되어 죽어서도 여전히 가족들과 함께할 수 있게 되었다. 이 얼
마나 행복한 삶이요, 죽음인가? 미련을 가질 일이 그 무엇 하나 남
아 있지 않다.

  슬픔보다 경탄이 가득한 이 제문은 그 울림 또한 남다르다. 제
문이 죽은 이를 위로하는 레퀴엠이자 산 자들에게 들려주는 삶의
이야기라면, 제문이라고 늘 슬픔을 자아내야만 하는 것일까? 혜환
의 제문을 읽다 보면 그런 생각이 든다. 제문이 남은 자들에게도 위
로가 되는 의식이 되려면, 그 완전한 삶을 기억하며 그렇게 살아 낼
힘을 줘야 하지 않을까?

  한 편만 더 읽어 보자. 혜환의 제문에는 온기가 흐른다. 죽음을
너무나 자연스럽게 서술하여 이 제문은 오히려 송축문처럼 보인
다. 이 제문의 주인공 김명로군은 50년을 살다 갔지만, 100년을 산
것과 맞먹는 생을 누리다 갔다. 조물주는 공평하여 100년을 산 것
처럼 50년을 살았기 때문에 수명을 더 주지 않았다. 100년을 살았
으면 200년을 사는 사람처럼 생을 누렸을 테니 평등한 조물주의 입

장에서 그럴 수 없었다는 것이다. 제문이 참으로 유쾌하다. 김명로
군의 삶이 즐거웠으니 제문도 경쾌하다. 이렇게 혜환의 제문은 파
격적이다. 그렇다고 죽은 이를 보내는 혜환의 마음이 슬프지 않은
것은 아니다. 예우를 다해 후배와 작별하는 혜환의 마음은 말로 다
할 수 없이 슬프다. 그러나 혜환은 김명로군의 살아온 시간을 제대
로 드러내야 진짜 애도라 생각했기에 그의 삶의 즐거움을 함께 즐
거워했다.

아! 그대는 인륜人倫을 지킴에 성실했고, 신의를 지킴에 한결같
았다. 가슴에 담을 치지 않았고, 입으로는 나쁜 말을 하지 않았
다. 선한 일을 해도 이름이 나기를 바라지 않았고, 은혜를 베풀
면서도 보답을 바라지 않았다. 그대가 남모르게 닦은 품행을 조
물주는 기억하여, 등급을 매길 때 최상의 점수를 주고, '군자'君子
라 칭할 것이다. 내가 어떻게 알았겠는가? 손태孫泰와 왕공겸王公
謙의 일을 통해 알았노라.

아! 사람이 백 년을 살면 최고의 수명[上壽]을 누렸다고 일컫는
다. 그대의 집은 안락하였고, 그대의 가족은 화목하였다. 부인은
음식을 잘했으니 궁궐의 요리사 부럽지 않고, 아이들은 책을 잘
읽었으니 악기 소리를 대신할 수 있었다. 이렇게 다 갖췄는데
백 년의 수명을 다 채운다면, 다른 사람이 백 년을 산 것과 비교
할 때 두 배를 더해 이백 년을 사는 셈이다. 세상에 어찌 이럴 수
있겠는가? 백 년에서 절반을 덜어낸 것은 조물주가 긴 것은 자

르고 짧은 것은 늘려서 평등하게 하려는 뜻이다. 달관한 사람이라면 편안하게 받아들이리라.

나는 곤궁한 처지의 늙은 선비지만 그대는 나를 높이 받들어 공경했고, 그대는 까마득한 후배지만 나는 그대에게 예의를 다했다. 우리는 사랑하고 좋아하는 마음이 똑같았다. 그대를 잃으니 슬픔이 마음 저 깊은 곳에서 밀려온다. 하여, 제사 지내는 상투적인 말로 그대의 귀를 어지럽힐 겨를이 있겠는가.(「오십 년을 백 년처럼 살다 간 그대 : 김명로 제문」祭金君溟老文,『낭송 18세기 소품문』, 95~96쪽)

혜환은 큰 욕심이 없었다. 그리고 욕심 없는 사람들의 삶을 찬미했다. 김명로군은 더할 나위 없이 완벽한 생을 살았다. 50년간 부족함 없이 할 것을 모두 했다. 완벽한 인생의 기준은 물론 세상 사람들이 생각하는 방향과는 전혀 다른 것이었다. 소박하지만 베풀 줄 알고, 선행을 하면서도 보답을 바라지 않아야 완벽한 것이다. 혜환은 김명로군을 군자라 말했지만 그는 도가의 지인至人에 가까운 삶을 추구했다. 여기에 아이들의 독서 소리는 음악처럼 들리고, 부인의 음식 솜씨는 궁궐 음식 부럽지 않으니, 더 보태려야 보탤 게 없는 인생이었다. 그러니 50년을 살아도 완전하게 살았다고 말하는 것이다. 그래서 그 죽음도 완전할 수밖에 없다. 그렇게 살다 그렇게 죽었으니 다른 이를 조문하는 의식처럼 상투적인 애도에 그칠 수 없는 것이다.

그리하여 혜환은 후배에게 아주 특별한 레퀴엠을 들려주었다. 슬픔과 비통 어린 레퀴엠이 아니라 축복 가득한 레퀴엠. 진한 아쉬움 속에 우리들의 삶이 그렇게 이어지기를 바라는 위무의 노래. 혜환은 이렇게 제문을 통해 우리들에게 삶을 선사했다. 삶에서 가장 중요한 것을 챙겨 주었다.

혜환의 제문이 특별한 것은 죽은 이를 알지 못한다 해도 그의 삶에 공감할 수 있게 한다는 점이다. 제문의 격식을 파괴함으로써 제문이 더 제문다워질 수 있었던 것이다. 시대를 뛰어넘는 보편성을 가지면서도 각 삶의 개별성을 완벽하게 전할 수 있었던 것은 순전히 혜환의 이 파격 덕분인 것이다.

친구들에게 전하는
일상의 정치학

1. 글로 하는 정치!

혜환 이용휴는 천생 문장가로 살았지만, 그는 늘 정치적이었고 언제나 정치에 참여하고 있었다. 정계 진출을 꿈꾼 적도 없고, 현실정치에 대해 발언한 적도 없는 혜환이 정치에 참여했다고 말하면 상당히 모순되지만, 그의 글을 읽어 보면 그가 정치적이지 않았던 적은 한 번도 없었다고 말해도 지나치지 않다.

혜환은 자기가 할 수 있는 선에서 최대한 정치에 참여했다. 혜환은 문장가의 입장에서 '글로' 정치를 했다. 다만, 혜환의 방식은 경세가인 숙부 성호 이익처럼 정치·사회·경제 분야에서의 제도 개선이나 행정 개혁을 직접 논의하는 것과는 달랐다. 혜환은 '목민牧民의 정치학'을 간접적으로 실천했다. 혜환 자신이 목민관으로 재직

한 바 없지만, 지방 수령이나 현감을 제수 받아 떠나는 친구들에게 아주 간절하게 '목민'의 정치를 당부함으로써 정치에 참여하고 정치를 실천했다.

2. '목민관'에 대한 새로운 발견!

혜환 이용휴는 멀리 떠나는 친구들을 전송할 때 주는 '서문'序文 형식의 글을 많이 썼는데, 이중 대다수는 지방관으로 임명된 친구들에게 준 것이었다. 예전에 사대부들은 친지나 친구가 타지로 떠나갈 때 보통 전별연餞別宴을 마련하여 서로 시를 주고받으면서 이별의 의식을 치렀다. 그리고 전별연에서 주고받은 글을 모아 시집을 내면서 여기에 머리말을 붙이는데, 그 머리글을 서문이라 일컬었다. 전별연 시집의 서문은 책의 머리말이기는 하지만 주로 이별의 안타까움과 함께 덕담이나 당부의 말을 담아서 건네는 형식의 글이다. 이 송별의 서문은 시와 상관없이 독자적인 글로 전달되는 경우도 많았다.

혜환은 낙척落拓한 남인의 후예이고 백수 선비였던지라 지인들이 중앙의 요직이 아니라 지방 외직을 맡아 떠나는 경우가 더 많았다. 실제로 혜환의 지인들 중 가장 높은 지위에 오른 이는 채제공蔡濟恭 한 사람 뿐이었던 듯하다. 사실 18세기 남인들을 통틀어 채제공만큼 요직에서 승승장구한 사람은 없었다. 혜환의 글에도 채제

공을 전송하며 쓴 서문이 있는데, 이때 채제공은 나름 "지극히 존귀한 지위"(「채사도가 관서의 관찰사로 나가는 것을 전송하는 서문」送蔡司徒出按關西序, 『혜환 이용휴 산문 전집』 상권, 114쪽)인 관서지방의 방백을 임명받아 떠나는 중이었다. 그리고 나머지 서문의 주인공들은 작은 마을의 수령이나 현감을 제수 받은 경우가 대부분이었다.

혜환과 그의 지인들이 실제로 체감하고 실현할 수 있는 정치의 현장은 중앙 조정이 아니라 지방의 고을이었다. 국가 전체의 정치와 행정을 관리하는 중앙 관직은 이들과 관계가 멀었다. 이들에게 주어진 자리는 백성들의 생활을 가장 가까이에서 관리해야 하는 지방 수령이 거의 전부였다.

지방 수령은 원칙대로 말하자면 '목민관'이지만, 현실적으로 보면 지방 한직에 불과한 자리였다. 그러니 지방직을 제수 받아 떠나는 사람은 마음이 편안하지 않았다. 작은 마을의 수령에 임용된 경우는 더욱 심했다. 목구멍이 포도청이라 마지못해 가는 사람들도 허다했다. 돈 없고 줄 없는 혜환의 지인들이 맡을 수 있는 역할은 이렇게 작은 관직에 불과했다.

그러니 지방으로 떠나는 이들을 전송하는 사람들의 마음은 어떠했을까? 지방 관리로서의 장도壯途를 마냥 축하할 수 있는 기분은 아니었을 것이다. 그런데 혜환은 다르게 반응했다. 지방 수령의 본래 의미를 상기함으로써 수령을 한직이라 여기는 사람들에게 시원하게 하이킥을 날렸다.

국내의 읍성邑城은 모두 330개인데, 고을마다 수령이 있다. 이 330명의 수령은, 성명聖明하신 군주께 재능을 인정받아 백성과 사직을 맡은 사람들이다.

나의 벗 정기백丁器伯 군은 알성시조선 시대, 임금이 문묘에 참배한 뒤 성균관에서 실시하던 과거에 선발되어 오산烏山: 전라남도 화순의 수령을 제수받았다. 오산은 서울과의 거리가 800리나 되는 먼 곳이다. 서울은 비유하자면 해와 같으니, 해와 가까운 곳은 쉽게 따뜻해지고 쉽게 밝아진다. 해와 멀리 떨어진 곳은 햇살의 따뜻한 힘과 촛불의 밝은 힘을 빌려야 한다. 그대는 햇살이자 촛불과 같은 존재이니 힘쓸지어다.

무엇 때문에 수령을 두는가? 백성들이 하고자 하는 바를 얻게 하려는 것이다. 그렇게 하지 않고, 수백 수천 가구의 백성들을 이용해 자신을 기르는 데만 힘쓴다면, 옳다고 할 수 있겠는가? 『재상수령합주』宰相守令合宙: 명나라 오백여(吳伯與)가 편찬는 세상을 다스리는 일에 관한 책인데, 그대는 읽어 본 적이 있는가? 그 책을 읽어 보면, 정신과 기맥이 서로 통하고 합해져야 살 수 있듯, 수령과 백성이 서로 통하고 합해져야 다스려진다는 것을 알 수 있다. 수령은 백성에게 더욱 중요하고 더욱 가까운 존재이니, 관직이 낮고 녹봉이 적다고 해서 스스로 가볍게 여겨서는 안 될 것이다. 아! 어떤 사람에게 한 광주리의 누에를 받더라도 잘못될까 두려워 정성껏 기르거늘, 어린 자식 같은 백성들은 어떻게 해야 하겠는가?

그대는 한결같이 바른 도만을 따르고, 사사로운 욕심에 빠지지 말라. 백성은 백성의 근본으로 돌아가게 하고, 아전은 아전의 근본으로 돌아가게 하며, 관리는 관리의 근본으로 돌아가게 한 뒤, 잘 다스려졌다고 조정에 보고하라.(「수령은 햇살이요 촛불이라 : 오성의 임지로 가는 정사군을 전송하며」送丁使君之任烏城序, 『낭송 18세기 소품문』, 76~77쪽)

이 서문의 주인공 정기백은 다산 정약용의 아버지인 정재원丁載遠(1730~1792)이다. 정재원은 수령으로 임명받아 서울에서 800리나 떨어진 오산으로 부임하려는 참이다. 혜환은 서울에서 멀리 떨어진 곳으로 가는 정재원에게 수령의 의미를 상기시키며 백성을 위해 제대로 일할 것을 주문했다. 수령은 임금이 직접 다스릴 수 없는 곳을 대신해서 다스리기 위해 마련한 직책이다. 임금의 은택을 두루 미치게 하는 전령사가 바로 수령인 것이다. 수령이 있어야만 먼 곳의 백성들도 하고자 하는 바를 이룰 수가 있다. 마치 "고을과 나라의 관계는 혈맥血脈과 몸의 관계와 같다. 아주 미미할지라도 혈맥에 병이 들면 몸이 편안하지" 못하게 된다.(「하루를 살아도 하루의 책임을 다하라 : 이유문이 도강의 임지로 가는 것을 전송하며」送李幼文之任道康序, 『낭송 18세기 소품문』, 78~79쪽) 이렇게 되면 한 고을의 수령은 한 국가의 임금과 같은 역할을 하는 것이다. 이런 정치를 한미하다고 말할 수 있는가?

혜환은 자신과 친구들의 현실을 외면하지 않았다. 오히려 현실을 인정하면서 능동적으로 받아들였다. 자신들의 처지로는 군주 옆에 설 수 없고, 중앙 정치를 담당할 수도 없다는 사실. 그렇다면 자신들은 어떻게 해야 하는가? 갈 수 없는 중심을 향해 돌진해야 하는 것일까? 혜환은 생각을 바꿨다. 수령과 현감은 낮은 직책이지만 백성과 직접 만날 수 있는 자리였다. 애민이 선비의 정치라면, 애민이 이루어지는 현장은 바로 한 마을의 관아다. 그 현장에서 애민을 성실하게 실행한다면 이것이야말로 정치가 실제적으로 이루어지는 것이다.

안정복安鼎福이 목천의 현감으로 임명되자 혜환은 친구가 경세제민의 정치를 실현할 수 있게 된 것을 진심으로 기뻐했다. 마음으로 계획하고 붓으로 그리던 정치를 실제적이고 직접적으로 펼칠 수 있는 시험대가 바로 현감이라는 자리라는 것이다. 따라서 그 마을이 작든 크든 경세제민을 실현하는 무대라는 점에서는 마찬가지이다. 그러므로 내직과 외직을 구분하고 관직의 높고 낮음을 따질 필요는 없다. 어떤 자리에서든 머릿속에 그리던 것을 현실화하는 일이 중요하다. 밭을 갈고 쌀을 수확했으면 밥을 지어서 먹을 수 있게 하고, 고치를 켜고 옷감을 짰으면 실제 옷을 지어 입을 수 있게 하는 일이 중요하듯, 어떤 자리에서든 민생의 공용을 실현한다면 그것이 정치의 진수이다. 더 중요한 정치는 없다. 어떻게 정치를 실현하느냐가 중요할 뿐이다.

성주聖主께서 즉위하시어 여러 법규를 손질하고 정비했는데, 목민牧民이란 관직을 더욱 중요하게 여겼다.

그때 충청남도 목천木川 관아에 결원이 생겨, 인사담당 관리가 나의 벗 익찬 안씨안정복를 천거했다. 목천은 작은 마을이지만, 성안成安 상진尚震:조선 중종 때의 재상 선생의 본관으로, 다른 작은 고을과 비교되는 것을 좋아하지 않는다. 수령이 된 자는 목천을 다른 작은 고을과 똑같이 취급해서는 안 된다. 그 다스림도 다른 작은 고을과 달라야 할 것이다.

나의 벗 안씨는 유자이다. 그는 모든 학문을 궁구했으나, 경세학經世學 분야를 더욱 상세하게 연구하였다. 마음으로 계책을 세우고 붓으로 건의한 것을 이제야 시험하게 된 것이다. 이것을 곡식과 옷감에 비유할 수 있다. 예전에는 밭 갈고 씨 뿌리고 수확을 했다면, 지금은 불을 때서 밥을 지어 먹을 때이다. 예전에는 고치를 켜서 베틀에 올려 직물을 짰다면, 지금은 마름질해서 옷을 만들 때이다. 안씨는 이제 그 일의 성과를 볼 수 있게 되었다. 관리는 내직內職과 외직外職의 높고 낮음이 없으니, 마음을 다해 임금께 보답할 일만 생각하기 바란다.

현재縣宰·총재冢宰·태재太宰는 일컫는 바가 똑같다. 모두 '일체의 권한을 쥐고 일을 한다'는 '재제宰制'의 뜻을 가지고 있으니, 그 임무 또한 가볍지 않다. 나의 벗 안씨가 수레에서 내려 고을로 들어가면, 반드시 기녀와의 부정한 놀음을 멈추고, 백성 괴롭히는 일을 그만두며, 미곡의 세금과 소금세를 간략히 하고, 학교를 흥기시켜야 한다. 그렇게 하면 백성들은 봄날의 따뜻한 기운을 받아, 신음이 사라지고 몸이 안락할 것이다.(「밭 갈고 씨 뿌리고 수확하되, 밥도 지어야 한다!: 목천 현감으로 나가는 안백순을 전송하며」送安百順出宰木川序, 『낭송 18세기 소품문』, 86~87쪽)

정치가 군주의 옆에서, 중심에서만 이루어진다고 여긴다면 그 것이야말로 관념으로 하는 정치에 불과할 것이다. 자신들의 현장 은 백성들과 마주하는 마을이었고, 자신들이 실현할 수 있는 최선 의 정치는 목민에 있음을 새롭게 발견했던 것이다. 혜환은 자신에 게 주어진 자리에서 민생을 실천하는 것이 진짜 정치라 생각했다. 지방 수령은 비록 한직이지만 목민관의 역할을 다하면 그것이 정 치였다.

3. 일상의 정치

목민관으로서 어떻게 해야 백성을 잘 다스릴 수 있을까? 혜환은 이 문제에 대해서도 참으로 시원시원하게 답을 했다. 백성의 삶에 대 한 고민이 없기 때문이 아니라 백성을 살리는 정치는 간결한 것이 라 여겼기 때문이다. 위에서 친구 안정복에게 말한 것처럼 목민관 의 역할은 특별한 것이 아니었다. 그저 기녀를 멀리하고, 백성을 착 취하지 않고, 쌀과 소금세를 가볍게 하고, 학교의 교육이 잘 이루어 지면 목민관으로서 역할을 다한 것이었다. 혜환에게는 이외에 백성을 위한 방법으로 더할 것이 없었다.

그렇지만 혜환에게 목민의 방법이 하나로 정해진 것은 아니었다. 수령은 백성과 직접 만나 백성의 생활을 살리는 존재이다. 그러므로 백성들의 조건에 딱 맞게 하면 되지, 어떤 경우에도 다 통하는 방법은 있을 수 없는 것이다. 물론 목민을 잘 하기 위해 한 가지 기술은 갖춰야 한다. 백성들의 삶을 제대로 감지할 수 있는 예민한 촉수가 필수다.

신선용申善用, 신우상(申禹相)군이 고흥高興의 태수로 임명 받았다. 이에 직무를 잘 수행한 관리들을 모아서 살펴보았다. 문옹文翁은 촉蜀을 다스릴 때 청렴하고 공평하며 문장을 숭상했다. 잠희岑熙는 위군魏郡을 다스릴 때 탱자나무와 가시나무를 베고 해충을 막아냈다. 장희안張希顔은 평향萍鄕을 다스릴 때 다리와 도로를 보수하고 황무지를 개간했다. 유총劉寵이 회계會稽를 다스릴 때는 밤에 개들이 짖지 않았고, 백성들이 관리를 볼 수 없었다. 양주楊州를 지킬 때 관청의 촛불을 켜지 않았던 이는 파지巴祗였고, 단주端州를 다스릴 때 벼루 하나도 지니지 않았던 이는 포증包拯이었다.

이들은 옛날의 뛰어난 지방관으로 스승이 될 만하다. 그렇다고 이들의 발자취를 따르기만 하면 옛것에 물 드는 데 불과하다. 그대는 자신을 닦고 몸소 실천하여, 스스로 표준이 됨으로써 백성들도 따라서 변하게 해야 한다.

혜환거사는 말한다. "내가 백성들과 마주하여도 서로 속한 것에 차이가 있다. 백성들이 속한 것은 나에게 있는 것이 아니다. 그러니 어쩌 백성들을 근본으로 돌아가게 하지 않는가? 백성은 본래 선하니 사납게 하지 말고 스스로 선하게 하라. 백성은 본래 믿음이 있으니 속이지 말고 스스로 믿게 하라. 백성은 본래 부유하니 빼앗지 말고 스스로 부유하게 하라. 백성은 본래 장수하니 병들게 하지 말고 스스로 장수하게 하라. 나는 하는 일이 없어도 백성은 다스려진다네. 이렇게 되면, 여유롭게 누워서 아름다운 꽃을 마주하거나 밝은 달을 즐길 수 있지. 애써 거문고 타며 수심을 풀어 낼 일이 없을 것이네."(「백성들은 본래 선하니, 근본으로 돌아가라 : 고흥의 임지로 가는 신선용을 전송하며」送中使君善用之住高興序, 『낭송 18세기 소품문』, 80~82쪽)

혜환의 정치는 닫혀 있지 않다. 목민관의 역할도 그때그때 다르다. 백성의 조건이 다른데 똑같은 정치가 행해진다면 그것이야말로 목민관이 무능하다는 징표다. 신군이 고흥의 군수로 임명되어 떠날 때, 옛날의 선량한 군수들을 표준으로 삼고자 했다. 혜환이 보기에 이렇게 하는 것은 일정한 표준을 세워 그 표준에 따라 백성이 변하기를 바라는 방식이다. 이들 모범적인 군수들은 그 지역의 백성들이 가장 필요로 하는 것을 채워 주고 가장 절실한 것을 해결해 줄 따름이었다. 문옹은 촉, 잠희는 위군, 장희안은 평향, 유총은 회계, 파지는 양주, 포증은 단주의 상황에 딱 맞는 정책을 실행했던 것이다. 이는 백성들의 상황과 상관없이 자신만의 바른 기준을 세워 백성들에게 그것을 강요하고 따르게 하는 방식과 분명 차원이 다르다고 할 수 있다. 수령이 하려는 바가 백성들의 상황과 동떨어질 수 있고, 백성들이 원하는 바가 아닐 수 있기 때문이다. 그러니 선량한 군수들이 힘썼던 치적을 그대로 따라한다면 이런 다스림은 억지요, 억압에 불과하다. 아무리 좋은 정책이라도 상황에 맞지 않다면 백성들을 배려하지 않는 것과 마찬가지이다. 그래서 혜환은 자신에게서가 아니라 백성들에게서 다스림의 해법을 찾기를 바란 것이다. 혜환은 간곡히 당부했다. 목민관이여, 백성들의 근본으로 돌아가라!

그러니 백성들을 살리는 길은 내게 있지 않고, 백성들에게 근본이 있다. 그러므로 다스림의 표준을 가지고 백성을 대하면 백성은 다스려지지 않는다. 백성들 스스로 사는 길을 갖추고 있으니, 백성들의 생리를 감지하는 것이 우선이다. 여기에 맞추면 백성들의 삶은 저절로 열린다. 혜환의 다스림은 노자老子의 무위無爲에 가깝다. 인위가 아니라 백성들의 자연스러움에 결을 맞추는 다스림이라고 할 수 있다. 정해진 기준에 얽매이지 않고 다스리는 경지가 최선의 다스림임을 아는 혜환은 진정 백성과 함께하는 정치를 실현하고자 했음에 틀림없다.

혜환은 직위나 자리에 따라 정치의 근본과 말단이 나뉜다고 생각하지 않았다. 사람들은 중앙 조정에서 정치의 근본이 실현되고, 지방 외직은 정치의 말단을 실행하는 자리라고 여기지만, 이는 욕심에 가려진 평계일 따름이다. 백성을 편안하게 하는 것이 근본이고, 그 밖의 제도나 매뉴얼이 말단이다. 직위는 하등 상관이 없다. 그러니 중앙조정에 가야 정치의 근본을 펼칠 수 있다는 망상에 휘둘리지 말고, 어느 자리에서든 백성을 편안하게 하는 데 힘을 쏟아야 한다. 이런 의미에서 백성과 직접 대면하여 그들의 사정을 헤아리고 해결하는 목민관이야말로 정치의 근본이 아니고 무엇이랴?

> 전생前生은 기억할 수 없고 내생來生은 알 수 없다. 오직 금생今生만 있을 뿐이다. 만약 금생을 한가롭게 보낸다면 헛된 삶이 되는 것이다. 어찌 해야 금생을 한가롭게 보내지 않을 수 있겠는가? 좋은 일을 해야 한다. 어찌 해야 좋은 일을 할 수 있겠는가? 지위를 얻어야 한다. 무엇을 지위라 하는가? 공경公卿과 대부大夫가 모두 지위이다. 그러나 백성과 사직에 대해 중대한 책임을 지는 것은 고을의 수령[邑宰]이다.(「내 마음으로 백성의 마음을 헤아린다: 고창의 임지로 가는 사촌동생 조사고를 전송하며」送表弟趙士固之任高敞序, 『낭송 18세기 소품문』, 83쪽)

이 생에서 행할 수 있는 가장 좋은 일은 오직 수령의 일이다. 게다가 국가와 백성의 무거움을 감당하는 존재는 오직 수령뿐이다. 하여, 한 고을을 잘 다스리면 천하의 재상도 될 수 있는 법! 혜환은 지방 수령밖에는 될 수 없는 모든 한미한 선비들에게 외쳤다. 봉급이 박하다, 직급이 낮다 탓하지 말고 한 고을에서 백성을 위한 정치의 모든 것을 창안하라.

　혜환은 서문을 통해 넘치지도 모자라지도 않는 목민관의 정치를 촉구했다. 이것이 혜환이 할 수 있는 가장 현실적이고 실제적인 정치 참여 방법이었다. 백수 선비 혜환이 수령으로 나가는 친구에게 목민의 도를 실현하게 하는 것 말고는 정치에 참여할 방법은 없었다. 혜환은 자신의 자리에서 실천 가능한 일을 고민했고 그 실현 방법을 도모했던 것이다. 그러므로 목민 그 이상은 말하지도 고민하지도 않았다. 이렇게 하다 보니 혜환은 18세기에 선구적으로 목민관의 정치에 주목한 사람이 되었다. 선비의 일상에서 주시한 목민 정치, 이로 인해 마침내 다산의 『목민심서』牧民心書가 탄생할 수 있었던 것이다.

4부.
세상은
그의 백수 시절만을
기억한다
청년 백수 홍대용

우주와 천하를 넘나든 자유인
— 노론 백수 2세대 홍대용

1. 독특한 이력의 소유자 홍대용!

홍대용洪大容(1731~1783)이라는 이름 석 자를 듣는 순간 우리들의 머릿속에는 '천애지기'天涯知己와 '천문과학'이 떠오른다. 청나라 연경北京의 유리창에서 우연히 만나 밤새 이야기를 나눈 일을 계기로 평생 우정을 주고받았던 담헌湛軒과 그의 중국인 친구 엄성嚴誠, 육비陸飛, 반정균潘庭筠! 국경을 가로질러, 인종과 언어의 장벽을 넘어 이토록 진한 우정을 나눈 조선의 선비를 다시 찾아보기는 힘들 것이다. 그리고 홍대용은 18세기 과학사科學史상 가장 긴 과학서(1만 2천 자)라는 칭송을 듣는 『의산문답』醫山問答을 통해 지원설地圓說·지전설地轉說·우주무한설을 증명했고, 천문대인 농수각籠水閣을 짓고, 천체를 관측하는 혼천의를 만들어 정밀한 측정을 시도했다. 뿐만 아니라 『주해수용』籌解需用에서 수학·기하에 관한 논증을 통해 일상의 편리를 추구하고자 했다.

18세기 조선 지성사에서 담헌 홍대용만큼 독특한 이력의 소유자가 또 있을까? 18세기 지식인들은 정치가나 문장가 혹은 경학가로 이름을 알리는 경우가 대부분이다. 그런데 홍대용은 이들과는 다른 분야에서 자신의 존재성을 드러냈다는 점에서 독보적이다. 18세기 조선에서 '자연철학자'라 명명할 수 있는 거의 유일한 존재에다, 청나라 사행 경험을 하나의 사건으로 만든 거의 최초의 존재라는 점에서 그렇다.

기실 담헌의 학문적 관심과 문제의식은 매우 포괄적이면서 총체적이다. 당시 담헌만큼 다방면의 지식과 기술을 가진 지식인은 거의 찾아 보기 힘들다. 그의 관심사는 이기理氣, 심성心性 문제에서부터 경학經學, 사론史論, 수학, 천문, 율력律曆, 직관職官, 전부田賦, 교육, 용인用人, 병제兵制, 성제城制, 병법 등의 문제에 걸쳐 있다. 음악에 대한 관심 또한 남달라서 애호하는 정도가 아니라 전문가 수준으로 연주 실력을 뽐냈다. 거문고, 퉁소 연주에 뛰어났을 뿐만 아니라 서양금은 스승 없이 혼자 연주법을 터득했다. 북경에서 천주당을 방문했을 때 처음 본 파이프오르간을 연주할 정도로 뛰어난 실력자였다. 마테오 리치는 기하가를 사물의 분한을 전문적으로 고찰하는 사람이라고 정의하면서, 수효와 크기 중에 어떤 것을 다루냐에 따라서 산법가算法家, 양법가量法家, 율려악가律呂樂家, 천문력가天文曆家로 나뉜다고 했는데, 담헌은 그야말로 이 네 가지를 모두 아우른 기하가였다. 수학과 음악은 한 분야! 이 말대로 담헌은 수학, 천문, 음악에 있어서 뛰어난 전문가였던 것이다.

그러나 여러 학문을 망라했던 담헌은 경제經濟와 의리義理의 학문을 중시한 까닭에 사장詞章에 대한 관심은 보이지 않았다. 시에 흥미가 없었는지 시 쓰기에 재주가 없었는지 분명치는 않지만, 시를 짓는 일도 꺼렸고 시로 응답하는 일도 드물었다. 문장도 거의 실용적인 목적에 의해 지었지 예술적 차원에서 글쓰기를 갈고닦지는 않았다. 혜환 이용휴가 남인 중에 유독 사장에 관심을 가진 존재로 독특한 포지션을 갖고 있었다면, 담헌은 노론 중에서 유독 사장에 관심을 갖지 않은 존재로 독특한 포지션을 지닌다.

흥미로운 사실은 앞서 언급한 담헌의 이 눈부신 이력이 모두 백수 시절의 산물이라는 점이다. 담헌은 젊은 시절 자발적으로 관직을 버림으로써 원하는 대로 살았다. 그 때문에 우주를 사유하는 철학자로, 북학의 기수로, 국경을 초월한 우정의 달인으로 세상을 울릴 수 있었던 것이다. 청년 백수로 살지 않았다면 담헌은 아마도 지금까지 불후할 수 없었을 것이다.

2. 내 뜻대로 살리라!

담헌은 노론 명문가의 후예다. 조부 홍용조洪龍祚는 승지, 대사간, 충청도 관찰사를 역임했고, 아버지 홍역洪櫟도 나주목사를 지내는 등 벼슬살이의 부침 없이 순탄한 일생을 보냈다. 담헌이 천안 수촌에 농수각을 짓고 호남의 실학자 나경적羅景績에게 의뢰하여 혼천의를 제작할 때나 연경으로 여행갈 때도 그 비용을 아버지가 지원해 주었다. 넉넉한 가정 형편에, 지명도까지 갖춘 집안에서 태어났음에도 불구하고 담헌은 젊은 시절 벼슬에 뜻을 두지 않고 백수 학자로 살았다. 담헌이 백수 시절을 마감하고 벼슬길에 오른 것은 44세 때였다. 이후, 도합 9년간 벼슬길에 있다 53세에 중풍으로 갑자기 쓰러져 세상을 하직했다.

담헌은 열두 살에 노론 산림으로 낙론의 종장이었던 미호渼湖 김원행金元行(1702~1772)의 제자로 들어간다. 김원행은 몽와 김창집의 손자요, 농암 김창협의 질손으로 그 학문을 계승했으며, 담헌의 종조從祖인 홍귀조洪龜祚의 사위였다. 즉 김원행은 담헌에게 5촌 고모부가 된다. 담헌은 김원행이 이끌던 석실서원에서 과거를 위한 공부가 아니라 자기 실현을 위한 학문을 연마했다.

담헌은 일찍부터 천문역학에 경도되었는데, 낙론계 일각의 학풍이었던 김석문金錫文(1658~1735) 계통 상수학의 영향이 있었던 것으로 생각된다. 김석문은 김창흡의 문인으로 『역』易과 『성리대전』性理大全를 연구하고, 태양·지구·달이 공중에 떠 있으며 지구도 달처럼 회전한다는 삼대환공부설三大丸空浮說이란 획기적인 천문학 이론을 수립하여 김원행에게 크게 인정받았다. 김원행의 제자로 담헌과 교유했던 황윤석黃胤錫도 상수학에 일가를 이루었으며, 김원행은 상수학 연구를 장려했다고 한다.

담헌은 몇 차례 과거를 보기는 했지만 시험을 위한 공부를 한 적이 없었던 까닭에 번번이 낙방했다고 한다. 애초에 시험에 뜻이 없었으니 급제하는 것이 더 이상하지 않았을까? 담헌은 다만 우주의 이치를 관측하여 세상의 이치를 탐구하고, 거문고를 연주하면서 자족적인 삶을 살았다. 정자를 건곤일초정乾坤一草亭이라 이름하여 하늘과 땅을 한낱 띠풀로 엮은 정자처럼 여기며, "아! 물아物我가 이뤄졌는지 않은지도 모르는데, 귀천貴賤 영욕榮辱인들 논해 무엇하랴? 잠시 살다 죽는 것은 부유蜉蝣의 생애보다 못하도다. 아서라, 내 뜻대로 즐기며 이 정자에 누워서 이 몸을 조물造物에 맡겼다."(「건곤일초정주인」乾坤一草亭主人, 『담헌서』 내집 3권)

담헌은 농암 김창협이나 성호 이익처럼 당쟁으로 인한 아픔이 있었던 것도 아니고, 특별히 신산한 경험을 한 것도 아니며, 가난에 시달리지도 않았다. 그런데도 세상에 대해 다른 뜻을 품었다. 하고 싶었던 공부가 따로 있었기 때문이다. 시험을 준비하고 관직에 나아가서는 자신이 즐기고 싶은 학문을 할 수 없었던 것. 담헌이 출세에 크게 연연해하지 않았던 것은 아마도 관직생활이 아니더라도 자신을 실현할 길을 보았기 때문이리라.

농암이나 성호와 같은 선배들이 그 길을 닦아 놓아서였을까? 세상의 이치를 꿰는 학문에 뜻을 두며 자유롭게 살기로 작정한 청년 담헌은, 어찌할 수 없어서 백수를 선택한 선배들보다 훨씬 더 자유로운 영혼으로 18세기를 유영했다고 할 수 있다.

3. 훈고와 돈오의 사이에서 길찾기

담헌의 학문 경향이 천문과학과 상수학으로 기울었다고 해서 그가 탈성리학, 탈유학을 주장한 것은 아니었다. 그는 어떤 순간은 성리학자였고, 어떤 순간은 양명학적이고, 육구연적이고, 장자적이었다. 그 어떤 경지이든 담헌이 강조한 삶의 자세와 학문의 태도는 '지행합일'知行合一이자 '격물치지格物致知와 실천'이었다. 그러나 현실은 달랐다. 담헌 당대에 주자학을 신봉하는 이들은 자구 해석에만 너무 매달리거나, 아니면 형이상학의 관념으로만 달려갔다. 둘 다 현실을 외면한다는 점에서는 다르지 않았다.

> 독서는 장차 진리를 밝혀 행사에 실현하려는 것입니다. 진실로 능히 정밀하게 읽고 익숙하게 강구하며, 적실하게 보고 참되게 알게 된다면, 저 책이란 것이 소용없는 휴지에 불과할 것이니, 묶어서 다락에 집어 넣어 두어도 좋은 것입니다. …… 비록 그러나 지행知行 두 가지 일은 진실로 어느 한 쪽도 폐할 수 없는 것이요, 본말과 경중의 구분 또한 크게 차등과 구별이 있는 것이어서, 여기에 있어서 잘못이 있게 되면, 돈오頓悟에 빠져들지 않으면 반드시 훈고訓詁로 돌아가고 마는 것이니, 두렵게 여기지 아니하여 되겠습니까?('철교에게 준 편지'與鐵橋書, 「항전척독」杭傳尺牘, 『담헌서』 외집 1권)

상산象山의 학설이 한창 성하였으므로, 주자朱子가 매양 격치格致 공부에 대해 거듭 변론하기를 마지않았으니, 당시의 형세가 그러하였던 것입니다. 다만 이로 말미암아 말학末學들이 훈고訓詁에만 치우치는 잘못을 저지른다면, 그 폐단이 육학陸學보다 심할 뿐 아니라, 도리어 주자에게 어긋나게 되는 것입니다. 주자를 배우는 후학들은 격치부터 힘써 배우고, 함양涵養과 실천의 공부를 잇달아 함으로써 지知든 행行이든 어느 한쪽에 치우치는 폐단이 없어야만 비로소 주자의 본뜻을 잃지 않는 것입니다.(「계방일기」桂坊日記, 1774년 12월 19일, 『담헌서』 내집 2권)

앎과 행의 일치. 담헌에게 아는 것은 알기만 하는 것이 아니라 적용하는 행위로써 완성되는 것이었다. 시험공부는 앎과 행의 불일치요, 앎과 행을 멀어지게 하는 지름길이었다. 담헌은 지행의 실천을 위해 과거를 단념했던 것이다. 담헌에게 학문은 궁리하고 실천하는 과정을 모두 포함한 것이었다. 그렇기 때문에 사물이나 경전의 뜻을 궁구하는 '훈고'만을 강조하지 않았다. 경전의 의미 파악만 강조하면 자구 해석에만 매달려 이치를 내면화하거나 실천하는 행위는 사라지기 때문이다. 또 그런 의미에서 돈오의 경지만을 강조하지도 않았다. 깨달음만 강조하면 행위의 경계나 판단 근거가 없어 허우적거릴 수밖에 없기 때문이다. 담헌은 훈고와 돈오의 그 사이에서 학문의 길 찾기를 시도한다. 그것은 바로 격물치지와 현실에의 적용 능력을 말하는 것이었다. 사물의 이치와 세상의 이치

를 궁구하고 깨우치고 실천하는 것! 이것은 격물치지의 내면화이
자 현실화라 할 수 있다. 그러니 이 길은 가장 주희적이면서 현실의
주자학과 가장 멀어지는 방식이었다.

> "그러한 분들중봉 조헌, 토정 이지함이 그같은 결과를 성취한 것은 모
> 두, 진실한 마음과 참된 학문 때문입니다. 만약 실천은 하지 않
> 고 공언空言만 힘썼던들, 당시에 그런 사업을 성취하지 못했을
> 것이고, 후세에 그런 이름을 남길 수 없었을뿐더러, 학문이라
> 할 수도 없을 것입니다."(「계방일기」桂坊日記, 1774년 12월 25일,
> 『담헌서』 내집 2권)

자신의 학문이 공허한 말이나 관념이 되지 않게 하기 위해서
담헌은 실학을 주장했다. 현실화될 수 있는 학문, 그것은 자연과학
과 상수학만을 가리키는 것은 아니었다. 성리학도 실학이 되게 하
려면, 심성론의 논쟁에만 빠져서도 안 되고 현실의 인간 삶을 변화
시켜야 하는 것이었다. 그것은 제도적 개선만을 말하는 것이 아니
었다. 세계를 다르게 볼 수 있는 의식 혁명까지 포함한 것이었다.
그러므로 담헌은 행정, 제도의 변화와 더불어 인식 지평의 전환을
가능케 하는 지식과 경험의 세계에 뛰어들었다.

4. 준비된 자, 궁리의 현장으로 길을 떠나다!

담헌에게 궁리窮理의 현장은 책이기도 했지만 우주였고, 세계였다. 이런 담헌에게 돌이킬 수 없는 사건이 일어났다. 청나라라는 궁리의 현장을 마주하게 된 것이었다. 담헌의 나이 서른다섯 살 때인 1765년(영조 41), 숙부 홍억洪檍이 동지사의 서장관으로 임용된 덕분에 그 자제비장으로 연경에 다녀오게 된다. 이 여행을 계기로 담헌의 세상은 완전히 변전한다. 마주침 자체가 중요한 것이 아니라 누가 누구와, 누가 무엇을 만났는지가 참으로 중요할 텐데 담헌과 청나라의 만남이 그런 것이었다. 그 공간이었기 때문에, 그리고 그 사람이 갔기 때문에 매우 다른 시공간과 사유가 만들어진다는 것! 청나라라는 공간과 청나라 사람들과 마주침으로써 담헌은 완전히 다르게 세상을 바라보게 되고, 담헌과의 마주침으로 인해 청나라와 그 사람들 역시 매우 다른 공간과 사람들로 조선에 받아들여지게 된 것이었다.

담헌이 청나라를 여행할 수 있었던 것은 뜻밖의 행운만은 아니었다. 담헌은 이미 여행을 떠날 준비가 된 자였다. 담헌은 떠나기 몇 해 전부터 이미 노가재老稼齋 김창업金昌業의 『연행록』을 읽었으며, 중국어를 익히고 있었다. 노가재는 청나라에 다녀와서 연행의 여정에서 마주친 문물제도, 산수자연, 사람들을 자세히 기록한『연행록』을 썼다. 노가재의 여행기는 조선의 선비들에게 청나라의 풍광과 문화에 대한 호기심을 자극하여 노론 계열 젊은이들에게 한 번쯤은 청나라 외유를 꿈꾸게 만들었다. 그 이후 연행을 가는 사신들은 노가재의 『연행록』을 읽고, 그가 보았던 것을 보고자 노력했다. 담헌도 마찬가지였다. 호기심도 많았고, 서양의 천문역학 기구를 직접 관찰하고 싶었던 담헌은 이미 외유할 뜻을 가지고 있었던 것이다. 노론 명문가의 자제로, 자유인으로 청나라로 떠날 여건을 갖추었기에 담헌은 한어^{중국어}를 써먹을 기회만 노리고 있었다.

> 내가 오래전부터 한번 외유할 뜻을 가지고 있었기에 여러 가지 역어譯語를 보면서 말을 익힌 지도 여러 해가 되었었다. 그런데도 책문에 들어갔을 때, 비록 보통으로 하는 말까지도 전연 알아듣지 못하여 당황하고 답답하였다. 이때부터 수레를 타게 되면 왕문거와 하루 종일 이야기를 주고받았고, 여관에 들어서는 주인 남녀와 억지로 말머리를 끄집어내어 끝없이 이야기해 왔으며, 심양에 이르러서는 조교 부자와 별별 이야기를 다하면서도 필담은 하지 않았다. 북경에 있을 때에는 거리를 두루 돌아다니면서 일이 닥치는 대로 이야기를 주고받아, 말의 억양이 더욱 익숙해졌었으나 오직 문자나 깊은 말, 그리고 남방 사람들 말에는 망연하여 귀머거리나 벙어리 같았다.('연로기략'沿路記略, 「연기」燕記, 『담헌서』 외집 8권)

그리고 기다리던 그때가 왔을 때 담헌은 준비했던 중국어를 시험했고, 그 길 위에서 중국어를 배우는 여정 또한 그치지 않았다.

마부 왕문거와 대화하고, 길에서 만난 사람들과 닥치는 대로 이야기를 나누며 말을 익히고 중원 땅의 사람살이와 그 문화의 속살을 들여다보았다.

준비된 여행객 담헌은 능동적이고 적극적으로 청나라와 만났다. 만주사람을 만나면 만주말을 한두 마디라도 익히고, 몽고사람을 만나면 몽고말을 한두 마디라도 익혔다. 위축되거나 자만한 모습이 전혀 없었다. 오랑캐라는 선입견으로 미리 깔보고 지나치는 것이 없었다. 담헌은 "무슨 일이든 결론을 서둘러서는 안 되며", "책을 읽으면서 먼저 자기 견해부터 세우려는 마음을 갖는다면 생각이 이미 바깥으로 질주하는 것이"라고 했는데 실제 현장에서도 그랬다. 담헌은 청나라에 대한 어떤 선입견도 없이 그들의 문명과 접속했다. 뭐든 물어보고 확인하며 청나라의 모습을 새롭게 발견해 갔다. 그리고 그 현장에서 보고 듣고 깨달을 것을 그대로 전했다. 그것이 바로 북경 여행을 기록한 『연기』燕記이다. 담헌이 쓴 『연기』는 청나라를 편견 없이 바라본 최초의 여행기라는 점에서 그 의미가 남다르다.

『연기』① :
청나라의 발견, 북학의 시작

1. 『열하일기』 이전, 『연기』가 있었나니!

오래전부터 중국 여행을 준비했던 담헌 홍대용이 1765년 12월 연경을 향해 길을 떠났다. 서울에서 의주까지 1천 50리, 의주에서 연경까지 2천 61리를 왕복했다. 담헌은 동지사의 일행 중 한 명이었지만, 공식 사행단이 아니라 개인 수행원 자격으로 길을 떠났기에 자유로운 여행객으로 청나라의 곳곳을 마음껏 보고 즐길 수 있었다. 그리고 돌아와 여행기를 썼으니, 『연기』燕記가 그것이다.

최고의 여행기라 불리는 연암 박지원의 『열하일기』의 유명세에 비교해 보면, 담헌의 『연기』에 대해 아는 사람은 거의 없다. 담헌 홍대용, 하면 국경 너머 청나라에서 이국의 선비들과 진한 우정을 나눈 것으로 유명하지 않은가? 그런데도 담헌의 연행록을 읽은 사람이 거의 없다는 사실은 놀랍기 짝이 없다. 그만큼 알려지지 않았기 때문이리라.

사실 나도 『연기』를 읽기 전까지는 큰 기대를 하지 않은 상태였다. 심드렁하게 『연기』의 페이지를 넘겼다. 어라? 『연기』는 예상 밖의 즐거움을 안겨 주었다. 『열하일기』만큼 깨알 같은 재미와 정보와 지혜가 넘쳤다.

『연기』는 여정을 따라 기술된 여행기가 아니라, 특정 공간과 사람을 중심으로 기술되어 있다. 여정보다 청나라를 발견하는 재미에 중점을 둔 서술 방식인지도 모르겠다. 『연기』의 곳곳마다 청나라의 공간, 그리고 사람들과 진하게 접속하는 담헌의 벅찬 숨소리가 들리는 듯했다. 담헌은 청나라의 길에서 접속한 모든 장소와 사람들에게 이야기를 입혀 주었다. 이렇게 다양한 사람들이 등장하는 경우가 연행록으로는 거의 처음일 것이다. 더하여 풍광과 사람들을 이토록 정감 있게 드러내는 연행록도 아마 처음이 아닐까? 연행록을 읽고 웃어 보기로는, 두번째다. 첫번째는 『열하일기』, 그 다음이 『연기』!

2. 구경벽(求景癖), 보고야 말리라!

이미 떠날 채비를 갖추고 있던 담헌은 청나라에 진입하자 너무 바빴다. 담헌은 작정하고 길 위를 횡단했다. 청나라를 속속들이 관찰하겠다는 일념으로 여기저기 촉수를 뻗쳤다. 담헌은 사행단들 사이에서 '유람 좋아하는 홍공자'로 불렸다. 그의 구경벽은 연암을 능가했다. 아니 연암이 담헌의 구경벽에 질세라 호응한 듯하다. 친구는 서로 닮는다고 했던가?

담헌은 자신보다 앞선 시기, 1721년 청나라에 다녀왔던 노가재 김창업의 발자취를 따라가며 확인했다. 그리고 노가재 선생이가 보지 못한 곳을 일일이 체크해 가면서 어떻게 해서든 한 곳이라도 더 직접 발로 밟고 눈으로 확인하고자 했다. 그리하여 담헌은 어떻게 하면 남들이 가지 않는 곳까지 구경할지 고민하고 실행에 옮겼다. 남들이 가기를 꺼리고 두려워하는 곳에도 서슴지 않고 발을 내딛었다. 『연기』에는 미지의 장소를 탐사하려는 담헌의 집요함이 때로는 진지하게, 때로는 우스꽝스럽게 그려진다. 담헌은 진짜 길 위의 사나이였다.

산해관 남쪽에 망해정望海亭이 있고 북쪽에 각산사角山寺가 있는데, 하루에 다 볼 수는 없다. 내일은 유관에서 자게 될 터인데 백리 길이므로 해는 짧고 길은 멀고, 또 각산은 얼음과 눈 때문에 갈 수가 없어서 먼저 망해정을 보기로 계획을 정했다. 해가 뜨자 곧 길을 떠나려는데, 수레 부리는 왕문거가 길을 도는 것이 싫어서 선뜻 나서지를 않았다. 그래서 수레를 그만두고 말을 타고 가는데, 의원 김정일이 따라왔다. 남문으로 나가 10리를 가니 정자가 만리장성이 끝난 맨 끝머리에 있었는데, 바다로 수백보쯤 쑥 들어가 2층으로 성 위에 높이 솟아 있었고, 10여 계단의 층다리가 있었다. 주관하는 사람이 문을 꽉 잠그고 청심환을 요구했다. 주지 않았더니 골을 내고 열어 주려 하지 않았다.

덕유가 거짓말로, "돌아갈 때 다시 와서 꼭 서른 알이고 스무 알이고 많이 주겠다." 하고, 또 우리말을 섞어 가며 거짓 맹세를 하면서 성난 빛을 보이니, 주관하는 사람은 안되었다는 듯이 얼굴을 활짝 웃어 보이며, "돌아올 때 틀림없이 나에게 환약 많이 주는 거지?" 하고는 곧 문을 열어 주었다. 중국 사람의 인품을 알 만하다.

누에 오르니 눈에 미치는 끝까지가 구름과 바다뿐이었는데, 거대한 물결이 솟아오르며, 뜬 성엣장이 맞부딪쳐 공중으로 날고 마구 흔들리니 천지가 무너지는 듯하였다. 북으로 각산을 바라보니, 첩장疊嶂과 치첩雉堞들이 만 리를 연해 오다가 필경 이 누에 와서 끝을 맺고 만다. 이 누에 올라와서 눈시울이 째지지 않고 머리털이 위로 뻗지 않는다면 참으로 못난 사나이다. 반평생을 돌아볼 때 우물 속에 앉아 그대로 잘난 체 눈을 크게 뜨고 가슴을 활짝 펴서 함부로 천하의 일을 논하려 했으니 자량自量을 못한 것도 이만저만이 아니다.('망해정望海亭」, 「연기」, 『담헌서』 외집 9권)

담헌은 12월 19일 산해관에 도착하여 근처를 관광할 계획을 세운다. 산해관에서 욕심낸 관광지는 망해정과 각산사. 반나절밖에 시간이 없으므로 각산사는 포기하고 망해정을 향했다. 망해정은 만리장성 끄트머리, 바닷가에 세워진 망루이다. 다음 여정상 돌아가는 길이어서 마부도 수레 몰기를 거부하는데, 담헌은 차라리 수레를 포기할지언정 유람은 포기하지 않는다. 수레 대신 말을 타고 기어코 망해정에 오른 것이다. 망해정에 도착해서도 구경은 쉽지가 않다. 망루지기가 누각에 오르지 못하게 막았기 때문이다. 그래도 중국에서는 이것 하나면 다 통한다. 조선의 청심환! 통역관 덕유는 슬쩍 뺑을 친다. 연경에서 산해관으로 돌아올 때 20알을 주겠단다. 백발백중, 망루지기는 관람을 허락한다.

과연 망해정에 오른 보람이 있었다. 첩첩의 산등성이와 만리장성이 한눈에 들어오니, 그 감동은 이만저만이 아니다. 한마디로 전율! 어느 누가 눈시울이 뜨거워지고 머리털이 쭉 뻗는 전율을 느끼지 않을 수 있겠는가? 담헌은 자신이 진정 우물 안 개구리였음을 체감한다. 조선에서는 한 번도 경험할 수 없었던 천지자연의 기운에 담헌은 저절로 겸허해진다. 조선의 반도 안에서 말로만 천하를 논하던 것과 실제 사이의 거리는 그야말로 천양지차였다. 숨을 쉬고 있는 현재의 청나라가 담헌의 눈에 들어왔다. 담헌은 눈앞에 펼쳐진 청나라의 풍광에 마음을 열었다. 장엄한 자연 앞에 청나라 오랑캐라는 관념 따위는 눈 녹듯 사라졌다. 아니 청나라 오랑캐라는 선입견이 의식조차 되지 않았다.

조선으로 돌아가는 길에도 담헌의 유람은 그치지 않는다. 아니 더 과감해진다. 압록강을 건너기 직전, 중국의 변경 봉성鳳城에 도착해서다. 사행단은 책문으로 직행하는데, 담헌은 봉황산鳳凰山에 가기로 맘먹는다. 담헌에 의하면 우리나라의 도봉산, 금강산, 청량산, 월출산 등이 기묘하고 험준하기로 이름이 났으나, 봉황산만은 못하단다. 뭇 봉우리가 겹겹이 솟아오른 모양이 마치 1만 개의 횃불이 하늘 높이 활활 타오르는 듯 보이는 산이라 놓칠 수 없었다.

담헌은 봉황산행에 전의를 불태웠다. 그러나 일행들은 담헌을 만류했다. 사행길 30여 년 동안 이 산에 오른 이는 오직 어떤 정승 한 사람 뿐. 그나마 그 정승은 수십 명을 거느리고 가마를 타고 오르내렸기에 낭패하지 않을 수 있었다는 것이다. 뿐만 아니라 청나라 승경 곳곳을 누볐던 노가재 선배도 이 봉황산은 오르지 못했단다. 아무리 이런저런 소리를 들었어도 유람 공자 담헌을 막을 수는 없었다. 시간도 넉넉, 은자도 넉넉하니 산 위에서 자는 한이 있더라도 일단 오르기로 결정한다.

온갖 모험의 동반자였던 평중平仲 김재행金在行이 동행하기로 하고, 통역관 덕유와 정통역이 함께 봉황산을 가기로 약속한다. 그러나 막상 길로 나서자 김재행은 변소를 간다 하고는 살며시 줄행랑을 쳐 버렸다. 김재행이 도망가자 정통역 또한 사람도 없는 깊은 산골로 들어가기 겁난다면서 돌아서 버린다. 그래도 담헌은 누구도 가 보지 않은 봉황산 유람을 포기할 수 없었다. 담헌은 담대하게 외쳤다. "내가 혼자서는 못 갈 줄 아는 모양이지. 봉산 수십 리 땅을 얼마나 벼르고 별렀는데 보지 않겠는가? 평중 때문에 내 할 일을 못 하겠는가?"

마침내 약 20리쯤의 산행길을 예상하고 담헌은 덕유와 마부를 데리고 길을 떠난다. 외국 사람으로 다시 오기 어려운 길이라 담헌은 두려움 없이 떠났던 것이다. 과연 산 위에 올라 보니, 아름다운 승경이 들었던 그대로였다. 황홀경에 빠진 것도 잠시. 해가 미시^{오후}1시에서 3시 사이를 향해 가고 있었다. 내려가야 할 즈음, 한 승려가 모든 승경을 볼 수 있는 곳을 안내하겠다고 나선다. 구경벽 홍공자는 기대를 저버리지 않는다. 말이 끝나자마자 몸을 날려 승려를 따른다. 가파른 산길을 오르느라 땀이 흐르고 숨이 차서 견딜 수 없는 지경이지만 승경이 다 보이는 꼭대기에 올라 관음굴, 조양사 등을 모두 구경한다. 후회는 없다. 담헌이 이번 걸음에서 본 산수 중에 제일 장관이었기 때문이다.

담헌의 이야기는 여기서 끝나지 않는다. 담헌의 이야기에는 늘 반전이 있다. 장한 구경을 했지만 길을 잃어버린다. 담헌은 이 순간의 얼빠진 모습을 생생하게 그려낸다. 세 사람은 당황하여 서로 얼굴에 빛을 잃고 있었다. 서로 말을 잊은 채 고개를 떨어뜨리고 내려가기만을 독촉한다. 그러기를 한참, 겁이 나고 어떻게 할지 난감하여 돌 위에 걸터앉은 담헌. 뭔가가 나타났다. 화들짝!

숲이 깊고 골짜기가 깊어서 어둠침침하니 이미 저녁인성 싶었다. 범의 똥과 발자국이 가는 곳마다 수두룩했다. 나 역시 걱정이 되고 겁이 났다. …… 조금 있으니 갑자기 천둥치듯 벼랑을 울리는 소리가 들려왔다. 범이 나타난 줄 알고 모두 깜짝 놀랐다. 얼른 일어나 살펴보니 큰 개 한 마리가 고개를 쳐들고 사람을 보며 짖는 것이었다. 참으로 반가웠다.

돌을 디디고 바라보니, 수십 보 밖에 여자 하나가 여남은 살 쯤 되어 보이는 아이를 데리고 광주리를 끼고 나물을 뜯다가 놀라 일어나 살피며 바라보는 중이었다. 덕유를 보내 길을 묻게 했다. 여자는 덕유가 빠른 걸음으로 자기를 쫓는 걸 보고 깜짝 놀라 아이와 함께 광주리를 버리고 달아났다. 덕유가 소리쳐 부르며 뒤를 쫓으니, 더욱 죽자고 갈팡질팡 도망했다. 얼마 후 덕유가 돌아왔다. "아이는 먼저 달아나 버리고, 여자는 발을 잘못 디뎌 넘어지는 바람에 따르기는 했는데, 길을 물으려니까 여자가 황급해서 정신을 못 차리고 길바닥에 오줌을 질펀히 누어 놓고는 소리를 지르며 울며 달아나 버렸다" 하였다.('봉황산', 「연기」, 『담헌서』 외집 9권)

산에서 마주친 여인은 덕유가 쫓아오자 짐승이라도 본 듯, 놀라 달아나다 오줌을 싸고 만다. 얼마나 놀랐겠는가? 담헌은 이런 이야기를 아무렇지도 않게 들려준다. 일행을 따라 얌전히 책문으로 향했다면 절대로 경험하지 못할 이야기가 이렇게 만들어졌다. 구경벽 덕분에 만들어진 웃기면서 극적인 모험담. 『연기』는 이런 이야기로 가득 차 있다. 담헌은 그 소소한 드라마를 가감 없이 묘사했다. 담헌은 검열하지 않고 이야기를 풀어 낸다. 체면이고 권위고 다 내던지고 여행의 드라마에 집중한 것이다. 이런 에피소드를 읽다 보면 근엄하고 딱딱하게만 인식되었던 자연과학자 담헌 선비의 이미지는 저 멀리로 달아난다. 그것이 달아난 자리에, 경쾌하게 길 위를 횡단하며, 호기심에 가득 차서 이리저리 눈을 비비는 '홍공자'가 새롭게 들어와 앉는다. 아이 같은 시선으로 완전히 무장 해제된 담헌을 따라가는 재미가 쏠쏠하다.

3. 유람을 위해서라면, '비장의 술책'

담헌은 청나라의 심장부 연경에 도착한다. 연경은 다른 곳과 달리 출입을 마음대로 할 수 없었다. 모든 곳엔 반드시 길이 있는 법. 담헌은 연경 유람을 마음껏 하기 위해 만반의 채비를 갖춘다. 여행 전 모든 정보를 입수하여 구경하는 데 장애가 없게 했던 것이다. 이 또한 한 편의 시트콤이다.

명나라 때부터 연경에 들면 문금門禁: 문에 출입을 금지함을 두어 함부로 유람하지 못하게 했다. 청나라가 중국을 지배한 이후는 전쟁 직후라 조선에 대해 문금을 더욱 엄중하게 했다. 강희 말년에는 천하가 안정되어 이 문금이 조금 풀렸지만, 유람을 공공연하게 하지는 못했다. 그러나 담헌처럼 개인 수행원으로 간 공사의 자제들은 유람을 자유롭게 즐겼는데, 혹시 사고라도 날까 염려하여 아문의 관리들이 법을 가지고 조종했다고 한다. 자제들은 부형의 세력을 의지하여 통역들에게 나들이 길을 트도록 강요했다. 통역들은 자제에 눌리고, 아문의 위엄에 겁이 나서 할 수 없이 은화를 뇌물로 바쳤다고 한다. 이것이 관행이 되어 유람하는 자들이 연경 나들이를 자유롭게 하려면 통역을 통해 뇌물을 바치는 수밖에 없었다.

담헌은 이런 사정을 훤히 꿰뚫고 은화를 준비해 온다. 물론 총명한 그가 통역이 주는 정보를 곧이곧대로 믿을 리 없었다. 왜냐하면 통역에게 휘둘려 돈은 돈대로 쓰고, 유람은 유람대로 못하는 경우가 허다했기 때문이다. 역시, 준비된 자는 무엇이 달라도 달랐다.

유관遊觀: 유람을 목적으로, 연경에 가는 이라면 통역을 믿다가는 그 유관을 잘 할 수 없다. 그렇다고 너무 꾸짖다가는 그들의 원망을 사서 뇌물을 바치는 비용이 많이 들게 된다. 그러므로 너무 믿지도 말고 원망도 사지 않으면서 편리하게 행동하려면 직접 아문을 접촉하는 것보다 나은 것이 없다. 그러나 아문을 직접 접촉하려면 역시 예물이 없으면 그들의 환심을 살 수가 없는 것이다.

나는 그런 사정을 익숙히 듣고 요량하였는지라 (수행을) 떠나기 앞서 미리 은자銀子 2백여 냥을 준비하여 고거雇車: 차를 품삼 및 유관의 잡비를 마련하였고, 관舘에 들어가서는 40여 냥으로 갖가지의 지선紙扇을 우리 나라 상인에게 샀던 것이다. ('아문제관衙門諸官, 「연기」, 『담헌서』 외집 7권)

담헌에게 다른 방법은 없었다. 정공법! 통역에게 의지하지 않고, 자신이 직접 아문과 접촉했다. 물론 어떤 양반 자제도 시도하지 않았던 방법이었다.

"나의 이번 걸음은 오로지 유관을 위함이라는 것은 그대들이 아는 바이며, 아문이 법을 핑계로 조종하면, 그대들이 중간에 끼어서 곤란을 받는다 함은 내가 익히 아는 바이다. 그러므로 나는 그대들을 통하여 아문을 찾아보고, 따라서 후한 예물로 그들을 매수하여 나들이에 관계되는 일은 직접 아문에서 해결함으로써 그대들을 괴롭히지 않고자 한다. 그렇게 하면 아문의 조종을 늦출 수 있고, 그대들이 곤란을 받는 것도 면할 수 있다. 그대들은 어떻게 생각하는가?" 물었더니, 통역들이, "그렇게 하여 주시면 참으로 저희들의 다행입니다만 종전에 사행의 자제들은 이 중인中人들을 천하게 여기어 서로 접근하지 않으려 했습니다. 공公께서는 혐의하지 않으시렵니까?"(같은 글)

직접 아문의 관리들과 만나겠다는 말에, 통역들이 더 걱정한다. 양반들은 중인들을 천하게 여겨 접근하지 않는데, 아문의 관리들과 만날 수 있겠냐는 것이다. 이에 대해 담헌은 노가재 선생도 병자호란 직후의 삼엄한 상황에서도 중인들과 접촉했는데, 자신이 꺼려할 일이 뭐가 있겠냐고 도리어 반문한다. 그러고는 통역의 주선 아래 아문의 관리들과 직접 만났다. 담헌은 양반이라는 체면을 세워 청나라 관리를 깔보거나 하지 않았다. 외국인으로 연경에서 유람을 제대로 하려면 청나라 관리에게 직접 허락을 받는 쪽이 가장 빠르고 당당한 방법이라 생각했던 것이다.

담헌은 먼저 아문의 대사인 사주한史周翰을 만났다. 유관을 허락해 달라는 그의 청을 사주한은 흔쾌히 허락하지 않는다. 하지만 담헌은 굴하지 않고 정직하게 묻고 솔직한 바람을 이야기했다.

"조공 사신이 매년 서울에 들어올 적마다 우리들이 유람하는 것은 종래 금한 적이 없었는데, 공公은 어찌해서 그렇듯 허락하기를 인색하게 하시오." …… "나는 수재秀才:과거에 응시할 자격이 있는 사람. 청(淸)에서는 생원이라 함인 만큼 예성禮性은 좀 있습니다. 유관하기 위하여 구차스럽게 도망쳐 문을 나가서, 아문衙門의 누累가 되게 하고 싶지는 않으니, 말씀하신 대로 때를 기다리도록 하겠습니다."('아문제관', 「연기」, 『담헌서』 외집 7권)

담헌에게는 여행자로서의 장점이 또 있었으니, 중국어를 구사할 수 있었다는 점이다. 대사에게 자유로운 유람을 허락해 달라고 부탁하는 즈음, 양통관楊通官·오림포烏林哺·서종현徐宗顯·박보옥朴寶玉·박보수朴寶樹 등 여러 청나라 통관이 들어왔고, 담헌은 일일이 손을 들어 그들에게 인사하였다. 통관들은 담헌의 거침없는 중국어 실력에 더해 배운 티가 나는 문어체 중국어에 호감을 보였다. 뿐만 아니라 담헌은 예의를 다하여 허락을 구했다. 대인의 자제로 아문을 찾아온 이가 없는데 낮은 관리들에게 깍듯하게 허락까지 구하니, 통관들의 호감도가 상승할 수밖에. 문제는 대사 사주한이었다.

그 외중에도 담헌은 아문 관리들의 성품을 관찰하여 기록으로
남긴다.

양통관은 나이 많고 혼미昏迷하여서 거의 일을 보지 않았고, 오
임포는 나이 50여 세, 박보옥은 나이 40여 세로서, 모두 사람됨
이 순량淳良하였다. 서종현은 나이 30여 세로서 용모容貌가 아름
답고 정긴精緊하게 보였고, 박보수는 체격이 크고 뚱뚱하였는
데, 그는 사람됨이 교활하고 사나워 보였으므로 모든 통역들이
다 무서워하였다. 대사는 사람됨이 아주 간솔하고 오만[簡傲]하
여서 끝내 심중心中을 털어 말하거나 웃지를 않았으며, 말이 유
관에 미치면 눈썹을 찡그린 채 대답하려 하지 않았다. 그래서
나는 한참 있다가 돌아오고 말았다. …… 서종맹徐宗孟은 6품品
인 큰 통관通官이다. 그의 형 서종순이 오랫동안 사개使价의 권세
를 쥐고 있어서 이름이 동방에 진동하였는데, 종순이 죽은 뒤에
그의 업業을 계승하였다. 그는 성질이 매우 사납고 탐욕貪慾이
많았으며, 조선말을 잘하고 일을 처리함에 있어 기민함이 남보
다 뛰어났으므로 모든 통역들은 그를 범과 이리처럼 무서워하
였다. 요즈음 병 때문에 아문 밖에 나가 있었다. …… 종맹은 나
이 60여 세로서 키가 크고 얼굴은 수척瘦瘠하고 까무잡잡하였으
며, 눈은 움푹 들어가 흰자위가 많고 수염은 짧아서 뻣뻣하기가
고슴도치 같았다. 바라만 보아도 무서운 인상이 들었다. 조그마
한 지팡이를 들고 다니는데 길이가 가슴에 닿을 만하였다.('아

문제관', 「연기」, 『담헌서』 외집 7권)

담헌 사전에 포기란 없었다. 정공법이 통하지 않으니, 두번째 단계에 돌입했다. 대사와 통관을 만나고 그들의 성품을 파악한 후, 예물을 보낸 것이다. 예물의 성격은 선물과 뇌물 사이? 이때는 누군가에게 어떤 일을 부탁할 때도, 인사를 나눌 때도 선물을 주는 게 관례였다. 담헌은 아문을 방문한 다음날 아침 일찍 대장지大壯紙 1속束, 중장지中壯紙 2속, 부채 다섯 자루와 먹 세 갑, 청심환 5알을 예물로 대사와 모든 통관에게 나누어 보냈으며, 서종현에게는 특별히 붓 세 자루를 더 보냈는데, 붓은 서종현이 요구했기 때문이다. 예물을 보내자, 대사와 통관들은 담헌의 나들이를 허락했다. 이제부터 일일이 허락받지 않고도 연경을 맘껏 볼 수 있었다. 담헌이 인용한 것처럼 '돈이 있으면 귀신도 통한다'는 속담이 헛말이 아니었다.

물론 여기서 끝은 아니었다. 유람에 대한 우여곡절은 계속된다. 여러 통관은 담헌에게 호의를 베풀었지만, 서종맹은 삐치기를 잘했다. 담헌은 달래기의 달인이었다. 유연하고 능숙하게 중국 통관들과 관계를 풀어 갔다. 때로는 정공법으로, 때로는 깍듯함으로, 때로는 선물로 이들의 마음을 돌리고, 자유로운 유람을 누렸다. 그리고 그런 유영의 기술을 『연기』에서 남김없이 보여 주었다. 담헌은 완전히 새로운 여행객이었다. 그의 여행 스타일은 이전 사람들과 전혀 달랐기에 연행록의 스타일 또한 다르게 탄생했다.

『연기』② :
청나라에 대한 새로운 감각

1. 성심과 예의

담헌은 북경에서 천주당을 방문한다. 명나라 신종神宗 때 마테오 리치가 북경에 들어온 이후 천주교 신부들이 계속해서 들어오자 강희제 말년에 청나라 조정에서는 신부들이 살 천주당을 북경의 동서남북 네 곳에 지어 주었다고 한다. 담헌이 방문했던 곳은 천주당중에 남당이었다. 담헌이 천주당을 방문한 이유는 분명했다. 서양에 대한 호기심도 호기심이거니와 혼천의를 제작했던 천문학자로서 천주당의 서양 신부에게 천문과 역법에 대해 배우고, 서양과학기술과 기구를 알아보기 위해서였다. 기실 조선 사신단 대부분이 그랬듯 담헌 또한 천주교에 대한 관심은 그렇게 크지 않았다.

강희 연간 이후로부터 우리 나라 사신이 연경^{燕京}에 가서 더러 그들이 있는 집에 가서 관람하기를 청하면, 서양 사람들은 매우 기꺼이 맞아들이어 그 집 안에 설치된 특이하게 그린 신상^{神像} 및 기이한 기구^{器具}들을 보여 주고, 또 서양에서 생산된 진이^{珍異}한 물품들을 선물로 주었다.

그러므로 사신 간 사람들은 그 선물도 탐낼뿐더러, 그 이상한 구경을 좋아하여 해마다 찾아가는 것을 상례^{常例}로 삼고 있었다. 그런데, 조선의 풍속은 교만하여서 그들을 거짓으로 대하는 등 예의를 갖추지 않는 일이 많고, 혹은 그들의 선물을 받고서도 보답하지 않았다. 또는 수행원 중에 무식한 사람들은 가끔 그 집에서 담배를 피우고 가래침을 뱉으며, 기물을 함부로 만져 더럽혔던 것이다. 그러므로 요즘에 와서는 서양 사람들이 (우리를) 더욱 싫어하여, 관람을 청하면 반드시 거절하고 설사 관람을 허락하더라도 정의^{情誼}로 대하지 않았다.('유·포문답'^{劉鮑問答}, 「연기」, 『담헌서』 외집 7권)

중국에 왔던 천주교 신부들은 처음에 서양과학과 기술로 중국인들의 마음을 사로잡았다. 자명종, 세계지도, 혼천의 등의 과학기구들은 천주교 신앙을 전파하기 위한 일종의 방편 같은 것이었다. 천주당을 방문했던 조선 사신단의 기대도 이것 이상은 아니었다. 혼천의나 파이프오르간, 자명종과 같은 것을 볼 수 있는 데다 진기한 선물까지 선물로 받으니 너도 나도 천주당을 방문했던 것이다.

그런데 문제는 조선 사신단의 태도에 있었다. 천주교에 대한 이해는커녕 이단이라 무시하여 예의도 갖추지 않고 기물은 더럽히니 어느 누가 기꺼워하겠는가? 그 여파는 이후에 오는 조선인들이 고스란히 받을 밖에.

서양인 신부를 만나 확인하고 싶은 것이 많았던 담헌이 얼마나 안타까워했을지 짐작하고도 남는다. 담헌은 교만한 조선의 풍속을 나무란다. 다른 나라의 문화와 풍속을 접할 때 성심과 예의를 갖추는 것이 손님의 기본자세건만, 선물만 탐하니 참으로 한심한 노릇 아닌가. 담헌은 당시 남당의 두 신부, 유송령劉松齡과 포우관鮑友管에게 예물과 함께 편지를 정중하게 보낸다. 예물은 장지 2속束, 부채 세 자루, 먹 세 갑, 청심원淸心元 세 알. 담헌만큼 겸허한 여행객이 또 있을까? 담헌은 성의와 예의를 다해 두 신부의 마음을 움직였다. 배우려는 자세로 다가가는 사람만이 이럴 수 있는 법.

"새봄을 맞이하여 다복하심을 비옵니다. 저희는 궁벽한 지방에서 생장生長하였으므로 식견이 어둡고 고루합니다. 특히 성상의 도星象儀度에 있어서는 그에 알맞은 재주가 아닌데, 망령된 생각에서 배우기를 원하나 공을 들여도 뜻대로 되지 않아 고민합니다. 듣자오니, 좌하께서는 하늘의 근원을 학구學究하여 미묘하고 그윽한 뜻을 발천發闡하고 그 높고 깊음을 궁극적으로 깨달았다 하오니, 대개 백세百世에 듣지 못한 일입니다. 저희는 대방가大方家에게 유학하여 상수象數를 배우려 생각하였으나 국경이

제한된 까닭에 한갓 마음만이 간절했을 뿐이었습니다. 이제 다행히 사행을 따라 황도皇都에 와서 덕德이 높음을 보게 되오니, 거의 숙원宿願을 이룬 듯합니다. 오직 두려운 것은 외국의 비천한 몸인지라 문지기에게 거절을 당할까 주저한 지 여러 날이 되었습니다. 이에 망령되고 경솔함을 돌보지 않고 어리석은 충심을 대강 말씀드리오며, 변변치 못한 토산물이나마 옛사람의 집지執贄하던 뜻을 본받아 올리오니, 여러 선생께서는 살피시어 처리해 주십시오."('유·포문답', 「연기」, 『담헌서』 외집 7권)

담헌의 편지에는 잘난 척이 조금도 없다. 겸손하게 배우기를 청했다. 식견이 어둡고 고루한 저 궁벽한 나라의 선비에게 서양의 천문학을 가르쳐 달라고 한껏 몸을 낮춘다. 천주당의 문지기에게 거절당할까 좌불안석이라는 담헌이 비굴하게 보이는가? 생각해 보라. 수학, 천문학을 탐구하는 학자로서 서양의 대가에게 상수학을 들을 수 있는, 평생에 한 번 올까 말까한 기회를 자존심 하나로 흘려보내는 게 과연 옳을까? 조선 사신단에 대한 인식을 개선하고자 할 때 간곡한 마음을 내보이는 것보다 더 좋은 해결책은 없었으리라.

마침내 담헌의 성의에 유송령과 포우관의 마음이 열린다. 담헌은 천주당을 세 차례 찾아간다. 천주당의 신부들이 흔쾌히 허락했다면 담헌이 천주당에 들른 횟수는 더 많았을 것이다. 이런저런 일로 신부들이 자리를 비우거나 거절해서 세 차례밖에 기회를 얻지 못한다. 그래도 세 차례나 간 덕분에 담헌은 천주당의 성상과 벽화를 자세히 관찰하고, 파이프오르간도 연주해 보고, 이런저런 천문 기구들도 관찰하게 된다. 그리고 유송령 신부로부터 별자리의 운행, 지리, 천주교의 신과 사랑에 대한 이야기를 듣는다. 담헌의 태도에서 깨달은 바는, 다른 문화를 접하는 사람의 윤리는 성심과 예의라는 것이다. 여행에서 많은 걸 보고 느끼려면, 겸허하게 배우기 위한 기본 자세부터 갖춰야 한다. 『연기』를 읽을 때, 부지런하고 호기심 가득한 담헌의 유람벽에 하나 더 보태서 눈여겨봐야 할 것이 있다. 담헌이 남과 다른 여행을 할 수 있었던 또 하나의 비책은 성심과 예의를 다해 배우기라는 사실.

2. 문명의 빛과 그림자

천주당에서 보여 준 학구적 관심 외에도 담헌은 성곽, 자연, 음식, 의복, 병장기, 수레, 온돌, 연극, 마술 등등 청나라의 온갖 기이한 풍물이며 번성한 문물을 보는 재미에 푹 빠져들었다. 담헌에게 청나라는 야만의 나라가 아니라 조선과는 '다른' 나라로서 낯설고 신기할 뿐이었다. 이상하고 신기한 나라! 청나라는 담헌의 호기심을 자극했다. 담헌의 머릿속에는 청나라에 대한 고정된 인식 틀이 아예 없었다. 길 위를 횡단하며 자신이 직접 목격하며 느꼈던 그 모든 것이 청나라였을 뿐, 그 이상도 이하도 아니었다. 『연기』를 보면 담헌은 청나라를 기술하는 일에 있어 몸을 사리지도 않고 축소하지도 않고 그렇다고 과장하지도 않는다. 무시하지도 않고 계몽하지도 않고. 청나라의 문명을 본 그대로, 느낀 그대로 쓸 뿐이었다. 참으로 담담하게!

담헌의 편견 없는 시선 덕분에 이제까지 굳게 지키고 있던 오랑캐 나라라는 이미지는 사라지고, 청나라는 완전히 다른 곳으로 현실화된다. 담헌에게 청나라는 조건반사적으로 야만이거나 오랑캐 땅으로 보이지 않았다. 그렇다고 청나라의 휘황찬란한 문화에 무조건 현혹되지도 않았다. 담헌에게 청나라는 만주족, 한족, 몽고족, 회회족, 위구르족 등이 뒤섞여 살아가는 또 하나의 문화이자 생활의 터전이었다. 담헌은 그 생활의 현장에서 보고 느낀 것들을 진솔하게 이야기했다. 여느 나라나 그렇듯 청나라 문명에는 빛도 있었고 그림자도 있었다.

북경의 유리창琉璃廠은 조선의 선비들을 놀라게 한 대표적인 명소 중의 하나다. 북경 문화의 상징이라고 할 수 있는 유리창에서 담헌은 어지러움을 느낀다. 서적과 솥, 종묘제기, 골동품 등 온갖 보배스럽고 괴상하고 기이하고 교묘한 물건들이 넘쳐흐르기 때문이다. 길을 따라 걸어가면 마치 페르시아[波斯]의 보물 시장에 들어간 것처럼 그저 황홀하고 찬란하기만 해서 종일 다녀도 물건 하나 제대로 감상할 수 없을 정도다. 서점 안의 책은 수만 권이나 되어 고개를 들고 한참 있으면 책 제목을 다 보기도 전에 눈이 먼저 핑 돌아 침침해질 지경이다. 게다가 거울 가게는 또 어떤가? 천백 개로 나

눈 몸이 벽 창문에서 들여다보는 것 같아 한동안 어리둥절 정신을
차릴 수 없다.

> 이 길을 끼고 좌우로 있는 점포만도 수천 수백에 달하고 그 물
> 건 만드는 데 소요된 비용도 몇 만의 거액인지 알 수 없는데, 기
> 실 일반 백성들의 양생養生 송사送死에 꼭 없어서는 안 될 것은
> 하나도 없었다. 그저 모두가 이상한 재주에 음탕하고 사치스러
> 운 물건들로 사람의 뜻을 해치는 것뿐이다. 이상한 물건들이 날
> 로 불어나며 선비들의 기풍이 점점 흐려져 가니, 중국이 발전
> 못하는 것도 다 그런 이유 때문인 것 같다. 슬픈 일이다.('유리
> 창', 「연기」, 『담헌서』, 외집 9권)

담헌은 현기증을 느낄 정도로 사치스럽고 화려한 물건에 눈길
을 주면서도 여기에 현혹되지 않는다. 담헌에게 문명의 심급은 번
화한 시가지와 화려한 물건들로 따질 수 없는 것이다. 백성들의 생
활과 일용에 필요한 물품이 문명지수이다. 그런데 유리창을 아무
리 돌아보아도 그 많은 물건 중에 백성들의 양생養生과 송사送死에
쓸 수 있는 일용품은 하나도 없다. 담헌이 진단하기에 사치스런 물
건에 빠져들면 방탕을 일삼아 선비의 뜻과 기상을 잃게 될 뿐이다.
담헌은 이 때문에 중국이 발전하지 못하는 것이라고 진단한다. 그
나라의 문명화는 백성들의 생활상과 사대부들의 기풍에 달린 것.
담헌은 문화적 화려함이라는 외관에 사로잡히지 않고 청나라의 속

내를 살피려 애썼다.

　담헌은 여기서 그치지 않는다. 황제들이 살고 있는 궁궐의 규모는 그 나라가 잘 다스려지는지 아닌지를 가늠하는 잣대이다. 정치의 도道는 궁궐의 규모와 반비례한다. 담헌은 나라가 안정된 곳은 궁궐이 소박하다고 생각했다. 담헌은 청나라의 정치를 평가할 때도 이것을 기준으로 삼았다. 만주족이 세운 청나라라고 특별하게 더 비판하거나 무시하지 않았던 것이다. 역대 중국왕조와 마찬가지로 청나라 정치에서도 배울 점이 있고, 버릴 점이 있다. 청나라는 4대 황제인 강희제로 인해 중국에 뿌리내릴 수 있었다. 강력한 리더십을 발휘했던 강희제는 60여 년의 치세 동안 청나라를 역대 최고의 왕조로 만든 장본인이다. 담헌은 강희제의 훌륭한 통치력을 창춘원暢春園이라는 별궁에서 찾아낸다.

> 창춘원은 강희제康熙帝의 이궁離宮인데, 경성 서쪽 20리에 있다. 담 높이는 두 길이 채 못 되는데, 담을 돌며 바라보면 높은 지붕을 볼 수 없어, 고루 거각 등 볼 만한 것이 없을 것 같다. 문 옆으로 분원墳園이 둘러 있어 소나무·잣나무가 울창히 들어서 있다. 그 법제의 간소하고 질박함을 알 수 있다. 문단속이 너무 엄해 안으로 들어가 보진 못했지만, 들여다보니 짐작건대 사방이 겨우 3리 정도밖에 안 될 것 같다. 문도 단층 처마였고 단청도 소박하기만 했다. 60년 동안 천하가 받들던 궁실이 이처럼 낮고 검소했으므로, 천하를 위복威服시키고 화이華夷가 은혜에 젖어

오늘날까지 그를 성인으로 부르는 것이다. 3대(하·은·주) 이후로 천하의 임금된 자가 모두 그 거처의 사치를 시새웠다. 이른바 남면지락南面之樂이란 것도 실상 궁궐의 아름다움과 수레·말·장막 등 사치를 누리는 데 불과했다. 비록 천하가 자기를 평판하는 것이 두려워 겉으로 검소한 체하면서도 마음속에 간직된 기호와 욕망만은 숨기지를 못했었다.

오늘날 북경에 궁궐이 그토록 많고 화려한 것도 모두 명나라 3백 년간 풍요와 안정을 통해 짓고 꾸미고 한 것들이다. 거기에 그대로 눌러 있다고 해서 아무도 말할 사람도 없고 또 그것으로 만족을 표시할 수도 있었다. 그런데 그걸 버리고 거친 들판으로 나가 거의 감당甘棠나무 밑의 풀집^{주나라 소공(召公)이 남북을 순행하며 정사를 펼 때 감당나무 아래 풀집에서 기거했음}처럼 하고 살았으니, 그의 욕심을 버리고 검소한 걸 보인거나, 시종일관 평화와 안정을 위해 힘쓴 점은 뒤 임금들의 모범이 될 만하다. 또 천관千官들이 경성에서 매일 새벽에 나와 저녁에 돌아가야 했으니, 육식肉食하고 비단 옷 입는 귀한 사람들로 하여금 말 타는 수고를 익히며 잠시도 편안히 있지 못하게 만들었고, 그 기하旗下의 제관諸官들도 대신 이하는 수레나 가마를 타고 다닐 수 없었으니, 그 제도가 반드시 선왕의 착한 법이 될 수는 없지만 편안한 속에서도 위태로움을 잊지 않으니 역시 패주伯主의 원대한 책략이라 말할 수 있다.('창춘원', 「연기」, 『담헌서』 외집 9권)

강희제의 위대함은 물론 선왕의 착한 법에 미치지는 못한다. 그러나 강희제는 패주가 될 만한 정치력을 갖춘 황제로 오늘날의 청나라를 있게 했다. 강희제가 머물렀던 창춘원이란 별궁은 작고 낮고 소박하기 짝이 없다. 역대 황제들은 겉으로는 소박한 체하면서도 마음속의 사치스런 취향과 욕망을 숨기지 못해 궁실의 위용을 화려하게 꾸미는 데 여념이 없었다. 그러나 강희제는 달랐다. 이미 명나라에서 세운 황실만으로도 사치를 누리기에 모자람이 없었으므로 더는 욕심을 부리지 않았다. 다만 그는 거친 들판에서 일어났던 그 초발심을 잊지 않으려고 명실상부 검소하고 부지런했다. 또한 평화와 안정을 위해 결코 안주하지 않았다. 수레와 가마 대신 말을 타는 수고를 익히게 하면서 유목민으로 살았을 때의 생활을 몸에 새겼다. 이 정도라면 위대한 황제라 할 수 있지 않은가? 중화든 오랑캐든 모두 강희제를 성군이라 일컫는 데는 다 이유가 있었던 것이다. 담헌은 사람들의 시선을 의식하지 않고 강희제의 치적을 평가한다. 청나라의 변발한 황제를 이토록 칭송하다니, 담헌은 청나라에서 배우자는 말을 직접 하지 않으면서도 이런 과감한 논평으로 청나라에 대한 인식을 바꿨다. 그리고 배울 점을 찾아냈다. 담헌이야말로 북학北學의 선두주자다.

담헌의 시선은 옹정제雍正帝와 건륭제乾隆帝로 옮겨 간다. 옹정제의 별궁은 원명원圓明園이다. 강희제의 창춘원보다 10배는 더 웅대하고 사치하다. 그런데도 건륭제가 이 별궁을 다시 수리하면서 그 규모가 본궁을 능가하여 화려하기 그지없다. 검약을 숭상했던 강희제의 어진 정치의 기상은 사라지고 말았다. 그럼에도 담헌은 청나라의 현재를 마냥 비판할 수 없었다. 건륭황제 당시의 청나라는 나라 안팎이 지극히 평화롭고 안정되었기 때문이다.

> 역대로 내려오며 누대樓臺의 사치와 범람함이 진秦·한漢·진陳·수隋 때만큼 성한 때가 없다고 하겠는데, 이들 규모와 제도를 볼 때 그 크고 웅장함에 있어선 아방阿房이나 건장建章만 못할지 몰라도 교묘한 것은 오히려 나을 것 같았다. 그러니 강희康熙의 어진 정치도 거의 식은 것 같다. 그러나 백성들이 부역의 고달픔을 느끼지 않고 세금을 더 물지도 않으며, 중국과 오랑캐가 다같이 평화를 누리고, 관동 수천 리에 근심과 원망의 소리를 들을 수 없었으니, 그 나라를 세울 당시의 간이하고 검소한 법도는 역대 조정이 따를 바가 아니지만, 지금 황제의 재략 또한 남보다 훨씬 뛰어난 점이 있다고 보아야 할 것이다.('서산'西山, 「연기」, 『담헌서』 외집 9권)

담헌이 궁궐의 사치를 문제 삼는 것은 단순하게 옹정제와 건륭제의 정치를 비난하기 위해서는 아니다. 담헌은 정치의 근본을 생각했기 때문에 사치를 경계한 것이다. 화려한 문물을 발전의 상징으로만 보는 건 매우 위험한 생각이다. 화려하고 사치스런 문화는 오히려 사람과 사회를 해치는 조짐이다. 인간의 취향과 욕망을 절제하지 못하면 기강은 해이해지고 기상은 약해진다. 사치와 방탕은 사실 삶의 불균형을 가져오는 주범 아닌가? 욕망이 지나치면 몸을 해치듯, 사회도 조화와 균형을 유지하기 힘들어진다. 그래서 담헌은 검소했던 강희제의 정치가 식은 것을 안타까워하면서 나라의 발전이 어디에서 비롯하는지를 일깨운 것이다. 나라의 발전은 문물의 번성을 말하는 것이 아니라, 백성들의 양생이 제대로 이루어질 때를 일컫는 것이다.

담헌은 건륭 치세의 안정기를 왜곡하지 않았다. 강희제 때만은 못해도 현재의 청나라 또한 역대 최고의 평화와 평안함을 누리고 있었기 때문이다. 백성들은 부역에도 세금에도 시달리지 않았고, 중화와 오랑캐 모두 평화를 유지하고 있었으며, 근심과 원망의 소리가 들리지 않았다. 그야말로 태평성세였다. 담헌은 인정할 것은 인정했다. 담헌은 청나라를 일방적으로 매도하거나 쓸데없이 질시하지 않았다. 현실을 외면하는 행위야말로 우매한 것 아닌가? 다만 청 문명의 빛과 그림자를 보면서 조선의 내일을 탐색할 뿐이었다.

우정의 달인,
하늘 끝에서 지기를 만나다

1. 이역만리 벗을 찾아

담헌 홍대용은 친구 사귀기의 달인이다. 박지원, 정철조鄭喆祚, 나경적羅景績 등 조선에 여러 사우師友들이 있었지만, 담헌의 친구 사귀기는 중국에서 빛을 발했다. 이역만리 하늘 끝[天涯]에서 지기知己를 만든 행위만으로도 담헌은 당당히 18세기 지성사에 한 자리를 차지할 만하다. 『연기』를 보면 그는 사람에 대해 관심이 아주 많다. 그는 어떤 사람과도 이야기를 시도했다. 종친 유군왕楡君王의 작은아들이자 강희제의 증손인 서른한 살의 양혼兩渾, 한 학당의 훈장인 주학구와 그 학생들, 자신의 차부수레꾼였던 17세의 왕문거, 통역관 서종현·서종맹·박보수·오림포·쌍림, 자명종 수리점 주인 및 여러 점포 주인들 등등. 심지어 서종맹이나 박보수와 같은 엄격하고 사나운 사람조차 내 편으로 만드는 데 뛰어난 기술이 있었다. 담헌은 상대방을 대화로 끌어들이는 기술을 타고난 듯하다. 술도 좋아하지 않고, 시를 읊지도 않고, 먹는 걸 그다지 좋아하지 않는데도 불구하고 사람들은 담헌의 깍듯함과 편견 없는 질문에 무장 해제되었다.

담헌은 수동적으로 기다리지 않았다. 양혼 같은 경우는 담헌이 먼저 교제를 청했다. 양혼은 왕족임에도 『대학』・『중용』・『논어』・『맹자』의 사서와 『시경』만 겨우 읽었다. 말타기와 활쏘기 그리고 중국말과 몽고말을 익히느라 독서할 겨를이 없었던 것이다. 그래서 양혼은 담헌처럼 학식과 문장이 뛰어난 자가 교제를 청해 오자 오히려 걱정되어 물었다. "독서도 많이 하고 문장도 잘하는 분이, 나처럼 질박한 사람과 교제할 것이 못 되지 않느냐?" 이에 담헌은 "사람의 도리는 마음에 있고 글에 있지 않으며, 교제하는 도리는 바탕에 있지 문채文彩에 있지 않습니다"라고 답했다.

담헌은 양혼과의 교제를 주선한 진가陳哥라는 상인과도 많은 대화를 나누었는데, 진가는 59세의 장사꾼으로 서학을 독실히 신앙했다. 담헌은 서학을 믿는 사람을 대할 때조차 어떤 거리낌이 없었다. 오히려 곡진하게 서학을 믿는 이유를 물었다. 진가는 이렇게 답했다. "예배를 하고 성경을 읽어서 후생의 복을 구하기 위한 것입니다. 그리고 서인의 종교는, 사람에게 악한 생각을 싹트지 못하게 하는데, 말과 마음이 서로 맞는 것이 가장 복을 구하는 요점이 됩니다." 담헌은 서학을 부정적으로 바라보지 않는다. 자신도 유학을 숭상하는데, 공부자의 가르침도 서학의 가르침과 궁극에서는 다르지 않다고 말한다. "참으로 마음에 악한 생각을 끊어서 말에 망발이 없다면 어디를 간들 복되지 않겠습니까?"('양혼'兩渾, 「연기」, 『담헌서』, 『담헌서』 외집 7권) 담헌은 이렇듯 어떤 이와도 대화가 가능했다. 선입견 없이 사람에게 다가가 그 사람을 알려고 노력했다.

연경으로 떠날 때부터 담헌이 크게 원한 바는 "마음이 맞는, 한 명의 아름다운 선비와 만나 실컷 이야기하는" 것이었다. 그래서 담헌은 청나라의 곳곳에서 사우를 만나고자 적극적으로 청나라 사람들에게 말을 건네고 그들의 집을 방문했다. 대부분은 길가에 사는 장사꾼들이었다. 북경은 문풍이 떨치지 않은 터라 선비를 만나더라도 비루하기 짝이 없었다. 혹 한림학사를 만난 적도 있지만 문학이 심히 졸렬하고 중화와 이족을 구별하여 의심하고 두려워하기만 할 뿐 진솔한 대화를 나눌 수가 없었다. 담헌은 실망했지만 지기를 만나기를 포기하지 않았다. 담헌은 어떤 사람과도 소탈하게 이야기를 나누려 애썼고 그가 누구든, 어떤 대화가 오가든 그 사실을 기록하여 전했다.

2. 천고의 기이한 만남

담헌의 노력은 헛되지 않았다. 두드리면 열린다 했던가. 그야말로 운명적인 순간이 찾아왔다. 이기성李基成이 지인의 안경을 구입하기 위해 유리창에 갔다가 항주절강성의 선비 철교鐵橋 엄성嚴誠과 추루

^{秋庼} 반정균潘庭均과 조우한 것이다. 이 두 사람은 과거를 보러 북경에 올라온 참이었다. 둘 다 안경을 끼고 있었기에 이기성은 쓰고 있는 안경이라도 팔라며 이들을 조른 것이다. 참 웃기는 에피소드이다. 지금이라면 상상하기도 힘든 일이다. 이방인으로 진품의 안경을 구매하기가 힘드니, 급한 김에 끼고 있던 안경이라도 사겠다며 들이대는 조선 선비가 얼마나 우스운가? 그런데 뜻밖에도 이들은 일면식도 없는 이기성을 위해 안경을 벗어 주고, 돈도 받지 않았다. 안경을 구하는 사람이라면 자신들처럼 눈에 병이 든 사람일 텐데, 어찌 돈을 받을 수 있냐며 그냥 벗어 준 것이다.

이 말을 들은 담헌은 우아하고 사랑스런 선비들이라 여겨, 교제하기를 청했다. 한 묶음의 전지, 부채, 먹, 청심환을 선물하며 교제를 구했더니, 이들은 공손히 예의를 갖춰 받으면서 답례로 깃털 부채, 필묵, 다기 등을 보냈다. 이를 계기로 담헌과 항주 선비들의 기이한 우정이 시작된다. 담헌은 이들과 만나면서 한 사람의 지기를 더 얻었으니, 소음篠飲 육비陸飛였다. 담헌은 36세, 엄성은 35세, 반정균은 25세, 소음 육비는 48세였다. 엄성은 이때 담헌과 몇몇 조선 사신의 초상화를 그렸는데, 지금까지 전해진다.

담헌은 북경에 있는 한 달 동안 철교, 추루와는 일곱 번, 소음과는 두 차례 회합했다. 담헌은 이들과 만날 때 사행을 함께 했던 평중 김재행과 늘 동행했다. 평중은 이때 나이 49세였다. 담헌과 평중은 벼슬에 뜻이 없는 선비였고, 항주의 세 선비는 모두 과거를 준비하는 중이었다. 고로, 이들 모두가 백수 선비라는 것! 같은 처지의 이들은 만나자마자 의기투합했다. 김재행은 술을 잘 마시고, 시를 잘 읊어 이 모임에 흥을 돋우었다. 반면 홍대용은 술을 즐겨 마시지 않았고, 시를 읊지도 않았다. 그런데도 담헌 특유의 친화력과 호기심으로 중국인 선비들과 흉금을 터놓고 이야기했다. 한 번 만나면 날이 다 가야 파했다. 그리고 필담으로 대화를 했기 때문에 담화할 때는 종이와 붓을 가지고 빨리빨리 써 나가, 피차에 거의 손을 멈추는 일이 없었다. 서로에 대해 알고 싶었던 것이 너무나 많아 소통하기에 급급했으므로, 이들의 필담은 난잡하고 차서가 없었다고 한다. 그리하여 하루에 나눈 말이 만 마디가 넘을 정도였다니, 이들의 모임이 얼마나 활기차고 즐거웠는지 짐작이 간다.

중국과 조선의 풍속부터 육상산, 양명학, 불학에 이르기까지 방대한 영역을 필담으로 서로 질문하고 배웠다. 이역에서 실현한 사우의 도! 담헌은 이들과의 사귐으로 교조적 주자주의를 벗어 버렸다. 진짜로 주자를 숭상하려면 주자 해석의 잘못된 부분을 고칠 수 있어야 한다. 담헌은 유연하게 대처했다. 습성이 다 옳은 것이 아니기 때문이다. 그래서 이렇게 말했다.

우리나라 유학자들의 주자 숭봉은 실로 중국 사람들이 따라올 수가 없다. 그러나 다만 존숭하여 받드는 것이 귀한 줄만 알고 그 경의經義의 의심되고 논란되는 점에 대해서는 그저 부화뇌동하여 한결같이 엄호하기만 하고 사람의 입을 막으려고만 하니, 이는 향원의 마음으로 주자를 바라보는 것이다. 내 일찍이 병통으로 여겼더니 절강 사람들의 논하는 말을 들어본즉 그들이 지나친 부분도 있지만, 우리나라 사람들의 고루한 습성을 깨끗이 씻어 버렸으므로 실로 사람의 가슴을 시원하게 하는 바가 있었다.('건정록 후어'乾淨錄後語, 「항전척독」, 『담헌서』 외집 3권)

담헌이 맺은 천애의 우정은 북경 안에서 끝난 것이 아니었다. 조선으로 돌아온 이후 담헌은 항주 친구들과 나누었던 필담을 묶어 『건정동필담』을 펴 내었다. 그리고 사신단이 파견될 때마다 인편으로 편지를 주고받았다. 이 편지를 모은 것이 『항전척독』(『담헌서』 외집 1~3권에 수록)이다. 연행의 길 위에서 만난 여러 선비들과 우정의 편지를 주고 받으며 담헌은 우물 안 개구리의 시야를 넓히려고 노력했다. 기실 항주에서 막 북경에 도착했던 철교와 추루도 북경은 한양만큼 낯선 도시였던 것이다. 낯선 도시에서 맞닥뜨린 이들에게 만주족, 한족, 조선족이라는 경계는 없었다. 담헌은 북경의 건정동에서 진정 인종, 지역, 학벌, 지위의 모든 것, 즉 세력과 이해를 뛰어넘는 평등한 관계를 맺었다. 오히려 그런 경계를 허물고 조건 없이 마주했기에 이들의 우정은 평생토록 지속되었다.

오직 얼굴빛·몸가짐 따위의 형식을 없애고 천진난만하게 터놓고 이야기하여, 마치 맑은 물이나 밝은 거울이 들여다보면 비치듯 하고 종이나 북이 두드리면 울리듯 하는 사람이 바로 내가 말하는 선비입니다. 대개 이러한 뒤에라야, 재주[才]·학문[學]·

꾀[術]를 비로소 말할 수 있는 것입니다. …… 지금 이와 같은 좋은 사우를 만났으면서도 오래도록 시중을 들며 끝까지 도움을 받지 못하고, 우연히 만났다가 홀연히 헤어지며 금방 기뻤다가 금방 한스럽게 되어 마침 조물자의 장난감 밖에 되지 않았으니, 아아, 또한 슬픈 일이 아닙니까?('소음 육비에게 준 편지'與陸篠飮飛書,「항전척독」,『담헌서』외집 1권)

만났던 상황이 우리와 같이 기이한 것은 들어보지 못했고, 작별하고 고독하게 지내는 우울도 우리와 같이 괴로운 것은 들어보지 못했습니다. 그러나 나의 이 쌓이고 맺힌 서글픈 심정이 갈수록 더욱 간절해짐을 어찌 금할 수 있겠습니까?('철교 엄성에게 준 편지'與嚴鐵橋誠書,「항전척독」,『담헌서』외집 1권)

벗이라는 것은 서로 선善을 책責하고 인仁을 보도輔導하는 것이라 합니다. 대개, 선과 인이라는 것은 사람의 사람된 이유로서 하루도 없어서는 안 되는 것이며, 그 선과 인을 하려고 하는 사람은 또한 선을 책하여 주는 사람이 없이는 학문을 힘쓰게 될 수 없고, 인을 보도하여 주는 사람이 없이는 덕성을 진취할 수 없는 것이니, 이 점이 벗이 소중한 까닭이며 군신君臣이나 부자父子와 함께 오륜五倫 속에 드는 까닭입니다. 지금 세상의 이른바 벗이라는 것은, 어깨를 치고 소매를 잡아 서로 어울리나 외모外貌만 같이하고 마음은 달리하며, 예절을 찾으면 소원하다 하고 어려운 일을 책임 지우면 오활하다 하며, 환심 사는 것[善柔]만을 서로 좋게 여기고 세력과 이해로써 서로 부르고, 서로 얼리며, 향원鄕原이 되어 가면서도 잘못이라고 여기지 않으니, 이런 것도 벗이라 할 수 있으며, 그러고도 군신·부자의 오륜 속에 들어갈 수 있겠습니까?('소음에게 보낸 편지'與篠飮書, 「항전척독」, 『담헌서』 외집 1권)

이들은 계산도 없었고 서로 꺼리거나 숨기는 것도 없었다. 이들의 만남은 천진난만함 그 자체였다. 그랬기에 이역만리 머나먼 곳에서 편지로만 소식을 전하면서도 우정은 더욱 깊어만 갔다. 이들은 서로를 잊을 수 없었다. 그리고 그저 소식만 주고받은 것이 아니었다. 선으로 인도하고, 인으로 보완해 주는 사이. 그야말로 사우師友로서 최선을 다했다. 담헌은 과거에 낙제한 엄성에게 오히려 축하 인사를 보내며 명성과 지위에 연연하지 말고 집으로 돌아가 편안하고 담담하게 살라고 권한다. 엄성은 담헌의 진심에 감응했다.

담헌은 특히 엄성과 형제처럼 각별하고 애틋했다. 그러나 엄성은 담헌과 만난 그해에 복건성으로 돌아갔다가 학질에 걸려 죽는 참변을 당한다. 서른다섯 살에 단명한 엄성. 담헌은 엄성이 죽기 하루 전날 청나라로 편지를 부쳤고, 엄성은 그것을 보지 못하고 죽었다. 담헌이 나중에 엄성의 부고를 듣고 제문을 보냈는데, 이 제문이 엄성의 2주기 제사 때 도착했다고 한다. 나중에 알려진 바, 엄성은 담헌이 보내 준 먹과 향을 가슴에 품고 죽었다고 한다. 그래서 시신과 함께 먹을 관에 넣었다는 것이다. 이런 것을 일컬어 천고의 기이한 만남이라 할 터. 몇 번의 만남이 문제가 아니라 어떻게 만났느냐가 우정의 강도를 결정하는 것이라 하겠다.

3. 그들도 우리처럼, 우리도 그들처럼

청나라 선비들과의 교류는 담헌이 조선에 돌아왔을 때 문제가 된다. 비방이 난무했다. 당시의 재상 김종수金鍾秀의 동생이자 담헌의 친우 김종후金鍾厚는 편지를 써서 담헌을 심하게 나무랐다. 김종후는 철저히 존화양이尊華攘夷의 논리를 견지했다. 김종후는 이렇게 주장했다. 항주 선비들이 비록 한족 선비지만 변발을 한 데다 만주족 치하에서 벼슬을 하려 하니 변절자와 다를 바 없다는 것이다. 김종후에게 변절한 한족 선비는 누린내 나는 만주족 오랑캐나 마찬가지였다. 더구나 오랑캐는 사람으로도 취급하지 않았다. 조선의 지식인들 대부분이 김종후처럼 생각했다. 그러니 더더욱 담헌은 김종후의 의견에 동조할 수 없었다. 김종후와 몇 차례나 편지를 주고받으며 격렬하게 논박했다. 담헌은 김종후의 그 꽉 막힌 사고방식에 절대로 굴하지 않았다.

우리 동방東邦이 오랑캐[夷]가 된 것은 지세가 그러한 때문인데, 또한 어찌 숨길 필요가 있겠소? 이적에 나서 이적에 행한다 하

더라도 진실로 성인이 될 수도 있고 대현大賢이 될 수도 있는
데, 우리가 만족하지 않게 생각할 것이 뭐 있겠소? 우리 나라가
중국을 본받아서 오랑캐란 이름을 면한 지는 오래 되었소. 비
록 그러나 중국과 비교하면 그 등분이 스스로 있는 것이오. 그
런데 오직 용렬하고 조그마한 재주에 국한된 자로서는 이런 말
을 갑자기 들으면 대개 노여워하고 부끄럽게 생각하면서 마음
에 달게 여기려 하지 않는 이가 많소. 이것은 곧 우리 나라 풍속
이 편협하기 때문이오. 그러나 고명한 집사로서 이런 의견이 있
을 줄은 미처 생각지 못했소. 그 '오초吳楚와 만융蠻戎 ……' 이란
것은 중국의 입장에서 본다면 마땅히 그를 천하게 여길 것이오.
그러나 오 나라의 연릉延陵과 초 나라의 삼려三閭 같은 이는 비
록 중국의 성현일지라도 어찌 일찍이 친구로 삼고 높이지 않았
소?(「또 직재에게 답하는 편지」又答直齋書, 『담헌서』 내집 3권)

오랑캐가 된 것은 땅의 경계 때문이지 사람이 원래 오랑캐라
서 그런 것은 아니다. 오랑캐 땅에서 살아도 성인이나 대현이 될 수
있는 법이다. 이 속에 숨은 뜻은 우리나라 사람이 오랑캐가 아니듯,
청나라의 사람들도 오랑캐가 아니라는 것이다. 담헌의 말은 완곡
하지만, 숨은 뜻은 매우 강렬하고 날카롭다. 오랑캐 땅은 있지만, 오
랑캐는 없다는 인식의 전복. 경계를 나누다 보니, 나를 기준으로 내
밖의 땅은 오랑캐 땅으로 경계 삼을 뿐이다. 그러니 진정 오랑캐가
있는가? 오랑캐를 나눈 것은 그저 중국한족을 중심으로 한 사고 때

문이지, 자신의 입장에서 본다면 오랑캐는 없는 것이다. 중화와 오랑캐라는 척도를 해체해 버리는 논법. 그러므로 오랑캐처럼 살면 오랑캐지만, 오랑캐 나라로 일컬어지더라도 성인처럼 살면 오랑캐일 수 없다. 담헌에게는 만주족도 한족도 사람됨에 따라 다른 것이지, 종족에 따라 사람이냐 아니냐를 따질 수는 없는 것이었다. 그러니 결국 담헌에게 만주족의 청나라는 별로 문제시될 것이 없었다. 청나라의 그 누구와도 소통할 수 있고 그 무엇도 받아들일 수 있었다. 담헌에게는 고명한 학자 김종후가 여전히 오랑캐와 문명의 이분법에 빠져 있으니 이것이 놀라울 뿐이다. 온 나라가 이렇게 고루하니, 어찌 답답하지 않겠는가? 담헌은 이 답답함을 깨려고 무진 애를 썼다.

이렇듯 오랑캐가 아닌 중국을 다스리는 청나라의 현재를 제대로 보게 한 공로가 담헌에게 있었다. 담헌은 청나라 사람들을 있는 그대로 받아들였다. 거기엔 어떤 선입견도 작동하지 않았다. 그 사람이 어떻게 행동하는지 무엇을 사유하는지를 살폈다. 그리하여 담헌은 북벌이 아닌 북학을 외칠 수 있는 계기를 열어 주었다. 이후 박제가와 박지원의 북학 논의는 홍대용으로 인해 나올 수 있었다. 그리고 박제가는 중국에 다녀온 홍대용을 이렇게 묘사했다. 천애의 지기들로 인해 담헌은 완전히 바뀌었다.

드넓은 중원을 갔다 오고선
마음은 세속과 소원했다오.

원하는 바, 지기知己 만나 죽는 것일 뿐

모든 사람 기림은 받지 않으리.

(박제가,「홍대용의 모정에서 원운에 차운하다」첫째수 중에서,『정

유각집』상, 정민·이승수 외 옮김, 돌베개, 2010, 99쪽)

여주와 항주 선비를 한 번 만나곤

언제나 수리의 책을 본다네.

멀리 놀아 세속의 좁음을 잊어버리고

벗 사귐에 성근 교제 드물었다오.(「홍대용의 모정에서 원운에 차

운하다」둘째수 중에서,『정유각집』상, 100쪽)

다른 우주, 다른 세상 『의산문답』① :
우주의 이치로 세상의 이치를 꿰뚫다

1. 중국 여행 그후, 『의산문답』

담헌 홍대용에게 중국 여행의 후폭풍은 상당히 거셌다. 항주 선비들과의 필담을 묶어 편찬하고, 여행기를 쓰는 정도에서 끝나지 않았다. 중국 여행은 담헌의 사유를 바꾸는 결정적 계기가 되었다. 박제가에 의하면 청나라에서 돌아온 뒤 담헌은 수리와 기하 연구에 완전히 몰입했다고 한다. 『주해수용』籌解需用이라는 수리학 책의 편찬은 그 결과물이었다. 하고 싶은 걸 다 할 수 있는 백수라 담헌은 참으로 바쁜 시간을 보냈다. 천하를 구경하고, 천하의 친구들과 사귀고, 책 쓰고, 연구하며 촘촘하게 생활했다. 이처럼 시간을 장악할 수 있는 자도 드물 것이다. 백수의 자유는 진정 이런 것이 아닐까?

　　담헌은 실용적 지식을 정리하는 일에만 머물지 않았다. 중국에서 얻은 깨달음으로 인하여 천문과학의 이치를 궁구하는 동시에 이것으로 세상의 이치까지 꿰뚫는 작업을 시도했다. 그 결산물이 『의산문답』醫山問答이다. 『의산문답』은 중국과 조선의 경계에 놓인 '의무려산'醫巫閭山: 의산을 배경으로 한다. 이 경계지대에서 마주친 허자와 '실옹'의 대화를 문답체로 구성한 '과학-철학' 책이 『의산문답』이다.

홍대용을 18세기의 사상가로서 높이 평가하는 이유는 과학을 과학 기술의 테두리 안에 가두거나, 중국(청나라) 여행을 기이한 체험으로 치부하지 않았기 때문이다. 담헌에게 과학 지식은 지식으로만 머물지 않았고, 경험도 경험으로만 머물지 않았다. 새로운 지식과 경험은 삶의 이치로 전화되었다. 담헌에게 지식과 경험은 자신의 세상과 삶을 들여다보는 촉매제였다. 여기서 얻은 안목과 지혜는 중세 사회의 허위를 꿰뚫어 당대 사회의 통념을 깨고 습속을 전복시키는 힘으로 작용했다.

인생의 궁달窮達은 스스로 정해진 천명이 있는 것이므로 달하면 천하 사람과 더불어 함께 선善을 행하고 궁하면 홀로 일신을 선하게 함으로써 각각 그 처지에 따라 직분을 다할 것뿐이네. 우리 유도의 실학實學됨이 본래 이와 같은 것이네. 만약 반드시 문을 열어 놓고 후학들에게 수업을 해주며, 나와 다른 것을 배척하여, 은근히 남을 이기는 마음만을 만족시키려고 거만스럽게 나만이 제일이라는 뜻을 갖고 있다면, 이런 것은 근세近世 도학의 법도로서 진실로 매우 싫증날 만한 일이네. 오직 그 실심實心·실사實史로써 날로 실지實地를 밟아 먼저 이 진실한 본령本領을 가진 뒤에야 모든 주경主敬·치지致知·수기修己·치인治人의 방법이 바야흐로 실지 손쓸 곳이 있어, 공허한 그림자에 돌아가지 않을 것이네.('낭재 주문조에게 답하는 글'答朱郎齋文藻書,「항전척독」,『담헌서』외집 1권)

일상 생활에서 마땅히 행해야 할 일을 간절히 묻고 가까이 생각하여 일에 따라서 몸소 실천한다면 '성리'性理라는 것도 별다른 것이 아니라 곧 '일용'日用에 흩어져 있는 것입니다. 나아가 그 지식과 실천이 아울러 진보되면 한 근원이며 큰 근본인 성과 천도를 활연히 깨닫게 될 것입니다. 처음 배우는 사람이 자리에 앉아 성명이나 이야기하는 것은 유익하지 못할 뿐 아니라 오히려 해로운 것입니다.(김도환,『정조와 홍대용, 생각을 겨루다』, 책세상, 2012, 182쪽)

담헌은 성리학의 관념 추수주의를 배격한다. 현실은 무시한 채 형이상의 성性이니 도道니 명命이니 이理니를 탐구하는 것은 나라에도 도움이 안 될뿐더러, 우리의 삶에도 전혀 도움이 안 된다는 것이다. 근원에 대한 연구가 나쁘다는 것이 아니라, 근원만 좇아 삶의 문제는 망각해 버린 작금의 사태를 비판하는 것이다. 현실의 지평은 사라지고 관념만 좇는다면 그것이야말로 허학虛學이다.

담헌은 성리학의 도나 천리는 우리의 일상생활에 흩어져 있는 삶의 이치이자 원리이지, 하늘 저 너머에 있는 초월적인 이념이 아니라고 생각했다. 우리 삶을 어떻게 가꿀 것인가의 이치를 찾아내기 위해서는 일상생활에 유용한 것들을 궁구해야만 한다. 현달한 벼슬아치로 살든, 물러나 궁핍한 선비로 살든, 공부하는 사람이 할 일은 삶의 문제를 해결하는 것 그 이상도 그 이하도 아니다. 우주의 이치를 탐구하는 것도, 실용적인 지식을 탐구하는 일도 모두 이 땅 위에 존재하는 사람들의 삶과 관련되어 있을 뿐이다.

2. 허자와 실옹의 문답 그리고 깨달음

『의산문답』은 『논어』, 『맹자』, 『장자』 등과 같은 한문산문의 문답체 형식으로 구성되어 있다. 제목 그대로 의무려산에서 묻고 답한 이야기이다. 이런 문답체 산문의 전통 중에서도 『의산문답』은 『장자』의 글쓰기와 매우 흡사하다. 『장자』에는 우언寓言으로서 허구적인 인물의 문답체가 많이 등장한다. 『의산문답』은 『장자』의 가공인물에 의한 문답체 글쓰기를 모방하면서 고도의 허구적인 서사 전략을 구사한다.

담헌은 철학적 근원을 형이상의 관념 안에 가둬 두려는 흐름에 반대했다. 형이상의 관념이나 지식이나 경험은 다 똑같다. 지식만 추수하거나, 경험 그 자체에만 매몰되면, 이 또한 관념에 불과하다.

이 모든 이치가 세상을 살아가는 원리로 연동되지 않으면 이야말로 헛된 학문이다. 그래서 세상 모든 이치가 진짜 일이 되고, 진짜 마음이 되고, 진짜 현실로 드러나는 '실학'의 경지에 도달하기 위해 힘썼다. 그것을 실천한 책이 『의산문답』이다.

『의산문답』은 허자와 실옹이라는 허구적인 인물들을 내세워 세상을 다르게 보고, 다르게 살기를 권하는 책이다. 이 책에서는 새로운 지식, 즉 실학으로 무장한 실옹이 헛된 학문에 빠져 방황하는 허자를 다른 세계로 인도한다. 마치 『장자』 속의 허구적 인물들이 묻고 답하면서 삶의 진실을 찾아가는 우언과 같다. 설명문이나 논설문의 형식이 아니라 우언의 대화체 형식으로 이루어져, 인간이 지닌 어리석음과 독단이 적나라하게 드러나면서 사유의 전환과 삶의 전회가 왜 필요한지를 자연스럽게 터득하게 한다. 『의산문답』은 과학서여서 특별하기도 하지만, 이 책이 궁극에 도달하려는 것은 깨우침이다. 우주와 삶이 연동되어 있다는 깨우침, 그래서 이 원리를 알았다면 삶에 관한 인식도 바꿔야 한다는 깨달음!

『의산문답』은 이렇게 시작한다. 주인공 허자가 조선에서 성리학 공부에 매진하다 알아주는 이가 없자, 자기를 알아주는 이를 찾기 위해 중국 땅을 헤맨다. 그러나 여기서도 알아주는 이는 없다. 실의에 젖어 조선과 중국의 경계 지대인 의무려산에 올랐다가, 우연히 실거지문實居之門이라 써 있는 석문으로 들어간다. 그곳에서 기이한 인물 '실옹'을 대면하게 된다. 실옹은 첫 대면에서부터 허자의 '허위 의식'을 꾸짖는다. 실옹이 꾸짖는 건, 허자로 대변되는 조선의 선비들이다. 실옹은 거추장스럽고 지엽적인 예법에 매달리며 궁극적 의미는 버린 채, 남에게 자랑하고, 남을 이기기 위해 정학^{유학}에 매달리고, 권력과 명성과 이익을 차지하려고 인^仁과 보신^{保身}을 떠들어대는 성리학자들을 통렬하게 비판한다. 허자는 실옹의 비판을 듣고 비로소 자신을 돌아보게 된다. 허자는 30년 동안의 공부가 실은 옛사람의 찌꺼기에 불과했음을 깨닫고, 자신의 고루한 편견과 습속을 깨기 위해 실옹에게 가르침을 받는다.

허자와 실옹의 이 마주침에 의해 드디어 그 유명한 실옹의 철학적·과학적·정치적인 논변이 시작된다. 실옹은 허자의 질문에 대해 "인물균론^{人物均論}·우주무한설·지전설^{地轉說}·화이론^{華夷論}"의 주제를 차례대로 설명한다. 사실 이 논변들은 각기 독립된 것처럼 보이지만, 하나의 주제로 연결된다. 이 주제들은 만물을 구성하는 이치들이다. 우주의 이치, 인간과 사물의 이치, 땅의 이치, 정치의 이치들은 하나로 연결되어 있다. 이 이치들을 궁구하다 보면 결국에는 우리의 삶이 보인다. 궁극에는 어떻게 살아야 하는가가 과제로 남는다. 『의산문답』은 격물치지의 과정이다. 그리고 이 앎은 삶의 과정이 되어야 한다는 것.

3. 인간과 만물은 똑같다

실옹은 만물의 이치 중에서도 가장 먼저 인간에 대해 이야기한다.

인간을 어떻게 규정하느냐에 따라 세계를 해석하는 관점이 달라진다. 그래서 실옹은 그 본원이 되는 인간의 본성과 사물의 본성으로부터 이야기를 시작한다. 그런 다음 하늘과 땅, 성계星界와 지계地界, 서양과 중국, 화華와 이夷 등 중세적 구획을 가로지르는 천지자연과 역사와 문명의 대도를 설명한다.

심성론을 보여 주는 다음의 구절을 보자.

> "너는 진실로 사람이로군. 오륜五倫과 오사五事는 사람의 예의禮義이고, 떼를 지어 다니면서 서로 불러 먹이는 것은 금수의 예의이며, 떨기로 나서 무성한 것은 초목의 예의이다. 사람으로써 물物을 보면 사람이 귀하고 물이 천하지만 물로써 사람을 보면 물이 귀하고 사람이 천하다. 하늘이 보면 사람이나 물이 똑같다."(「의산문답」, 『담헌서』 내집 4권, 이하 '다른 우주, 다른 세상 『의산문답』①②' 장에서 출처를 명기하지 않은 인용문은 모두 『의산문답』임)

이 구절은 사람은 물론 동식물에도 오상五常이 온전히 갖추어져 있다고 보는 낙론洛論의 '인성과 물성은 똑같다'는 인물성동론人物性同論을 변주하여 인물균론人物均論을 펼치고 있는 부분이다. 인물성동·이론人物性同異論은 18세기 노론학파들 사이에서 일어났던 철학적·정치적 논쟁이었다. 노론학파 중 한원진韓元震을 비롯한 호서 학자들은 인의예지신의 오상이 인간을 제외한 사물에는 갖추어지지 않았다고 주장하였고, 김원행과 같은 근기 지역 학자들은 인간과 사물에는 똑같이 오상이 갖추어져 있다고 주장하였다. 담헌은 김원행의 제자로서 인성과 물성이 똑같다는[人物性均] 주장을 펼쳤다. 이 심성론에 관한 해석은 자신의 철학적·정치적 입장을 표명하는 것과 다름없다.

인용문의 마지막 구절인 "사람으로서 물物을 보면 사람이 귀하고, 물의 입장에서 사람을 보면 물이 귀하고, 하늘의 입장에서 보면 똑같다"는 철학적 명제는 『장자』의 「제물론」齊物論에 의거한 말이다. 인물균의 논리가 『장자』에서 왔다고 해서, 『의산문답』의 파격성이 줄어드는 것은 아니다. 오히려 『장자』의 사유와 표현으로 조선 후기 사회의 편벽을 뛰어넘고, 중세 지식의 고루함을 파격적으로 넘을 수 있었던 것이다.

이 명제는 옳고 그름을 따지라고 던져 준 말이 아니라 철학적 성찰을 요구하는 말이다. "오륜과 오상은 인간의 예의이고, 떼를 지어 다니면서 서로 불러 먹이는 것은 동물의 예의이고, 떨기로 나서 무성한 것은 초목의 예의임"을 인정하려면 자기중심적인 생각을 버려야 한다. 초목의 떨기성과 동물의 군집성이 진정 인간의 오륜만 못한 것인가? 재차 묻는다.

편협하게 쌓아 온 인간 중심의 지식과 인간 중심의 마음으로 자연을 보게 되면 자연은 나(인간)만 못한 존재일 뿐이다. 그러나 나를 비우고 자연을 보면 있는 그대로의 자연을 인정하게 되어 그 자연이 나와 다르지 않다는 사실을 깨닫게 된다는 것이다. 홍대용이 진정 의도했던 철학적 성찰이 바로 이것이 아니었을까? 중심을 상정하면 사람과 사물은 차별화되지만, 사람과 사물의 '사이' 즉 하늘에 서서 보면 사람과 사물은 똑같다. 각각의 본성은 다만 다른 양태로 표현될 뿐이다.

홍대용에게 있어 철학적 성찰은 사심 없이 대상을 관찰하는 태도에서부터 나온다. '물'의 본성이 인간과 결코 다르지 않다는 인식을 심어 주기 위해 그는 자연에 대한 세심한 관찰이 얼마나 중요한지 말한다.

"너의 미혹이 너무도 심하구나. 물고기를 놀라게 하지 않음은 백성을 위한 용의 은택이며, 참새를 겁나게 하지 않음은 봉황의 세상 다스림이다. 다섯 가지 채색 구름은 용의 의장이요, 온몸에 두루한 문채는 봉황의 복식이며, 바람과 우레가 떨치는 것은 용의 병형兵刑이고, 높은 언덕에서 화한 울음을 우는 것은 봉황의 예악禮樂이다. 시초와 울금초는 종묘제사[廟社]에서 귀하게 쓰이며, 소나무와 잣나무는 동량棟樑의 귀중한 재목이다.

이러므로 옛사람이 백성에게 혜택을 입히고 세상을 다스림에는 물物에 도움받지 않음이 없었다. 대체로 군신君臣간의 의리는 벌[蜂]에게서, 병진兵陣의 법은 개미에게서, 예절禮節의 제도는 박쥐[拱鼠]에게서, 그물 치는 법은 거미[蜘蛛]에게서 각각 취해 온 것이다. 까닭에 '성인聖人은 만물萬物을 스승으로 삼는다' 하였다. 그런데 너는 어찌해서 하늘의 입장에서 물物을 보지 않고 오히려 사람의 입장에서 물을 보느냐?"

자연의 모습을 은유적으로 표현하면서, 자연에 오히려 인생의
비의秘意가 숨겨져 있음을 보여 준다. 물고기의 자유로운 노닒, 참새
의 편안한 움직임으로부터 벌, 개미, 박쥐, 거미의 생태는 인간들의
제도와 윤리를 반성적으로 보게 한다. 나와 다른 대상을 차별적으
로 보는 시선을 벗어나서 자연을 세심하게 관찰하면 자연은 법 삼
을 수 있는 존재이다. 자연의 진면목을 보려면 자신을 비우고 관찰
해야 한다.

담헌의 인물균론은 장자가 말한바 만물과 인간 사이에는 어떤
차이도 없다는 논리와 비슷하다. 그런데 담헌은 장자와는 다른 방
식으로 인간과 만물 사이의 위계를 해체한다. 성리학의 논리를 깨
지 않으면서 인간과 만물 사이의 경계를 깨뜨리는 아주 오묘한 논
법이다. 그야말로 성리학의 논법으로 성리학의 한계를 넘어서는
방식이라 말할 수 있을 것이다.

담헌은 인간에게 의리義理의 법칙이 있는 것처럼 만물에도 의
리의 법칙이 있다고 함으로써 인간과 만물 사이의 위계를 없앤다.
이에 따라 성리학의 이기설理氣說을 만물의 이기설로 확장시킨다.
담헌의 논리가 성리학의 자장 안에 있으면서 성리학을 넘어서는
지점이 바로 여기에 있는 것이다. 담헌은 인성에만 부여했던 '당연
히 그래야만 하는 법칙'로서의 '소당연지칙'所當然之則이라는 천리의
한 측면을 물성에도 부여한다. 인간에게만 부여했던 의리적인 해

석을 만물에게도 적용시켜 버린 것이다. 인간이 윤리를 타고났다면, 만물도 살아가는 윤리를 타고난다. 그런 점에서 인간과 만물은 똑같다.

장자는 인간이나 만물이나 어떤 윤리를 갖고 태어난 것이 아니라, 태어난 이후 인간이 윤리를 만들었다고 보는 입장이다. 그러므로 윤리도 고정되어 있지는 않은 것. 오직 삶의 원리만 있을 뿐이다. 그런데 담헌은 이 삶의 자연스런 원리를 각 만물의 윤리로 바꾸어, 인간과 만물이 일체임을 역설한다. 유가의 도덕윤리를 깨뜨리지 않으면서, 모두 나름의 도덕윤리를 가지고 있다는 점에서 도덕윤리가 상대적인 것이라는 인식을 심어 놓는다. 담헌은 성리학에 정면으로 도전하지는 않지만, 이렇게 함으로써 성리학의 경계는 은근슬쩍 허물어진다. 이래서 담헌의 논리는 교묘하다.

천지天地에 가득 찬 것은 다만 이 기氣뿐이고 이理가 그중에 있다. 기의 근본을 논하면 담일澹一하고 충허沖虛하여 청탁淸濁을 말할 것이 없고, 그 승강升降하고 비양飛揚하여 서로 부딪치고[激] 서로 밀쳐[蕩] 찌꺼기[糟粕]와 나머지[煨燼]가 같지 않음이 있게 된다. 이에 맑은 기를 얻어 화化한 자가 사람이 되고 흐린 기를 얻어 화한 자가 물物이 된다. 그중 지극히 맑고 지극히 순수하고 신묘하여 헤아릴 수 없는 자가 마음이 되어 모든 이理를 묘妙하게 갖추고 만물을 재제宰制하는 소이所以가 된다. 이는 사람과 물이 같다.(「서성지에게 답하여 심설을 논함」答徐成之論心說, 『담헌서』

내집 1권)

대저 같은 것은 이理이고, 같지 않은 것은 기氣이다. 주옥珠玉은 지극히 보배요, 분양糞壤:썩은흙은 지극히 천하니 이것은 기이다. 주옥을 보배로 여기는 소이所以와 분양을 천하다 하는 소이는 인의仁義이니, 이것은 이理이다. 그러므로 이르되 주옥의 이理는 곧 분양의 이理이고, 분양의 이理는 곧 주옥의 이理라고 한다.(「심성문」心性問, 『담헌서』 내집 1권)

썩은 흙分壤은 썩은 채로 있어야 한다. 그래야 흙의 흙됨이다. 흙의 흙됨을 만들어 주는 것이 흙의 인의仁義다. 결국 모든 만물에는 인의가 있다. 인간에게만 인의가 있는 것은 아니다. 이렇게 되면 인의는 윤리가 아니라 자연의 저절로 그러한 이치다. 이렇게 성리학의 이기론을 이기론 같지 않게 만들어 버린다. 실상은 이기론의 해체다. 그러나 의리론을 해체하지 않고 확장하고 낮춤으로써 모든 만물이 똑같음을 설파한다.

이 결과 인물균론은 사회적 신분 구획을 무너뜨리는 데까지 이른다. 담헌은 거침이 없다. 농부나 장사치의 자식도 능력이 있으면 조정에 들어가 일할 수 있고, 공경대신의 자식이라도 재능과 학식이 없으면 하인이 되어야 한다는 논리를 편다. 담헌에게 사농공상의 구분은 신분적 위계에 의한 것이 아니라 직업적 분류에 불과하다. 따라서 학식과 능력이 중요하다. 인간과 만물이 똑같듯 모든 인간들도 천성적으로는 똑같다. 다만 능력에 차이가 있기 때문에 능력에 따라 일하면 된다. 담헌에겐 능력에 따라 어떤 일을 어떻게 하느냐가 더 중요하다. 신분의 장벽 때문에 능력 있는 사람이 제 역할을 못하는 것은 사회적 병폐다.

대개 인품에는 고하가 있고 재주에는 장단점이 있다. 그 고하에 따라 단점을 버리고 장점을 살리면 천하에 아주 못 쓸 재주란 없을 것이다. 면面 학교 교육에서, 그 가운데 뜻이 높고 재주가 많은 자는 위로 올려 조정에서 쓰도록 하고, 자질이 둔하고 용렬한 자는 아래로 돌려 야野에서 쓰도록 하며, 그 가운데 교묘한 생각을 잘 내고 민첩한 솜씨를 가진 자는 공업으로 돌리고, 이利를 내기에 밝고 재화를 불리기 좋아하는 자는 상업으로 돌리며, 그 가운데 좋은 모책을 묻고 용맹이 있는 자는 무반으로 돌리도록 한다. 그리고 소경은 점치는 일을 하게 하고, 궁형宮刑을 당한 자는 궁문지기 일을 맡게 하며, 벙어리와 귀머거리와 앉은뱅이에 이르기까지 모두 적합한 일거리를 갖도록 해야 한다. ……
우리나라는 본디부터 명분을 중히 여겼다. 양반들은 아무리 심한 곤란과 굶주림을 받더라도 팔짱 끼고 편하게 앉아 농사를 짓지 않는다. 간혹 실업에 힘써서 몸소 천한 일을 달갑게 여기는 자가 있다면 모두들 나무라고 비웃기를 노예처럼 무시하니, 자연 노는 백성은 많아지고 생산하는 자는 줄어든다. 재물이 어찌 궁하지 않을 수 있으며, 백성이 어찌 가난하지 않을 수 있겠는

가? 과목별로 조항을 엄격히 세워야 마땅할 것이다. 그중 사농
공상에 관계없이 놀고먹는 자에 대해서는 관에서 일정한 벌칙
을 마련하여 세상에 용납할 수 없도록 하여야 한다.

재능과 학식이 있다면 비록 농부나 장사치의 자식이 낭묘^{의정부}
에 들어가 앉더라도 참람스러울 것이 없고, 재능과 학식이 없
다면 비록 공경의 자식이 여대^{하인}로 돌아간다 할지라도 한탄
할 것이 없다. 위와 아래가 힘을 다하여 함께 그 직분을 닦는 데
부지런하고 게으름을 상고하여 분명하게 상벌을 베풀어야 한
다.(「임하경륜」^{林下經綸}, 『담헌서』 내집 4권)

「임하경륜」에서 담헌은 엄정한 법가처럼 말한다. 양반의 특권
의식이나 권위를 일체 배제한 채 능력을 우선시했다. 그 때문에 무
위도식을 싫어한다. 사농공상 중 누구라도 놀고먹는 자에게는 벌
을 내리고, 세상에서 용납해서는 안 된다고 강경하게 말한다. 담헌
자신 역시 백수로 살았으면서 어찌 이런 말을 했을까? 생산을 한다
는 것은 무엇일까?

성호는 농사를 짓거나 장사를 하는 행위를 생업에 종사하는 것
으로 보았다. 그래서 농사꾼에 비교할 때 독서하고 연구하는 자신
은 무위도식하는 것처럼 느꼈다. 성호는 선비의 사회적 책무를 중
시했기 때문에 자신을 그렇게 규정했던 것이다. 성호와 달리 담헌
에게는 이런 의식이 보이지 않는다. 관직에 나아가 녹봉을 받지 않
으니 백수임엔 틀림없지만, 자신을 무위도식의 식충이로 규정하

지 않는다. 담헌은 선비의 사회적 임무가 정해져 있다고 생각하지 않았다. 선비의 사회적 책무가 정치에만 있는 건 아니다. 각자가 능력껏 살기를 바랐기 때문에 관직을 선비가 가야 할 유일한 길로 보지 않았다. 그러니 양반이나 서민이라는 신분상의 구애를 받을 까닭이 없다. 서민이 관리가 되고 싶으면 관리가 되고, 양반이 봉급이 없더라도 천체과학에 종사하고 싶다면 그렇게 해야 한다.

백수에도 차이가 있다. 재물을 버는 일은 아니지만 담헌은 능력껏 일을 했다. 천체를 관측하고 책을 읽고 수학책을 쓰고 여행기를 썼다. 백수로서 지성을 발휘했다. 곧 지성적 생산에 참여했다. 아니 지성을 발휘하기 위해 백수로 살았다. 한가하고 게으르기 위해 노는 것이 아니다. 진짜 일을 하고 싶어서 놀았던 것이다. 그런 의미에서 신분상의 평등을 주장하는 담헌의 말에는 힘이 있다. 무엇에 구애받지 않고 자신이 하고 싶은 것을 한다면, 세상은 바뀐다. 능력대로, 하고자 하는 바대로 살 수 있다면 사회의 모든 차별적 시선과 잣대가 저절로 무너질 수 있을 것이다. 신분이 무슨 중요한 잣대가 될 수 있는가? 그래서 담헌의 삶과 담론은 강한 실천력을 갖는다.

다른 우주, 다른 세상 『의산문답』② :
세상의 중심을 깨뜨리다

1. 우주에는 중심이 없다

담헌 홍대용의 『의산문답』을 조선시대의 가장 긴 과학서라고들 말
한다. 하지만 과학서라는 말에 고무되어 『의산문답』을 읽는다면 실
망할 것임에 틀림없다. 천문학에 관한 고도의 지식으로 가득 차 있
으리라는 기대가 여지없이 무너지기 때문이다. 『의산문답』은 과학
이론에 관한 전문 서적이 아니다. 인간·우주·세계에 관한 가장 뜨거
운 이슈를 가지고 논쟁하는 책이다. 전적으로 천문학만을 다룬 과
학 서적이라기보다 당시 사람들이 지니고 있는 상식 또는 편견을
깨뜨리기 위한 일련의 논쟁 속에 천문학이 중요한 논점의 하나로
배치되어 있는 것이다.

　　그러나 이 때문에 과학서로서의 『의산문답』의 의미가 축소된

다고 할 수는 없다. 당대 최고의 천문학 이슈들을 전면적으로 다루고 있기 때문이다. 지구는 둥글다는 '지원설'地圓說, 지구는 스스로 돈다는 '지전설'地轉說, 우주가 무한히 펼쳐져 있다는 '우주무한설'이 그것이다. 또한 이 천문학 논쟁이 우주에 관한 상식을 깨는 선에 멈추지 않고, 우리들의 세계 인식과 삶의 태도까지 돌아보게 만든다. 이것이야말로 궁리窮理로부터 궁행躬行에 이르는 앎-삶의 일치가 아닌가? 담헌은 지식 담론이 의식 혁명이자 삶의 혁명에 이르기를 원했다. 그 지식 담론은 특정한 한 분야에 국한되지 않았다. 담헌에게는 성리학의 심성론, 천문학, 정치학에 관한 모든 지식 담론이 삶이라는 이름으로 연동되었던 것이다.

담헌에게 과학은 지식으로 소비되지 않고, 우리 삶과 세계의 관계를 보는 힘으로 작용했다. 그래서 『의산문답』의 허자와 실옹의 대화는 인간의 심성 조건을 탐구한 후, 우주에 관한 질문과 대답으로 이어진다. 담헌은 "음양설과 의리설"로 우주의 원리를 탐구하던 전래의 방식에서 벗어나 자연과학적 사고로 우주를 해명한다. 지원설, 지전설, 우주무한설로 구성된 담헌의 천문학은 그 이론 자체만으로도 의미 있지만, 더 중요한 지점은 이 세계에 '절대 중심'이 있다는 관념을 해체하는 데 지대한 공헌을 했다는 것이다.

담헌은 자연과학적 사고로 중세적 관념의 편협성을 깨뜨린 것이다. 천원지방天圓地方으로 규정했던 전통자연학의 하늘과 땅의 위계는 지원설과 지전설에 의해 깨진다. 담헌이 주장하는 지원설과 지전설이 서양 천문학의 이론에 비해 얼마나 독창적인가를 따지는 것은 『의산문답』의 맥락에서 볼 때 그렇게 중요한 일은 아니다. 담헌의 지원설과 지전설은 17세기 이래 들어온 서양 천문학을 근거로 이루어졌음에 틀림없다. 그러나 담헌의 천문학 이론의 의미는 하늘, 땅, 별들이 각각 위계적으로 연결되었다는 관념을 깨고, 서로 독립적이라는 사실을 밝힌 데 있다. 각각은 저대로 중심일 수 있다는 것, 그리고 그 어떤 것도 어떤 것의 중심이 될 수 없다는 그 사실!

지구는 둥글고, 지구는 스스로 돌기 때문에 우주의 중심은 없다. 지구는 동서남북 사방으로 펼쳐진 네모 구조가 아니기 때문에 지구상의 그 어떤 세계도 하나의 중심이 되기는 어렵다. 그리고 하늘이 지구를 향해 도는 것이 아니라 지구 스스로가 돌고 있기 때문에 우주의 중심은 없다. 하늘도 중심이 아니요, 지구도 중심이 될 수 없다. 게다가 우주에는 지구와 같은 세계가 무한으로 존재하고 그 각각은 다 지구처럼 회전하며 독립적으로 펼쳐져 있으니 누가 누구의 중심이라 말할 수 있겠는가? 담헌이 주장하는 바는 이것이었다. 이것을 위해 담헌은 지구가 둥글다는 사실, 지구가 스스로 돈다는 사실을 관측과 유추에 의해 증명하려 애썼다.

①"심하다. 너의 둔함이여! 온갖 물의 형체가 다 둥글고 모난 것이 없는데 하물며 땅이랴!
달이 해를 가리울 때는 일식日蝕이 되는데 가리워진 체體가 반드시 둥근 것은 달의 체가 둥글기 때문이며, 땅이 해를 가리울 때 월식月蝕이 되는데 가리워진 체가 또한 둥근 것은 땅의 체가 둥

글기 때문이다. 그러니 월식은 땅이 거울이다. 월식을 보고도 땅이 둥근 줄을 모른다면 이것은 거울로 자기 얼굴을 비추면서 그 얼굴을 분별하지 못하는 것과 같으니, 어리석지 않느냐?

옛날 증자曾子가 말하기를 '하늘은 둥글고 땅은 모나다' 하였으나, 이것은 사각四角을 서로 가리워 낼 수 없는 것인데 그 말만은 여기서 유래된 것이었다.

대개 하늘이 둥글고 땅이 모난다는 것을 어떤 자는 천지의 덕을 말한 것이라 하였다. 또 너도 옛사람이 전해 기록한 말을 믿는 것이 어찌 직접 목도하여 실증하기만 하겠느냐?

진실로 땅이 둥글다면 사우四隅·팔각八角·육면六面이 모두 평면이고 변두리는 낭떠러지로 되어 마치 담이나 벽처럼 되었을 것이다. 그렇게 보이는가?"

②"지구의 체體와 상하의 세력에 대해서는 가르쳐 주신대로 믿겠습니다. 감히 묻건대, 땅덩어리의 회전이 그처럼 빠르고, 부딪는 기운도 그처럼 격렬하다면 그 힘이 반드시 맹렬할 터인데, 사람이나 다른 사물이 쓰러지고 넘어지지 않는 까닭은 무엇입니까?"

실옹이 말하기를,

"온갖 물物이 생겨날 때는 모두 기氣가 있어, 그것이 휩싸고 있기 때문이다. 체는 크기가 있고 기는 두께가 있으니, 마치 새알의 노른자와 흰자가 서로 붙어 있는 것과 같다.

땅은 덩어리도 크거니와, 싸고 있는 기운 또한 두껍다. 이것이 엉켜 뭉쳐져 하나의 공 모양을 이루어서 허공에서 돌게 된다. 천지의 두 기氣가 갈고 비비는 즈음에 서로 빨리 부딪치는 것을 술사術士는 측량하여 강풍罡風이라 한다. 이 바깥은 크고 넓고 깨끗하고 고요할 뿐이다.

천지의 두 기가 서로 부딪쳐 땅으로 모이는데 마치 강과 하수의 물이 낭떠러지에 떨어져 소용돌이를 이루듯 한다. 상하의 세력은 이렇게 이루어지는 것이다.

마치 새가 공중에서 날고 구름은 피어나며 걷혀 물고기와 용은 물에서 놀고 쥐는 땅으로 다니듯, 모여진 기氣에서 활동하여 넘어지거나 쓰러질 염려가 없거늘, 하물며 지면에 붙어 있는 인·물이겠는가?

또 너는 너무도 생각지 못하는구나. 지구가 돌고 하늘이 운행함은 그 형세가 같은 것이다.

만약 쌓여진 기氣의 달림이 회오리바람보다 더 사납다면 인·물의 쓰러지고 넘어짐이 반드시 갑절이나 될 것이다. 개미가 맷돌에 붙어 빨리 돌다가 바람을 만나 쓰러지는 것을 깨닫지 못하는 것처럼 하늘의 운행은 괴이하게 여기지 않으면서 땅의 회전에만 의심하니, 생각의 못 미침이 심하도다."

①에서 지구가 둥글다는 논의는 유추와 비유에 의해서 이루어진다. 홍대용은 세상의 모든 물체가 둥글지 않은 것이 없기 때문에

지구도 둥글다고 말한다. 또한 일식과 월식이라는 천문 현상을 통해 지구가 둥글다는 것을 유추한다. 달이 해를 가리는 현상이 일식인데, 달이 둥글기 때문에 해를 가린 형상이 둥글게 나타난다. 땅^{지구}이 해를 가리는 현상은 월식인데, 해를 가린 형상이 둥글게 드러난다. 일식 현상에서 달이 둥글기 때문에 둥근 형상으로 반사되는 것처럼 해를 가린 형상이 둥근 이유는 달처럼 땅도 둥글기 때문이라고 유추한다. 일식을 통해 월식의 현상을 유추하고, 땅이 둥글다는 사실을 유추했던 것이다. 홍대용은 월식은 땅을 거울에 비추어 본 것과 같은 현상이라고 비유하여, 지구가 둥글다는 것이 얼마나 자명한 사실인지를 강조하고 있다.

②는 지구가 자전하는데도 지구상의 사람과 사물이 쓰러지지 않는 연유가 어디에 있는지를 설명하는 부분이다. 홍대용은 이를 계란의 노른자와 흰자, 그리고 회전하는 맷돌에 비유하여 설명한다. 모든 사물은 형체로 이루어져 있고 이 형체를 기가 싸고 있는데, 지구도 마찬가지이다. 지구는 땅덩어리와 기가 만나 공 모양을 이루어 회전하는 것인데, 계란의 흰자와 노른자가 서로를 지탱하는 모습처럼 지구도 형체와 기가 서로를 지탱하며 회전한다는 것이다. 이런 원리 때문에 땅덩어리를 둘러싼 기운 속에서 새도 날아다니고, 구름도 피었다 걷히며, 물고기도 물속을 헤엄쳐 다닐 수 있다는 것이다. 그러니 땅이라는 형체에 붙은 사람과 사물이 쓰러지지 않는 것은 당연하다. 이것을 확실하게 보여 주기 위해, 회전하는 맷돌에 붙은 개미를 예로 든다. 맷돌이 돌아도 맷돌에 붙어 있는

개미가 그대로이듯 지구가 회전해도 사람과 사물은 쓰러지지 않고 그대로일 수 있다는 것이다. 맷돌의 비유는 구체적 실감을 안겨 준다.

2. 하늘은 주재하지 않는다!

홍대용은 객관적 현상을 있는 그대로 보고자 노력했다. 지구가 둥글며, 지구는 드넓은 우주에 무한대로 펼쳐진 여러 별 중의 하나라는 주장은 하늘과 지구를 구획 짓는 위계의 관념이 설 자리를 잃게 만들었다. 그는 천리天理의 절대성과 주재성을 부정했으며, 하늘에 형이상학적 의미를 부여하는 해석에도 반대했다. 그에게 하늘은 지구와 다르지 않은 세계였다.

18세기 초반 서양에서 중천설重天說이 들어왔는데, 지구는 몇 겹의 하늘에 둘러싸인 형태라는 것이다. 김석문金錫文은 중천설을 수용하여 9중천설을 지지하는데, 우주 바깥으로부터 차례로 태극, 태허, 경성, 진성(토성), 세성(목성), 형혹(화성), 해, 달, 지구로 구성되었다고 한다. 서학, 즉 기독교의 신학적 의미를 함축하는 영정부동천永靜不動天 대신 태극천을 상정하고 종동천宗動天도 태허천으로 대체했다. 영정부동천은 영원히 정지하여 움직이지 않는 가장 바깥의 하늘이고 종동천은 영정부동천 이전의 하늘로 남극과 북극 그리고 적도가 나뉘는 하늘을 말한다. 이 영정부동천과 종동천을 태극천과 태허천으로 대체한 것은 천리의 주재와 기의 운동을 통해 우주의 생성과 변화를 파악하는 전통적인 관점을 견지한 것이라 할 수 있다.(김문용, 『조선후기 자연학의 동향』, 고려대민족문화연구원, 2012, 100쪽)

담헌은 중천설을 벗어남으로써 하늘의 주재성에 의문을 제기한다. 은하 안에는 태양과 지구와 같은 세계가 수없이 많고, 우주 안에는 그 은하와 같은 세계가 또 수없이 존재한다. 따라서 우주는 인간의 안목으로 도달할 수 없는 무한대의 공간이다. 이런 우주의 배치 속에 누가 누구를 주재할 수 있겠는가? 그러니 각 별은 저대로 운행될 뿐, 어떤 징험을 내릴 수 있는 별은 존재하지 않는다.

은하라고 하는 것은 여러 세계가 모여서 경계를 이루고, 우주 공간을 빙글빙글 돌아 하나의 큰 고리를 이룬다. 그 고리 속에는 세계가 많아서 그 수효가 천, 만에 이른다. 태양과 지구 등의 이 세계는 그중의 하나일 뿐이다. 이것이 태허의 한 커다란 세계이기는 하지만, 땅에서 보는 것이 이와 같은 것이다. 땅에서 보는 것 밖에 은하와 같은 것이 몇 천, 만, 억 개가 될지 알지 못한다. 내 어슴푸레한 눈에 의지해서 느닷없이 은하를 제일 큰 세계라고 해서는 안 된다.

허자가 말하기를, "그렇다면, 분야分野: 하늘의 28수를 나눈 것라는 말은 전해온 지 이미 오래고 혹 분명한 징험도 있었습니다. 어느 때는 좋은 바람이 불었고 어느 때는 좋은 비가 왔으며, 어느 때는 형혹성熒惑星이 심성心星을 지켰는데 이러한 천체 현상의 부응符應도 모두 믿을 것이 못 됩니까?"

실옹이 답했다.

"입이 여럿이면 금도 녹이고 비방을 쌓으면 뼈도 녹인다 한다. 입이 금을 녹일 수 없고 비방이 뼈를 녹일 수 없지마는 오히려 녹이게 되는 것은 사람이 여럿이면 하늘도 이기기 때문이리라. 기술이란 비록 허망한 것이나 마음에 느껴워 몹시 믿고 의지하게 되면 혹 징조의 감응이 있기도 한다. 그러나 이것은 허공에 헛그림자를 잡는 것이다. 헛그림자에 현혹되어 실제는 살피지 않으니 미혹됨이 심하다. 또 '기성箕星이 나타나면 바람이 불고 필성畢星이 나타나면 비가 온다'는 말은 세속에 전하는 말을 끌어다가 민정民情을 밝힌 것뿐이요, 기성과 필성 두 별이 참으로 이런 것은 아니다. 형혹성이 가다가 때로 싸기도[句] 하고 돌기도 하는데, '머물고 지키고, 나아가고 물러선다'는 말은 지구세계에서 보는 관점이 그러하기 때문이다. '하늘이 높아도 낮은 데의 말을 듣는다' 함은 역가曆家의 잘못이다."

담헌은 시세와 천문현상을 연관짓는 태도에 대해 단호하게 반대한다. 기성이 나타나면 바람이 불고, 필성이 나타나면 비가 온다는 속설은 사람들이 만들어 낸 것일 뿐이다. 객관 세계로 보면 기성은 기성이고, 필성은 필성일 뿐이다. 기성이 어떤 작용을 하게 할 수도 없고, 필성이 어떤 작용을 하게 할 수도 없다. 사람들이 자신의 마음을 하늘에 투사해서 그런 것일 뿐 실제 인간 세상에 대해 아무런 작용도 할 수 없다. 담헌은 여러 사람들의 입과 마음이 모이면 하늘도 이기기 때문이지 하늘이 할 수 있는 것은 없다고 말한다. 담헌은 이렇듯 세계의 보이지 않는 작용은 믿지 않았다. 그가 믿은 것은 오직 객관 세계(현상계)의 양태와 움직임이었다.

3. 중화와 오랑캐라는 척도의 해체!

객관 세계를 향해 우리의 고정되고 편재된 마음을 투사하지 않고 바라보면, 이 세계의 모든 구획과 위계는 사라진다. 홍대용은 우주 무한설과 객관물로서의 하늘을 증명한 후, 문명의 중심이자 지리의 중심이 중국이라는 구획도 여지없이 격파한다.

> 중국은 서양西洋에 대해서 경도經度의 차이가 180도에 이르는데, 중국 사람은 중국을 정계로 삼고 서양으로써 도계倒界를 삼으며, 서양 사람은 서양을 정계로 삼고 중국으로써 도계를 삼는다. 그러나 실에 있어서는 하늘을 이고 땅을 밟는 사람으로서 지역에 따라 다 그러하니, 횡橫이나 도倒할 것 없이 다 정계다. 세상 사람은 옛 습관에 안착하여, 살피지 않는다. 이치가 눈앞에 있는데도 일찍이 연구하여 찾지 않기 때문에 일평생을 하늘

을 이고 땅을 밟건만 그 심정과 현상에 캄캄하다. 오직 서양 어
떤 지역은 지혜와 기술이 정밀하고 소상하여 측량에 있어서는
해박하고 자세하다. 땅을 지구地球라고 하는 설은 다시 의심할
여지도 없다.

담헌은 최종적으로 중국과 오랑캐라는 구획을 의심하는 지점
에 도달한다. 국가 간의 위계란 사실상 존재하지 않는다. 차이만 있
을 뿐이다. 화이 관념은 18세기 조선 사회에서 가장 민감한 사안이
었다. 조선의 선비들은 대부분 청나라는 오랑캐이고, 중국에 대해
조선도 오랑캐라는 관념에서 벗어나지 못했다. 물론 조선을『춘추』
의 대의명분론을 유지하는 소중화라고 인식하는 자들도 있었지만,
이런 인식은 조선을 동이東夷라고 보는 생각과 별반 다를 바 없는
수준이라 할 수 있다. 화이라는 구분이 과연 타당한 것인지를 습속
의 문제와 내외 구분의 상대성, 역외춘추설域外春秋說로 반문한다.

"공자孔子가『춘추』春秋를 짓되 중국은 안으로, 사이四夷는 밖으로
하였습니다. 중국과 오랑캐의 구별이 이와 같이 엄격하거늘 지
금 부자는 '인사의 감응이요 천시의 필연이다'고 하니, 옳지 못
한 것이 아닙니까?"
"하늘이 내고 땅이 길러 주는, 무릇 혈기가 있는 자는 모두 이 사
람이며, 여럿에 뛰어나 한 나라를 맡아 다스리는 자는 모두 이
임금이며, 문을 거듭 만들고 해자를 깊이 파서 강토를 조심하

여 지키는 것은 다 같은 국가요, 장보章甫: 은나라에서 쓰던 갓이건 위모委貌건 문신文身이건 조제雕題: 이마에 문양을 새겨 넣던 풍습건 간에 다 같은 자기들의 습속인 것이다. 하늘에서 본다면 어찌 안과 밖의 구별이 있겠느냐? 이러므로 각각 제 나라 사람을 친하고 제 임금을 높이며 제 나라를 지키고 제 풍속을 좋게 여기는 것은 중국이나 오랑캐가 한 가지다.

대저 천지의 변함에 따라 인물이 많아지고 인물이 많아짐에 따라 물아物我: 주체와 객체가 나타나고 물아가 나타남에 따라 안과 밖이 구분된다. 장부[五臟六腑]와 지절肢節은 한 몸뚱이의 안과 바깥이요, 사체四體와 처자妻子는 한 집안의 안과 바깥이며, 형제와 종당宗黨은 한 문중의 안과 바깥이요, 이웃 마을과 네 변두리는 한 나라의 안과 바깥이며, 법이 같은 제후국諸侯國과 왕화王化가 미치지 못하는 먼 나라는 천지의 안과 바깥인 것이다. 대저 자기의 것이 아닌데 취하는 것을 도盜라 하고, 죄가 아닌데 죽이는 것을 적賊이라 하며, 사이四夷로서 중국을 침노하는 것을 구寇라 하고, 중국으로서 사이를 번거롭게 치는 것을 적賊이라 한다. 그러나 서로 구寇하고 서로 적賊하는 것은 그 뜻이 한 가지다.

공자는 주나라 사람이다. 왕실王室이 날로 낮아지고 제후들은 쇠약해지자 오吳나라와 초楚나라가 중국을 어지럽혀 도둑질하고 해치기를 싫어하지 않았다. 『춘추』란 주나라 사기인바, 안과 바깥에 대해서 엄격히 한 것이 또한 마땅치 않겠느냐?

그러하나 가령 공자가 바다에 떠서 구이九夷로 들어와 살았다면 중국법을 써서 구이의 풍속을 변화시키고 주나라 도道를 역외域外에 일으켰을 것이다. 그런즉 안과 밖이라는 구별과 높이고 물리치는 의리가 스스로 딴 역외 춘추域外春秋가 있었을 것이다. 이것이 공자가 성인聖人된 까닭이다."

　　화이론을 부정하기 위해 하늘에서 보면 안과 밖의 경계가 고정된 것이 아님을 말한다. 안과 밖의 '사이'에 서면 안과 밖의 위치는 계속해서 변한다. 천지가 변하면서 물아가 나뉘고 안과 밖이 구분되었다. 애초에 안과 밖의 구분에는 상하, 선악, 시비가 전제되지 않았다. 그저 공간적 변별력만 있을 뿐이었다. 홍대용은 공간적 변별력만 의미하는 '안과 밖'을 비유적으로 보여 준다. 장부와 지절은 몸뚱이의 안과 밖이요, 사체와 처자는 집안의 안과 밖이요, 형제와 종당은 문중의 안과 밖이요, 이웃 마을과 사방 변두리는 나라의 안과 밖이요, 제후국과 먼 나라는 천지의 안과 밖이라고 한다. 누구의 입장에 서느냐에 따라 안과 밖은 달라진다.

　　중세적 지식과 관념은 사람과 사물, 천과 지, 화와 이를 위계적으로 바라본다. 중세인들은 이 두 세계 사이의 차별적 구획을 의심해 본 적이 없다. 사람, 하늘, 중국이 세계의 중심이요, 기준이라는 것을 절대적 진리 혹은 절대적 사실로 당연시하였다. 실용은 이런 고정관념을 격파한다. 실용은 사람과 사물, 하늘과 땅, 성계와 지계, 서양과 중국, 중국과 오랑캐 사이의 중심을 해체한다. 이 세상에 절대적 중심은 없다. 사람과 사물을 구획하는 경우, 사람으로서 보면 사람이 귀하고, 사물로서 보면 사물이 귀하지만, 하늘로서 보면 사람과 사물이 똑같다. 이와 같은 논리는 하늘과 땅, 우주의 뭇 별과 지구, 서양과 중국, 중국과 오랑캐 사이의 구획에도 똑같이 적용된다. 이 두 세계는 사실상 똑같다. 누가 중심이 되느냐에 따라 서로의 위계가 달라진다. 중심은 맥락에 따라 이동할 뿐이다.

담헌은 중화와 오랑캐의 위계를 깨는 동시에, 오랜 세월 누적되어 온 춘추대의春秋大義의 관념도 해체한다. 공자의 말씀으로 절대시해 온, 존화양이尊華攘夷의 춘추대의를 깨기 위해 담헌은 트릭을 사용한다. 공자가 조선에 태어났으면 역외춘추를 쓰셨을 것이란다. 공자에 대한 비판이 아니라, 공자의 권위를 이용해 춘추대의를 전복해 버린 것이다. 담헌의 이 논리에 따르면 공자는 중원 땅에 태어났으므로 중화를 높이는 『춘추』라는 역사책을 쓸 수밖에 없었다. 그렇다면 이를 뒤집어 보자. 공자가 조선 땅에 태어났다면 공자는 조선 땅을 높이고 조선의 사방을 오랑캐로 물리치는 역외의 춘추를 썼을 것임에 틀림없다. 공자의 권위로 공자의 권위를 격파하는 트릭. 이로써 중화와 오랑캐라는 오랜 차별의 관념은 사라진다. 이보다 더한 의식 혁명이 있을까?

담헌은 모든 방면에서 절대 중심을 해체한다. 그 순간 천지자연과 우주와 세계는 달리 보인다. 사물도 사람처럼 인의예지신의 오상을 갖추고 있다. 사람과 사물의 위계가 없듯, 하늘과 땅의 위계도 없다. 지구는 하늘에 의해 움직이는 것이 아니다. 하늘은 둥글고 땅이 모났다는 이전의 천문 지식은 잘못되었다. 땅은 둥글며 자전한다. 인간이 세계의 중심이 아니므로 이 우주에는 하늘과 지구만이 존재하는 것이 아니다. 해와 달과 지구는 별의 일종으로 나란히 놓여 있고, 별 밖에 또 별이 있으며, 이 우주에는 지구와 같은 무수한 세계가 존재한다. 지구가 뭇 별 중의 중심이 아니듯, 중국도 세계의 중심이 아니다. 중국 저 밖에는 서양과 같은 다른 나라들도 있다. 중국과 오랑캐의 구분은 중국을 중심으로 할 때 생겨난다. 중국도 오랑캐도 똑같다. 오랑캐의 입장에서 보면 중국도 오랑캐이다. 중국과 오랑캐의 구분은 무의미하다.

이제 남은 문제는 각자가 어떻게 중심에 매몰되지 않고 사느냐이다. 차이만이 있으므로 우리는 우리의 풍토와 시대에 적합한 삶의 방식을 꾸리면 된다. 그러니 삶은 언제든 맥락에 맞게 변주되어야 한다. 이런 의미에서 『의산문답』은 담헌 사유의 최종 심급이다. 천문학, 수학에서 터득한 우주의 원리, 중국 여행에서 찾아낸 세계에 관한 이치, 성리학과 양명학 등 여러 사상 속에서 길어 낸 인간의 이치가 『의산문답』에 총괄되어 있다. 그래서 담헌은 규정하기 어렵다. 굳이 정의하자면 담헌은 18세기 우주와 세계를 궁리窮理하고 삶으로 궁행躬行하여 세상의 모든 상식과 고정 관념으로부터 해방된 진정한 자유인이다. 담헌은 경계 짓기를 거부하며 하나의 프레임을 거두었다. 젊은 시절 그가 과거시험에 매달리고 관직에 연연했다면 경계를 해체하고 사이를 넘나드는 사유에 이르지 못했을 것이다. 아무것도 아닌 빈 손의 백수였기 때문에 담헌은 세상 모든 것과 접속할 수 있었던 것이다.

에필로그.
백수,
인생역전의
기회

에필로그_
백수, 인생역전의 기회

백수 시절은 인생 최고의 순간

"죽을 자리에 서야 사람의 진면목이 드러난다." "위기에 봉착해야 사람을 알아본다." 어려운 경우에 처했을 때 우리는 이런 말로 자신을 위로하고 다독인다. 진부하지만 살아 보니 고비 때마다 과연 맞는 말이구나, 한다. 세상사 이치에 눈을 뜨게 되어 그런 것일 게다. 늘 무방비 상태에서 갑작스럽게 사건이 닥쳐오지만 문제는 이 다음이다. 내가 어떤 마음으로 대처하느냐에 따라 이 사건이 다르게 전개되기 때문이다. 행과 불행은 사건에 있는 것이 아니라 나에게 달려 있다. 그래서 모든 사건은 기회이다.

노론과 남인 가릴 것 없이 관직의 길은 위태롭다. 전쟁에서 죽고 다치고 고생하는 것은 아군이나 적군이나 똑같다. 정치적 이전투구에서 노론이라고 멀쩡하고 남인이라고 멀쩡할 수는 없다. 양쪽 모두 희생된다. 관직에 진출한 숫자와 정치적 파워로 당파 간 최후의 승자를 가리지만 개인의 삶에서는 승자도 패자도 없다. 이는 당쟁으로 백수가 될 수밖에 없었던 농암과 성호, 혜환의 삶이 대변해 주고 있다. 담헌은 당쟁의 희생자는 아니지만 관직이 우리네 삶을 속박하고 생명을 소모시키고 삶을 위태롭게 한다는 것을 일찌감치 깨달았다.

농암과 성호, 혜환은 관직이 목숨까지 앗아갈 정도로 무서운 자리라는 것을 목격했을 때 그 위험한 코스에서 내려와 안전지대로 피해 버렸다. 관직이 목숨보다 소중하지는 않고, 또 그럴 정도로 매력적인 자리도 아니기 때문이다. 이들은 관직에 대한 일말의 미련도 보이지 않고 돌아섰다. 아슬아슬하게 줄타기를 하며 명령에 따라 움직이느니 자신이 좋아하는 일을 하며 자기의 삶을 가꾸는 것이 훨씬 나았던 것이다. 결과적으로 이들의 이름 석 자와 사유의 흔적을 사라지지 않게 한 일등공신은 백수 선비로 살았던 그 시간이다.

담헌에게 관직은 개인의 의지를 실현할 수 있는 장이 되지 못했다. 관직 자체가 나빠서라기보다 관직에 투사되는 욕망이 그렇게 만드는 것이다. 관직은 생계를 해결하는 정도에서 그쳐야 한다. 담헌이 중년 이후 음서직으로 관직에 오른 것은 사실 벼슬이라고 말하기 어렵다. 생계를 꾸릴 정도의 녹봉이면 충분했지 자리를 탐낸 것은 아니기 때문이다. 담헌도 연암도 이덕무도 모두 가족을 봉양할 최소한의 의무는 저버릴 수 없었으므로 지방으로 전전했다.

하급 말단 관리에 이들은 만족했다. 번다하고 바쁘고 녹봉이 많은 자리를 탐내지 않았다. 이들은 최소한으로 먹고살 정도의 소득이면 충분했다.

백수가 되는 것을 좋아할 사람은 아무도 없다. 자발적으로 백수가 된다 해도 좋아서 선택할 수는 없는 것이다. 그러나 백수가 되었을 때 농암, 성호, 혜환, 담헌처럼 살 수 있다면 두려워하지 않고 백수가 될 수 있을 것 같다. 이들은 백수의 시간을 불행하게 느끼지 않았다. 삶을 연마하고 바꾸는 기회로 삼았다. 그 결과 자신의 삶을 풍성하게 꽃피웠을 뿐만 아니라 자신이 살아간 시대까지 풍요롭게 만들었다.

예전에는 이덕무의 박람강기博覽强記와 섬세하고 세밀한 관찰력을 타고난 천재성이라고 생각했다. 그런데 이들 네 사람을 만난 후 생각이 바뀌었다. 백수 선비였던 이덕무에게는 넘치는 시간 동안 할 수 있는 일이 독서와 사물 관찰 밖에 없었다고, 그래서 대가가 될 수 있었다고 말이다. 물론 시간이 많다고 다 그렇게 되지는 않는다. 책을 특별히 좋아하고 기억력이 뛰어나야 가능한 일이다. 그럼에도 시간과 여력이 허락하지 않았다면, 그리고 다른 할 일이 쌓여 있다면 사물을 그렇게 자세히 들여다볼 수도 없을 테고, 책벌레가 되고 싶어도 되지 못했으리란 생각이 드는 것은 어쩔 수 없다.

농암과 성호, 혜환과 담헌에게로 돌아가 보자. 만약 그들이 백수 선비로 살지 않았다면 어땠을까? 농암은 주자만큼 공부하지도 못하고 독창적이며 살아 있는 문장 쓰기를 촉구하지도 못했을 것이다. 아마 18세기 노론 지성의 멘토 역할은 불가능했을 것이다. 성호는 선비라는 존재를 그토록 뼈아프게 성찰하지 못했을 것이고, 제도 개혁에 대한 아이디어를 창안하지 못했을 것이다. 혜환은 세상 욕망에 시달리는 자신을 비우지 못했을 것이고, 평범한 사람들의 위대한 삶을 보지 못했을 것이다. 그리고 글쓰기에 있어서 자기만의 독창적 스타일을 개척하지도 못했을 것이다. 담헌은 천체를 관찰하지도 못하고 청나라에 가서 천애지기를 만나는 행운을 얻지도 못했을 것이며 세상의 고정관념을 깨뜨리지도 못했을 것이다.

이들의 인생은 그들이 풍요로웠을 때 빛났던 것이 아니었다. 그들이 백수로 살아갈 수밖에 없었던 곤궁한 순간, 그들의 인생은 빛을 발했다. 주류의 궤도에서 이탈하자 이들은 세상의 척도로부터 자유로워졌다. 부귀와 권세와 명예에 대한 욕심에서 벗어나자 오롯이 자신을 닦고 증명하는 일에 생의 전부를 쏟아낼 수 있었다. 남들이 가지 않는 길을 가고 남들이 하지 않는 일을 함으로써 독보적인 세계를 구축하여 오히려 세상을 놀라게 했던 것이다.

이들이 백수의 시간 동안 관직을 욕망하며 불안해하고 초조해했다면 결코 새로운 길이 열리지 않았을 것이다. 관직에 대한 욕망을 일으키지 않음으로써 이들은 자신들의 에너지를 다른 데 쓸 수 있었다. 인생의 길은 꼭 한 가지만 있는 것이 아니므로, 관직 욕심만 내지 않는다면 갈 길은 무궁무진하다. 그리하여 이들은 백수 시절을 인생 최고의 순간으로 만들 수 있었다.

백수 시절, 지성의 산실

농암과 성호, 혜환과 담헌이 백수 시절을 인생 최고의 순간으로 만들었다고 해서, 백수의 시간을 견디는 것이 쉬웠을까? 어떤 명분도 내세울 수 없는, 혹은 명분 따위도 집어치우고 '노는' 선비로 지낼 때, 그 시간들이 결코 평안하지는 않았을 것이다. 담박한 백수 생활의 묘미를 터득하기까지, 그 시간을 인생 최고의 순간으로 만들기까지는 무수한 생각들이 교차했을 것이다.

농암, 성호, 혜환, 담헌 그리고 연암과 같은 선배들이 백수로 당당하게 살았음에도 18세기 후배 선비들은 여전히 고민하지 않을 수 없었다. 앞날은 불투명하고 현재 무엇을 해야 할지 딱히 알지 못하는 백수라는 상황을 어떻게 받아들였을까? 이들보다 한참 후배인 유만주 선비의 속내를 들여다보자. 유만주는 서생으로 지내는 동안 백수의 자의식으로 똘똘 뭉쳐 있었다. 과거에 쉽게 합격하기도 어려울 뿐만 아니라 과거에 합격하는 것 또한 능사는 아니라 계속 과거에 매달릴 수도 없는데, 그렇다고 딱히 과거를 포기하기도 애매한 상황을 매우 실감나게 그려냈다. 그는 1786년 2월 16일의 일기에서 이렇게 고백했다.

> 과거 응시생이라는 명목을 취하지 않으면 한미한 딸깍발이로 손가락질을 받고, 조금 구두를 떼어 읽을 줄 아는 정도라면 촌학구라는 비웃음을 받으며, 가난하여 의지할 데 없으면 파락

호라는 지목을 받는다. 그런데 이 세 가지는 나 말고 다른 사람을 가리키는 칭호는 아닐 터이다.(유만주, 『일기를 쓰다 : 흠영선집 1』, 86쪽)

유만주는 그냥 백수이기보다는 과거 응시생의 외피를 쓰는 것이 그나마 덜 초라해 보이는 상황을 솔직하게 말하고 있다. 그래서 실질적으로는 백수지만 백수라 당당히 외치지 못한 채 고민한다. 대개 18세기 선비들은 수천 대 일의 경쟁을 뚫고 과거에 합격하는 그 요행을 바라고 시험을 준비했다. 유만주는 "기대하고 기대해도 합격은 어렵고, 끊고 끊어도 단념이 안 된다. 후회가 7할이라면 비웃음이 3할이고, 비웃음이 7할이라면 후회가 3할이다."(유만주, 『일기를 쓰다 : 흠영선집 1』, 120쪽)라며 자조했다. 과거 합격자의 명부에 이름을 올리는 것은 언감생심 바라지 못하면서도 때만 되면 마음이 들떠 열을 낸다. 그러곤 또 다시 찾아오는 후회와 비웃음. 어쩔 수 없이 백수임을 인정하기까지, 혹은 대놓고 백수임을 선언하기까지 18세기 대다수의 선비들의 마음은 이러했던 것이다.

유만주가 과거에 단번에 합격하고, 관직에 진출했다면 결코 이런 고민은 없었을 것이다. 유만주는 과거시험에서 여러 번 낙방했다. 그러니 어쩔 수 없어 과거시험 공부를 하면서도 과거에 매달리는 자신의 꼬라지가 한심할 뿐이다. "양반이란 스스로는 뭔가 대단히 중요한 일을 하고 있다고 말들 하지만 그 일이란 몇 편의 부와 표문을 제한된 시간에 맞춰 써내는 것에 지나지 않는다. 천지가 사

람을 낳은 본뜻이 과연 여기에 그치고 마는가?"(유만주, 『일기를 쓰다: 흠영선집1』, 172쪽)

혹여, 농암, 성호, 혜환, 담헌이 특별한 존재들이기 때문에 백수의 시간을 한결같이 아주 잘 보냈다고 착각할까 염려되어 평범한 백수 선비 유만주의 고민을 늘어놓았다. 차이가 있다면 위의 백수 지성 4인방이 과거에 합격하기 어려워서 관직을 포기한 것은 아니라는 점이다. 그렇지만 명분을 내세워서 놀았던 것도 아니기 때문에 마음속 한 자락에는 백수라는 자의식이 없을 수 없었다. 유만주가 길을 메운 수두룩한 사람들은 모두 뭔가 일을 하는데, 자신은 양반이라 잘난 체는 하지만 하는 일이라곤 고작 과거시험에 제출할 부와 표문 몇 편을 짓는 것이 전부라고 탄식했듯, 이들도 끊임없이 자신의 존재 이유를 고민했던 것이다.

과감하게 백수가 되었든 비참하게 백수가 되었든, 백수라는 현실 앞에서 모든 사람은 왜 사는지, 어떻게 살아야 하는지를 고민할 수밖에 없게 된다. 그리고 시간이 많고 특별한 목적 의식이 없기 때문에 세상을 있는 그대로 볼 수 있는 시야가 확보된다. 그리하여 사회적 가치를 의심하고 질문하게 된다. 세상 사람들처럼 일을 하지 않고 세상 사람들이 원하는 것처럼 살지 않기 때문에 더더욱 그들 못지않게 이 우주에서 당당하고 떳떳하게 자기 몫을 하기 위해 자신의 존재성을 질문하며 다른 삶을 향해 몸부림치게 되는 것이다.

그래서 감히 말할 수 있다. 백수의 시절은 지성이 최고로 발휘되는 때라고. 어쩌면 백수와 지성은 최고의 찰떡궁합이자 떼려야 뗄 수 없는 조합인지도 모른다. 누가 나를 알아주지 않으므로 내가 나를 알아주고 세울 수밖에 없기 때문에, 너무나 자연스럽게 천지 변화의 이치를 관찰하고 삶의 가치를 따지게 되면서 세상에 대한 통찰력이 키워지는 것이다. 백수라는 처지는 내가 온전한 나로 살 수 있는 방법을 고민하고 찾지 않을 수 없게 만들기 때문이다. 침잠의 시간 동안, 우리들은 모두 출구를 묻고 길을 찾는다. 그러니 백수로 사는 때는 정념보다는 지성을 발휘해야 할 때다. 나는 무엇이 되고 싶은지, 어떻게 살고 싶은지, 나로 산다는 것은 무엇인지 존재적 성찰에 직면하는 최적기, 그때가 바로 백수의 시절이다. 백수라는 상황이 자신을 찾고 세상을 통찰하게 하므로 백수들은 지성으로 향할 수밖에 없고 지성을 더 연마할 수밖에 없다. 이런 의미에서 백수 지성이라는 말은 삶의 이치에 딱 맞는 조합이자 정말 최고의 합성어라 하지 아니할 수 없다.

농암, 성호, 혜환, 담헌은 백수를 선택할 때, 그리고 백수로 살면서 무수히 질문하고 고민했던 것이다. 백수의 시간을 인생의 절정의 순간으로 만든 것은, 백수의 길이 당연하고 쉬웠기 때문이 아니다. 백수라는 현실에서 세상의 가치를 의심하고 사람들이 당연하다고 믿는 것들을 회의하며, 사회적 통념이나 시선에 아랑곳하지 않고 자신들이 정녕 원하는 삶의 기술이 무엇인지, 삶의 길이 어디인지를 찾는 지성의 작업에 전력투구했기 때문이다. 이들이 백수라는 삶의 조건을 최대한 정직하게 직시하자 이들 안의 지성 DNA가 최선을 다해 응답할 수밖에 없었던 것이다. 그리고 한걸음

더 나아가 이들은 백수 지성의 시기, 더더욱 지성적으로 고군분투했기 때문에 다른 길을 낼 수 있었다. 백수라서 다른 길을 낸 것이 아니라, 지성을 발휘할 수 있는 백수의 존재조건을 아주 잘 활용했기에 다른 길을 개척할 수 있었던 것이다.

같은 길 다른 결과

18세기 지성사의 별이 된 이 4인방이 정쟁의 소용돌이에서 모두 백수의 길을 선택한 것은, 우연치고는 희한하다. 우리는 결과만 보기 때문에 이들이 엄청 다르다고 느낀다. 그러나 인생에 대한 태도에서는 서로 통하는 것이 있다. 극과 극은 통하기 때문일까? 노론과 남인학맥을 대표하는 주자들이라 그런지 궁극의 지점에서는 똑같이 대응했다. 노론과 남인의 차이만큼 결과도 각각이지만, 욕심을 내려놓고 다른 길을 모색한 것은 같았다. 근본적으로 이들 4인방은 백수의 길이 안전하고 자유롭고 매력적일 수 있음을 증명해 주었다. 백수의 시간이 지질하고 불안하고 위태롭다고 여기는 우리들에게 그 시간이 역동적인 생성의 순간임을 온몸으로 보여 주고 떠났다. 그리고는 백수의 길이 얼마나 다르게 전개될 수 있는지 그 다양한 가능성을 열어 제쳤다.

　농암은 정치에 대한 발언을 가급적이면 하지 않았다. 노론을 이끄는 지도자라는 점에서 이미 당파성을 공공연히 표방한 것이지만, 현실 정치의 개혁이나 제도의 개선과 같은 측면에는 관심을 보이지 않았다. 치국治國보다는 수신修身을 중시했으며 인식 혁명을 더 중요하게 여겼다. 학문과 문장의 세계에서 유영하며 우리들의 투식을 깨뜨렸다. 주자의 학문을 대할 때도 이념화된 주자 혹은 우상화된 주자가 아니라 주자의 시대와 주자의 글로 거슬러 올라가 그 원의를 충실하게 드러냈다. 우리가 맞닥뜨리는 시공간에 맞게 사유하고 그 상황에 맞게 언어를 사용하고 글을 쓰라고 강변했다. 학문과 언어와 문장에 생기를 찾게 하는 방법은 남을 따라하지 않고 때에 딱 맞게 시중時中하는 것이다. 나와 시대가 함께 호흡해야지 머물러서는 안 된다.

반대로 성호는 관직에서는 멀어졌지만 정치에 대해서는 더 날카롭게 칼을 벼렸다. 놀고먹는 선비가 할 일이 무엇인지를 찾았다. 자신의 상황에 벗어나는 욕심을 부리지 않고 가난하고 무능한 선비가 할 수 있는 방법을 최선을 다해 궁구했다. 피땀 흘려 일하는 백성들에게 해가 되지 않게 사는 것, 그것이 그가 찾은 최선이었다. 그리고 절용의 방법과 실용의 대책을 궁구하고 실현하는 것이 그 시대 백수 선비가 사는 법이라 진단했다. 그래서 자신이 할 수 있는 한 최대한 절약하고 검소하게 살며 사회와 정치를 개선할 방법을 열심히 연구하고 성실히 기록했다. 정치·행정·경제 등 다방면에 걸친 성호의 개혁안이 현실에 쓰이지는 못했지만, 성호는 대책을 마련하고 그 방법을 기록하기를 멈추지 않았다. 반계 유형원이 성호에게 시대의 멘토가 되었듯이 성호의 『성호사설』은 18세기 선비들에게 가장 영향력 있는 멘토로 전해졌다. 그 결과 백수 선비의 꿈은 사라지지 않고 남아, 성호는 경세치용과 이용후생의 대가가 되었다.

남인 백수 2세대 혜환과 노론 백수 2세대 담헌도 자신들이 할 수 있는 최선의 방법으로 살았다. 혜환은 몸을 온전히 지켜 내는 것을 삶의 기준으로 삼았다. 세상이 정한 시시비비의 기준을 버리고 자신을 근거로 신선처럼 살았다. 신선은 목전의 이익과 근시안적 욕망에 휘둘리지 않고 자유롭게 사는 존재. 혜환은 상식과 에고와 욕심을 내려놓고 세상이 승인한 가치들에 휘둘리지 않고 시공간에 따라 자유자재로 변신했다. 행복과 불행은 나에게 달린 것이므로 어떤 운명이 닥쳐도 휘둘리지 않았다. 인생은 다양한 사건들의 연속이다. 이 사건의 길목에서 정작 중요한 것은 나의 마음이다. 생각이 바뀌면 내가 바뀌고 세상이 바뀐다. 평생을 백수로 살면서 그렇게 평상심을 유지했다. 그래서 언제나 즐거웠다. 좁은 방 안에 있어도 우주를 호흡하는 경지에서 살았다. 그리고 이러한 경지를 문장으로 실현했다. 혜환은 글쓰기로 수련했다. 그리고 글쓰기로 주변의 한미한 존재들과 소통했다. 한편 문장에 침잠했던 혜환도 남인의 후예답게 정치를 포기한 적은 없었다. 자기 식으로 정치를 실현했다. 지방 수령으로 떠나는 친구들에게 목민의 도를 정성껏 알려줌으로써 자신이 할 수 있을 만큼의 정치를 행했다. 이것이 일상의 정치학이 아니고 무엇이겠는가.

노론 백수 2세대 담헌은 지극히 자발적으로 백수의 길을 걸었다. 농암 집안의 영향을 받았던 담헌은 일찌감치 관직의 장을 탈주했다. 18세기 지식인들 중 그 누구도 누릴 수 없는 백수의 자유를 구가했다. 관직의 자리에서는 누릴 수 없는 꿈의 길을 백수로서 보여 주었다. 악공·창기들과 더불어 음악을 질리도록 연주했고, 천체 우주를 관찰했으며, 중원 땅을 가로질렀다. 백수였던 그는 매인 것도 없고 사회의 시선도 의식할 필요가 없었던 터라 누구와도, 어떤 것과도 접속했다. 국경도 신분도 이념도 그의 무장 해제된 태도에 앞에서는 아무런 힘을 발휘하지 못했다. 그래서 천애지기를 얻었고 이런 그의 행보는 조선을 흔들었다. 저 우주의 별들, 중화와 오랑캐, 문명과 야만, 청나라와 조선, 서양과 동양 사이에 존재하는 위계를 깨뜨리고 그 모든 것과 함께 호흡했다. 모든 경계와 장벽을 해체하고 가로질러 내 삶에 필요한 도를 터득했다.

18세기 지성사의 선구자들은 백수라는 공통의 상황에서 자신이 할 수 있는 최선의 방법으로 행하고 말하고 글을 썼다. 각각의 이 훌륭한 결과들은 백수라는 상황을 능동적으로 헤쳐 나갔기에 가능한 것이었다. 이들의 업적도 업적이지만 왜 백수가 되었는지, 백수로서 어떻게 살았는지 이들의 백수 생태학을 주시한 것은, 아마도 시대 때문일 것이다. 때에 따라 사람도 책도 다르게 감지된다. 백수의 시대, 백수들이 사는 법이 더 많이 창안되어야 할 것이다. 18세기 지식인들의 백수 생태학은 또 하나의 삶의 기술로써 우리들의 불안에 응답해 준다. 백수는 위기나 좌초가 아니라 인생역전의 기회다!

남은 이야기 ① : 소리 한 번 질러 보는 것도 운명입니다!

큰 바닷가 큰 강 언덕에 웬만한 어류들은 견줄 바 못 되는 어마어마한 괴물이 하나 있습니다. 그 괴물은 물을 만났다 하면 변화무쌍하게 비바람을 일으키고 하늘을 올라갔다 내려갔다 하는 일도 어렵지 않으나, 물을 만나지 못하면 그저 몇 자 몇 마디 되는 곳 안에서만 움직일 뿐이지요. …… 곤궁하게도 메마른 곳에 처박힌 채 스스로 물을 구해 올 재간이 없어, 저 수달들의 비웃음을 받아 온 지 여덟아홉 해가 되어 갑니다. 힘 있는 자라면 그 곤궁함을 불쌍히 여겨 다른 데로 옮겨 주는 것도 손 한 번 들고 다리 한 번 움직이는 수고에 지나지 않을 것입니다. …… 불쌍히 여겨 주는 것도 운명이요, 불쌍히 여겨 주지 않는 것도 운명입니다. 이 모든 게 운명에 달려 있다는 것을 알면서도 소리 한 번 질러 보는 것, 이 또한 운명입니다.(한유, 「과목에 응하면서 누군가에게 주는 편지」應科目時與人書, 『한유문집』1, 이주해 역주, 문학과지성사, 2009, 142~143쪽)

중국 당나라 때의 위대한 문장가 한유韓愈가 과거에 응시하면서 선발의 당락을 쥐고 있는 사람에게 보낸 편지이다. 한유는 이 편지에서 자신을 큰 바닷가의 괴물로 비유하며 자신을 선발해 달라고 외치고 있다. 수험생이 시험관에게 뽑아 달라는 편지를 보내는 것은 정정당당하지 못한 행위가 아닌가? 이런 불법적인(?) 부탁을 어찌면 이리도 당당하게 할 수 있었을까? 한유는 왜 이런 편지를 보냈던 것일까?

한유는 알다시피 고문古文의 주창자이다. 한유의 고문은 '변려문'駢儷文에 대항하기 위해 새롭게 시도된 글쓰기이다. 변려문은 '전고'典故와 화려한 수사를 위주로 하며, 내용보다는 형식에 치우친 글로, 당시 문벌귀족들이 독점하던 글쓰기 스타일이다. 많은 전적과 지식이 축적되지 않으면 이해하기도 쓰기도 어려운 글쓰기, 문벌귀족들끼리만 통하는 글쓰기가 변려문이다. 그러나 관직에 오르려면 변려문을 써야만 했다. 이 말을 뒤집어 보면 문벌귀족들이 아니면 조정에 진출하기가 쉽지 않았다는 뜻이다.

한유는 문벌귀족 출신이 아닌 한미한 선비 가문 태생이다. 당나라 때는 과거에 응시할 자격도 추천에 의해 주어졌고, 과거에 급제하려고 해도 추천과 배경이 필요했다. 문벌귀족이 아니면 과거에 급제하기도 어려웠고, 조정에 나아가 벼슬하기도 어려운 세상이었다. 한유는 한미한 서생에 불과했다. 그러니 먹고 살기 위해서도 선발해 주기를 구걸하고 관직을 구걸할 수밖에 없었다. 살기 위한 몸부림, 그것은 산 자들의 존엄한 소명이었다.

그럼에도 한유는 쉽게 문벌귀족이 가는 길을 따라가지는 않았다. 황실에서부터 백성에 이르기까지 도가와 불가에서 정신적 안녕과 삶의 원리를 찾았던 시대, 한유는 도가와 불가를 배격하며 외로이 유학의 가르침과 성인의 도를 실현해야 한다고 주장했다. 유자를 자처하며 사대부의 소임은 세상을 경영하고 백성을 안정시키는 것이라 여겼다. 이 때문에도 관직의 길을 포기할 수 없었다. 출세간出世間이 아니라 세간世間에서 세상을 경영하는 것이 유가에서 말하는 사대부의 역할이었다. 한유는 문벌귀족과는 구분되는 유가의 사대부로서 존립하고자 했던 것이다.

이 때문에 한유는 문벌귀족이 쓰는 변려문을 거부하고 자기만의 글쓰기인 고문으로 세상과 소통했다. 관직을 얻으려면 변려문을 갈고 닦아야 하는데, 한유는 오히려 문벌귀족이 쓰지 않는 새로운 글쓰기를 갈고 닦았다. 형식보다는 의미를 담는 글쓰기, 성인의 도와 뜻을 추구하되 성인의 언어를 모방하지도 표절하지도 않는 글쓰기로 관직에 도전했다. 한유는 먹고사는 일이 급했지만 구차하지는 않았다. 문벌귀족의 세상과 대결함으로써 관직에 나아가는 길을 선택했던 것이다.

한유는 사람들이 손가락질해도 성인의 길과 고문의 글쓰기를 포기하지 않았다. 오히려 고문을 쓰는 이 특별한 선비를 뽑아 달라고 외쳤다. 역설적이지만 한유는 문벌귀족들의 글쓰기와 관직 독점에 도전하기 위해 편지를 써서 선발을 부탁했던 것이다. 적어도 사대부라면 성인의 도에 뜻을 두고, 그 뜻을 펼치는 문장을 써서 세상을 구원해야 한다. 이것이 한유의 굽힐 수 없는 신념이었다. 이 신념을 위해 한유는 도전하고 또 도전했다. 고문의 문장을 알아줄 때까지 실력자들에게 글을 보내고 호소했다. 이 편지는 다른 사대부로 서고자 했던 한유의 도전이자 외침이다.

이 편지에서 한유는 자신을 다른 사람이 가지 않는 길을 가는 괴물로 표현한다. 그 괴물은 재주는 있으나 스스로 재주를 펼 기회를 만들지는 못한다. 한유가 생각하기에 세력 있고 실력 있는 누군가가 이 괴물을 불쌍히 여겨 발탁하는 것도 운명이고, 이 괴물을 발탁하지 않는 것도 운명이다. 알아주는 것은 실력자의 마음이니 내가 어찌 할 수 없다. 정말 운에 맡겨야 한다. 그렇다고 가만히 있어야 하는가? 한유는 그렇게 하지 않았다. 결과야 어떻든 나의 뜻을 포기하지는 않아야 한다. 그리하여 한유는 누군가가 불쌍히 여기든 여기지 않든 최선을 다해 자신만의 사유와 문장을 갈고 닦아 세상을 향해 알아 달라고 소리치는 행위, 이것이 괴물의 운명이라고 보았다. 8~9세기 당나라 때의 상황에서 한유는 이것이 자신이 할 수 있는 역할이라고 여겼다. 문벌 귀족과는 다른 사유와 다른 글쓰기와 다른 존재로서 세상과 소통하는 것, 이것이 한유의 길이었다. 한유는 그래서 외칠 수밖에 없었다. 알아 달라고 소리치지 않는다면, 그것은 존재하기를 포기하는 것이나 마찬가지였다. 이 외침이야말로 삶을 위한 투쟁이 아니고 무엇이었겠는가?

남은 이야기 ② : 어쩔 수 없어서 한다! 오직 이것뿐!

은나라의 주왕 시대, 왕의 폭정과 사치로 백성들은 제대로 살 수가 없었다. 그래서 여러 사람들이 주왕의 폭정에 대처하기 위해 각기 다르게 행동했다. 무왕은 주왕을 정벌했고, 주왕의 삼촌 비간은 간언하다 죽임을 당했다. 미자는 은나라의 종묘사직을 지키기 위해 제기를 짊어지고 도망갔다. 기자는 거짓으로 미친 척하다가 주나라에 잡혀서 종이 되었다. 태공망은 무왕을 보좌하여 주왕을 정벌한 뒤 은나라 백성을 구제하고 주나라를 세웠다. 백이는 정복하러 떠나는 무왕의 말고삐를 잡고 전쟁을 반대했고, 자신들의 뜻이 통하지 않자 수양산에 들어가 고사리를 캐먹다 굶주려 죽었다.

과연 누가 옳았던 것일까? 이들 중 진정한 인자仁者는 누구인가? 우리네 생각으로는 은나라 주왕에 대한 정벌을 감행한 무왕과 태공이 인자라면, 정복 전쟁을 말린 백이는 인자가 될 수 없다. 은나라에 대한 정복 전쟁을 막았던 백이가 인자라면, 은나라를 정벌하고 주왕을 처벌한 무왕과 태공은 인자가 될 수 없다. 주왕에게 간언하다 기꺼이 죽은 비간이 인자라면, 주왕에게서 도망을 친 미자나 미친 척했던 기자는 인자가 될 수 없다. 은나라의 사직을 지키기 위해 도망간 미자나 미친 척했던 기자가 인자라면, 죽음을 무릅쓰고 간언한 미자는 인자가 될 수 없다.

18세기의 연암 박지원은 「백이론」伯夷論에서 우리의 생각과는 완전히 다른 논지를 펼친다. 놀랍게도 연암은 은나라 주왕 때에 활약했던 무왕도, 비간도, 미자도, 기자도, 태공망도, 백이도 모두 인자라고 말한다.

무왕이 은나라를 정벌하러 갈 때 백이는 무왕의 말고삐를 잡고 전쟁을 만류했다. 그런데도 무왕은 백이를 물리치고 천하를 얻으러 떠났다. 현자를 죽이고 천하를 얻었으니 무왕은 난폭하고 거리낌이 없었던 것일까? 무왕이 기자를 감옥에서 풀어 주고, 비간의 무덤에 봉분을 해주고, 상용商容의 마을을 지나갈 때 수레에서 경의를 표했으면서, 유독 백이에게는 관심을 두지 않았으니, 이는 무슨 까닭인가? 백이가 인자라면 무왕은 무도한 사람이 아닐까?

연암은 이에 대해 이렇게 답한다. 백이와 무왕은 똑같은 생각이었다고. 그들은 천하와 후세를 염려해서 그렇게 한 것이다. 백이는 주왕을 비난하기 위해서 말고삐를 잡은 것이 아니고, 자신의 뜻을 천하에 밝히고자 말고삐를 잡은 것이다. 무왕은 후세 사람들이 자신을 구실로 삼을까 걱정해서 백이를 기리지 않은 것이다. 은나라를 정복한 무왕이 백이를 기리면, 백이의 뜻은 퇴색한다. 그래서 무왕은 일부러 백이만은 기리지 않았던 것이다.

연암은 비간과 미자와 기자와 태공망과 백이에 대해서도 똑같은 생각이었다고 말한다.

저 다섯 사람의 인자들은 소행은 각자 달랐지만, 모두 절실하고 간곡한 뜻을 지니고 있었다. 그러나 서로 기다려야만 인이 되고, 서로 기다리지 않을 경우 불인이 되는 처지였다.
미자는 속으로 '은나라가 결국 망하고 말 터이니, 내가 충고할 수도 없는데 충고하려고 애쓰니 은나라의 종사를 보존하는 편이 낫지 않겠는가!'라고 생각하고서 마침내 나라를 떠났으니, 이는 미자가 비간에게 왕에 대해 충고해 줄 것을 기다린 것이다.
비간은 속으로 '은나라가 결국 망하고 말 터이니, 내가 충고할 수 없는 상황이라 해서 충고하지 않느니 차라리 낱낱이 충고하는 편이 낫지 않겠는가!'라고 생각하고서 마침내 충고하고 죽었으니, 이는 비간이 기자에게 도를 전해 줄 것을 기다린 것이다. 기자는 속으로 '은나라가 결국 망하고 말 터이니, 내가 도를 전하지 않으면 누가 도를 전하랴'라고 생각하고서 마침내 거짓으로 미친 척하다가 잡혀서 종이 되었으니, 기자에게는 기다리는 사람이 없는 듯하다. 비록 그러하나 인자의 마음은 하루라도 천하를 잊지 못하는 법이니, 이는 기자가 태공에게 백성들을 구제해 줄 것을 기다린 것이다.

태공은 속으로 자신을 은나라의 유민으로 생각하면서, '은나라가 결국 망하고 말 터인데, 미자는 떠났고, 비간은 죽었고, 기자는 구금되었으니, 내가 은나라의 백성을 구제하지 않는다면 장차 천하는 어떻게 될 것인가' 하고서 마침내 주를 쳤으니, 태공 역시 서로 기다릴 사람이 없는 듯하다. 비록 그러하나 인자의 마음은 하루라도 후세를 잊지 못하는 것이니, 이는 태공이 백이에게 의리를 밝혀 줄 것을 기다린 것이다.

백이는 속으로 자신을 은나라의 유민으로 생각하면서, '은나라가 결국 망하고 말 터인데, 미자는 떠났고, 비간은 죽었고, 기자는 구금되었으니, 내가 그 의리를 밝혀 놓지 않는다면 장차 후세는 어떻게 될 것인가' 하고서 마침내 주나라를 받들지 않았다. 무릇 이 다섯 분의 군자가 어찌 좋아서 그렇게 했겠는가. 모두 어쩔 수 없어서[마지못해서] 한 일이었다.(박지원, 「백이론」

하, 『연암집』)

　　연암은 비간도, 미자도, 기자도, 태공망도, 백이도 어쩔 수 없어서 한 것이지 인자가 되기 위해 꼭 그렇게 행한 것은 아니라고 말한다. 비간은 미자가 있었기 때문에 죽을 수 있었고, 미자는 기자가 있었기 때문에 도망갔던 것이다. 기자는 태공망이 있었기 때문에 거짓 미친 척하고 종이 되었던 것이다. 태공망은 백이가 있었기 때문에 은나라 백성을 구제했던 것이다. 연암은 이들 중 누구 하나라도 없었다면 어느 누구도 인자가 되기에 충분하지 않았을 것이라고 말한다. 서로가 서로를 인자로 만들었다니 이 무슨 뜻인가? 연암은 이에 대해 다시 말한다.

　　비간이 없었다면 미자는 떠나지 않았을 것이고, 미자가 없었다면 비간은 죽지 않았을 것이다. 떠날 필요가 없었는데도 떠났다면, 미자는 인자가 되기에 부족했을 것이다. 미자가 떠나지 않았는데도 비간이 홀로 죽었다면, 비간은 인자가 되기에 부족했을 것이다. 비간이 이미 죽고, 미자가 이미 떠났는데도 기자가 거짓으로 미친 척하지 않았다면, 기자는 인자가 되기에 부족했을 것이다. 태공이 천하 백성을 생각하지 않고 백이가 후세 사람을 염려하지 않았다면, 백이와 태공은 인자가 되기에 부족했을 것이다. 그렇다면 미자가 주나라로 달아난 것도 마지못해 한 것이요, 비간이 충고하다가 죽은 것도 마지못해 한 것이요, 기자가 도를 전한 것도 마지못해 한 것이요, 태공이 주를 친 것도 마지못해 한 것이요, 백이가 주나라를 받들지 않은 것도 마지못해 한 것이다. (박지원, 「백이론」 하)

비간과 미자와 기자와 태공과 백이는 각각 그때, 그 상황에 맞추어 어쩔 수 없는 행위를 한 것이다. 그 일밖에 할 수 없어서 그렇게 한 것이다. 만약 비간과 미자와 기자와 태공의 행위가 없었다면 백이는 가장 먼저 비간의 행위를 했을지 모른다. 시기와 상황에 따라 그렇게밖에 달리 어떤 행위를 할 수 없는, 그 부득이^{不得已}함을 알았기에 이들은 모두 그와 같은 행위를 한 것이다. 이들 다섯 명은 행위는 달랐지만 마음은 똑같았기 때문에 모두가 인자이다. 이들 중 누구 하나라도 그렇게 행동하지 않았다면 모두 인자가 될 수 없었을 것이다.

연암은 그렇게 해석했다. 이들의 행위는 모순된 것이 아니라, 일종의 '연기법'^{緣起法}으로 얽혀 있다. 어떤 행위가 있어 그 다음 행위가 나올 수 있었던 것이다. 그때 그 상황에서는 딱 그렇게 행해야 하는, 다른 방법이 없음을 알고 나아가는 행위. 그 결과가 죽음이든, 굶주림이든 생각하지 않고 나아가는 것. 이밖에 다른 것이 없다. 이들은 현실을 직시했다. 그리고 무엇을 해야 하는지를 통찰했다. 다른 사람들의 행위 다음에 가야 할 길을 피하지 않고 걸어갔다. 그뿐이었다.

남은 이야기 ③ : 18세기 지식인들의 어쩔 수 없는 외침!

한유의 시대로부터 가히 놀랄 만한 시간이 지나, 18세기의 노론 지식인들과 남인 지식인들의 삶이 펼쳐졌다. 이들은 한유하고는 사뭇 다른 상황 앞에 놓이게 된다. 관직에 나아가는 것이 진정 선비로서 해야 할 일인가를 자문하지 않을 수 없었던 것이다. 이들은 관직에 나아가지 않는 것에 존재를 걸었다. 한유의 경우는 관직에 나아가는 것이 세상에 대한 저항이자 도전이었다면, 18세기 지식인들의 경우는 관직에 나아가지 않고 가난한 백수로 사는 것이 세상에 대한 도전이었다. 수동적인 관리만을 양산하는 18세기 조선에서 관직에 나아가는 것은 오히려 생기를 고갈시키는 일이자 비루하고 구차한 일에 지나지 않았다. 그러므로 이들은 알아 달라고 외치는 대신 백수로서 주체적으로 살겠다고 외쳤다. 세상에 나아가지 않고 살아가는 방법을 보여 줌으로써 세상과 대결했다.

　세상 사람들과는 다른 방식으로 살아감으로 해서 선비의 존재 방식을 바꾸는 것, 이것이 이들이 '어쩔 수 없이' 해야만 하는 일이었다. 이들은 최선을 다해 선비의 삶을 새롭게 구성했다. 농암 김창협과 혜환 이용휴는 문장을 통해 새로운 선비의 삶을 창안했고, 성호 이익과 담헌 홍대용은 현실을 개혁하고 사유를 혁신하는 방법을 연구함으로써 선비의 존재 이유를 보여 주었다. 이중 어떤 것이 더 낫다고 말하기 어렵고, 어떤 것이 더 현실적이라고 말하기도 어렵다.

이들은 각자의 자리에서 자신들이 할 바를 수행했던 것이다. 누군가가 알아주든 알아주지 않든, 세상의 상식과 싸우며 세상 사람들이 욕망하는 것을 욕망하지 않았다. 이들은 자신들이 듣고, 보고, 느끼고, 생각한 것을 말하고, 자신들의 진짜 하고자 하는 대로 살았다. 세상 사람들이 부러워하는 삶을 흉내 내지도 않았고 억지로 따르지도 않았다. 자신들의 현실에서 기꺼이 할 수 있는 일을 했다. 그래서 이들의 삶과 글은 저마다 충만하다.

한유가 당나라 때 고문으로 세상에 나아가기를 외쳤기 때문에 농암과 성호와 혜환과 담헌은 18세기 새로운 문장과 방법을 통해 존재를 증명할 뿐 세상에 나아가지 않아도 되었다. 아니 이들은 이렇게 하는 것 밖에 달리 길이 없었다. 18세기 현실에서 농암, 성호, 혜환, 담헌은 각자 어쩔 수 없어서 그렇게 했을 뿐이다. 연암이 말한 바처럼, 농암이 하지 않은 일을 성호가 했고, 성호가 하지 않은 일을 혜환이 했고, 혜환이 하지 않은 일을 담헌이 했기에 서로의 삶과 글이 완전할 수 있게 된 것이다. 21세기 우리들도 지금 여기의 생태학에 맞추어 18세기 지식인들처럼 '어쩔 수 없이' 가야만 하는 그 길을 찾아야 하리라.

참고한 책들

백수 지성 4인방의 저서

김창협, 『농암집』 1~6, 강민정·송기채 옮김, 민족문화추진회, 2002

_____, 『농암집』, 한국고전번역원(http://www.itkc.or.kr) > 한국고전종합DB(db. itkc.or.kr)

이익, 『성호사설』 1~12, 신호열·이동환 외 옮김, 민족문화추진회, 1978

_____, 『성호전집』 1~17, 이상하 옮김, 민족문화추진회, 2007~2013

_____, 『성호사설』·『성호전집』, 한국고전번역원 > 한국고전종합DB

이용휴 외, 『낭송 18세기 소품문』, 길진숙·오창희 옮김, 북드라망, 2015

이용휴, 『혜환 이용휴 시 전집』, 조남권 옮김, 소명출판, 2006

_____, 『혜환 이용휴 산문 전집』 상·하, 조남권·박동욱 옮김, 소명출판, 2007

홍대용, 『담헌서』 1~5, 이상은·김철희 옮김, 민족문화추진회, 1986

_____, 『담헌서』, 한국고전번역원 > 한국고전종합DB

_____, 『산해관 잠긴 문을 한 손으로 밀치도다』, 김태준·박성순 옮김, 돌베개, 2001

_____, 『을병연행록』 1~2, 정훈식 옮김, 경진, 2012

단행본 및 기타 자료

강경원, 『이익 : 인간소외 극복의 실학자』, 성균관대학교출판부, 2002

강명관, 『공안파와 조선 후기 한문학』, 소명출판, 2007

_____, 『농암잡지평석』, 소명출판, 2007

_____, 『성호, 세상을 논하다 : 성호 이익의 비망록 〈성호사설〉을 다시 읽다』, 자음과 모음, 2011

_____, 『홍대용과 1776: 조선 지성계를 흔든 연행록을 읽다』, 한국고전번역원, 2014

강세구, 『성호학통 연구』, 혜안, 1999

고미숙, 『두 개의 별 두 개의 지도 : 다산과 연암 라이벌 평전 1탄』, 북드라망, 2013

금장태, 『성호와 성호학파』, 서울대학교출판문화원, 2014

김도환, 『담헌 홍대용 연구』, 경인문화사, 2007

_____, 『정조와 홍대용, 생각을 겨루다』, 책세상, 2012

김문식 외, 『성호 이익 연구』, 사람의무늬, 2012

김문용, 『홍대용의 실학과 18세기 북학사상』, 예문서원, 2005

_____, 『조선후기 자연학의 동향』, 고려대민족문화연구원, 2012

김인규, 『홍대용 : 조선 시대 최고의 과학사상가』, 성균관대학교출판부, 2012

박성래, 『지구자전설과 우주무한론을 주장한 홍대용』, 민속원, 2012

박제가, 『정유각집』 상·중·하, 정민·이승수 외 옮김, 돌베개, 2010

_____, 『완역 정본 북학의』, 안대회 옮김, 돌베개, 2013

박지원, 『연암집』 상·중·하, 신호열·김명호 옮김, 돌베개, 2007

박희병 외, 『담헌 홍대용 연구』, 사람의무늬, 2012

박희병, 『범애와 평등: 홍대용의 사회 사상』, 돌베개, 2013

안대회 외, 『조선후기 소품문의 실체』, 태학사, 2003

연세대학교 국학연구원 편, 『한국실학사상연구 4: 과학기술편』, 혜안, 2005

원유한, 『조선 후기 실학의 생성 발전 연구』, 혜안, 2003

원재린, 『조선 후기 성호학파의 학풍 연구』, 혜안, 2003

유만주, 『일기를 쓰다』 1·2, 김하라 편역, 돌베개, 2015

유봉학, 『연암 일파 북학사상 연구』, 일지사, 1995

이경구, 『17세기 조선 지식인 지도』, 푸른역사, 2009

이덕무, 『청장관전서』 1~12, 신호열 외 옮김, 민족문화추진회, 1997

이동환, 『실학시대의 사상과 문학』, 지식산업사, 2006

이종묵, 『조선의 문화 공간 4 : 조선 후기, 내가 좋아 사는 삶』, 휴머니스트, 2006

정민, 『18세기 한중지식인의 문예공화국』, 문학동네, 2014

정약용, 『다산시문집』, 한국고전번역원 > 한국고전종합DB

『조선왕조실록』, sillok.history.go.kr

조성산, 『조선 후기 낙론계 학풍의 형성과 전개』, 지식산업사, 2007

차용주, 『농암 김창협 연구』, 경인문화사, 2007

채운, 『글쓰기와 반시대성, 이옥을 읽는다』, 북드라망, 2013

한국사연구회 편, 『한국 실학의 새로운 모색』, 경인문화사, 2001

한국학연구소 편, 『18세기 조선지식인의 문화의식』, 한양대학교출판부, 2001

한유, 『한유문집』 1·2, 이주해 역주, 문학과지성사, 2009

함영대, 『성호학파와 맹자학』, 태학사, 2011

인물 연표

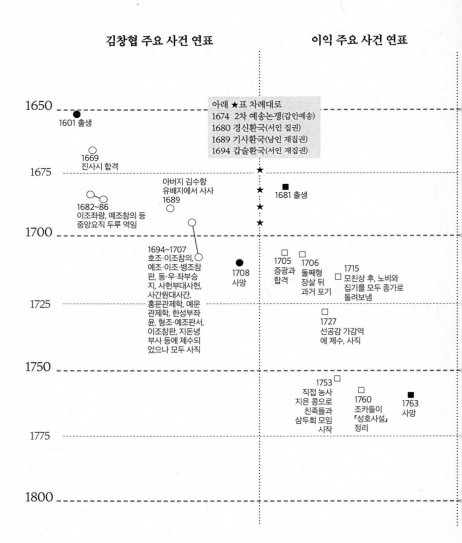

김창협 주요 사건 연표

1650
● 1601 출생

○ 1669
진사시 합격

○—○ 1682~86
이조좌랑, 예조참의 등
중앙요직 두루 역임

아버지 김수항
유배지에서 사사
○ 1689

1694~1707
호조·이조참의,
예조·이조·병조참
판, 동·우·좌부승
지, 사헌부대사헌,
사간원대사간,
홍문관제학, 예문
관제학, 한성부좌
윤, 형조·예조판서,
이조참판, 지돈녕
부사 등에 제수되
었으나 모두 사직
○

● 1708
사망

이익 주요 사건 연표

아래 ★표 차례대로
1674 2차 예송논쟁(갑인예송)
1680 경신환국(서인 집권)
1689 기사환국(남인 재집권)
1694 갑술환국(서인 재집권)

1675 ★

★ ■ 1681 출생
★
★

1700

□ ○ 1706
1705 둘째형
증광과 장살 뒤 □ 1715
합격 과거 포기 모친상 후, 노비와
집기를 모두 종가로
돌려보냄

1725
□
1727
선공감 가감역
에 제수, 사직

1750
□
1753
직접 농사 □
지은 콩으로 1760 ■ 1763
친족들과 조카들이 사망
삼두회 모임 『성호사설』
시작 정리

1775

1800

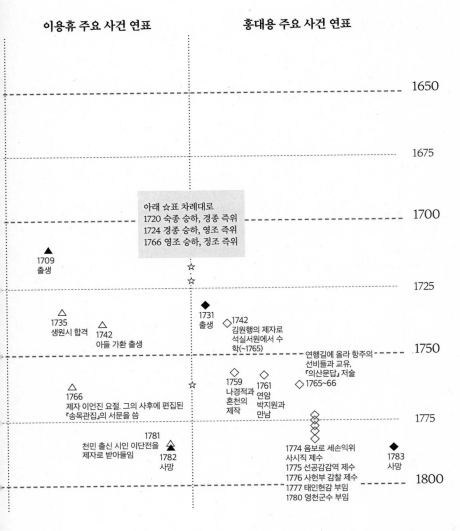

이용휴 주요 사건 연표

홍대용 주요 사건 연표

1650

1675

아래 ☆표 차례대로
1720 숙종 승하, 경종 즉위
1724 경종 승하, 영조 즉위
1766 영조 승하, 정조 즉위

1700

▲
1709
출생

☆
☆

1725

△
1735
생원시 합격

△
1742
아들 가환 출생

◆
1731
출생

◇1742
김원행의 제자로
석실서원에서 수
학(~1765)

연행길에 올라 항주의
선비들과 교유,
『의산문답』 저술
◇1765~66

1750

△
1766
제자 이언진 요절. 그의 사후에 편집된
『송목관집』의 서문을 씀

☆

◇
1759
나경적과
혼천의
제작

◇
1761
연암
박지원과
만남

◇
◇
◇
◇

1775

1781
천민 출신 시인 이단전을
제자로 받아들임

▲
1782
사망

1774 음보로 세손익위
사시직 제수
1775 선공감감역 제수
1776 사헌부 감찰 제수
1777 태인현감 부임
1780 영천군수 부임

◆
1783
사망

1800

찾아보기